U0886773

教育部哲学社会科学系列发展报告

陕西省重点学科——理论经济学建设项目

中国经济增长质量发展报告（2014）

——创新驱动背景下的中国经济增长质量

任保平　钞小静　魏婕　等◎著

中国经济出版社
CHINA ECONOMIC PUBLISHING HOUSE

北京

图书在版编目（CIP）数据

中国经济增长质量发展报告．2014：创新驱动背景下的中国经济增长质量/任保平等著．
北京：中国经济出版社，2014.7
ISBN 978－7－5136－3289－8

Ⅰ.①中… Ⅱ.①任… Ⅲ.①中国经济—经济增长质量—研究报告 Ⅳ.①F124

中国版本图书馆 CIP 数据核字（2014）第 118304 号

责任编辑　霍宏涛
责任审读　贺　静
责任印制　张江虹
封面设计　华子图文

出版发行　中国经济出版社
印 刷 者　北京科信印刷有限公司
经 销 者　各地新华书店
开　　本　710mm×1000mm　1/16
印　　张　19.5
字　　数　300 千字
版　　次　2014 年 7 月第 1 版
印　　次　2014 年 7 月第 1 次
书　　号　ISBN 978－7－5136－3289－8
定　　价　55.00 元
广告经营许可证　京西工商广字第 8179 号

中国经济出版社　网址 www.economyph.com　社址 北京市西城区百万庄北街 3 号　邮编 100037
本版图书如存在印装质量问题，请与本社发行中心联系调换（联系电话：010－68330607）

版权所有　盗版必究（举报电话：010－68355416　010－68319282）
国家版权局反盗版举报中心（举报电话：12390）　　服务热线：010－88386794

目　录

6　观念创新与中国经济增长质量

7　制度创新与中国经济增长质量

8　组织能力创新与中国经济增长质量

第三篇　创新驱动的过程

9　知识创新与中国经济增长质量

10　技术创新与中国经济增长质量

11　产品创新与中国经济增长质量

12　市场创新与中国经济增长质量

13　产业创新与中国经济增长质量

14　创新扩散机制与中国经济增长质量

15　创新协同机制与中国经济增长质量

第四篇　创新驱动的环境

16　战略创新与中国经济增长质量

17　创新体系与中国经济增长质量

01 2011 年中国各省、自治区、直辖市经济增长质量总体排序

2011 年，随着一系列宏观经济政策的实施，物价涨幅趋稳，资产泡沫化风险降低，经济增长逐季回调，但仍处于高位，经济运行开始回归正常增长轨道。内需增长从政策推动向市场驱动转变，投资增长动力实现市场接替，经济增长的动力结构发生变化，形成了市场驱动的投资、消费和出口共同拉动经济增长的良好格局。经济运行从应对危机的特殊状态向正常增长轨道的转变有了重要进展。《中国经济增长质量报告 2012》中，我们采用 2010 年的数据，对全国各省、自治区、直辖市的经济增长质量状态进行排序。本章中我们采用 2011 年的数据又对全国各省、自治区、直辖市的经济增长质量状态进行排序，并与 2010 年的结果进行了比较。

0.1 指数的形成方法、数据说明和权重的生成

0.1.1 指标处理与数据说明

根据《中国经济增长质量报告2012》所构建的理论框架，我们从经济增长的效率、经济增长的结构、经济增长的稳定性、福利变化与成果分配、资源利用和生态环境代价，以及国民经济素质6个维度，对2011年中国各省、自治区、直辖市的经济增长质量状态进行考察。本章中所采用的数据来自《中国统计年鉴2012》、各省2012年统计年鉴、统计汇编资料及统计公报，由于数据标准的原因，暂未包括港澳台地区；同时由于相关统计数据的缺失和西藏特殊性，西藏虽然列入统计，但未进入排序。

在具体基础指标计算方面，个别数据需要具体说明：在经济增长的效率指数中，全要素生产率、技术变动、技术效率变动和资本生产率四个指标都涉及资本存量的计算，参考张军等（2004）的研究成果，我们选择目前被普遍采用的永续盘存法来计算2000—2011年各省的物质资本存量。另外，使用潜在产出法中比较常用的DEA法，对全国各省（自治区、直辖市）2000—2011年间全要素生产率、技术变动、技术效率进行估算，在此我们只根据需要，选择测算出各省2011年全要素生产率、技术变动和技术效率、资本存量，进一步计算资本生产率。在经济增长的结构指数中，存款余额和贷款余额数据采用中国人民银行货币政策分析小组2012年6月发布的《2011中国区域金融运行报告》中各省的数据。在经济增长的稳定性指数中，有关经济波动率的计算，我们分别算出各省2010年和2011年经济增长的增长率，然后计算2011年各省的经济波动率。另外，黑龙江、山西的三次产业就业人数与湖南、云南的城镇单位住房面积2011年数据缺失，分别以其2010年的数据进行代替。

表0-1　　中国经济增长质量指数构成一览表

方面指数	分项指标	基础指标	计量单位	指标属性		
				正指标	逆指标	适度指标
经济增长的效率		全要素生产率增长率	—	√		
		技术变动	—	√		
		技术效率变动	—	√		
		资本生产率	—	√		
		劳动生产率	—	√		
经济增长的结构	产业结构	工业化率	%	√		
		第一产业比较劳动生产率	—	√		
		第二产业比较劳动生产率	—	√		
		第三产业比较劳动生产率	—	√		
	投资消费结构	投资率	%			√
		消费率	%			√
	金融结构	存款余额/GDP	—	√		
		贷款余额/GDP	—	√		
	国际收支	进出口总额/GDP	—	√		
	城乡二元结构	二元对比系数	—	√		
		二元反差指数	—		√	
经济增长的稳定性	产出波动	经济波动率	%		√	
	价格波动	消费者物价指数	—		√	
		生产者物价指数	—		√	
	就业波动	城镇登记失业率	%		√	
福利变化与成果分配	福利变化	人均GDP	元	√		
		城市人均住宅建筑面积	平方米	√		
		农村人均住房面积	平方米	√		
		城镇居民家庭恩格尔系数	%		√	
		农村居民家庭恩格尔系数	%		√	
	成果分配	泰尔指数	—		√	
		劳动者报酬占比	—	√		

续表

方面指数	分项指标	基础指标	计量单位	指标属性		
				正指标	逆指标	适度指标
资源利用和生态环境代价	资源消耗	单位地区生产总值能耗			√	
		单位地区生产总值电耗			√	
	环境污染	单位产出大气污染程度	倍数		√	
		单位产出污水排放数	倍数		√	
		单位产出固体废弃物排放数	倍数		√	
国民经济素质	基础素质	公路里程/人口数	万公里/万人	√		
		铁路里程/人口数	万公里/万人	√		
	能力素质	科学技术支出占财政支出比重	%	√		
	协调素质	行政费用占财政支出比重	%		√	
		公共安全支出占财政支出比重	%	√		

各省、自治区、直辖市经济增长质量指数涉及37个基础指标，由于只是横截面数据，数据缺失不多，整体来说该数据集质量较高，根据此数据集得出的增长质量指数可信度和现实符合度应该相对来说也较好。

0.1.2 基础指标与方面指数权重的确定

在进行主成分分析之前，我们对所有逆指标采取倒数形式使其正向化，通过均值化方法对原始数据进行无量纲化处理，并以协方差矩阵作为主成分分析的输入。由于第一主成分综合原始数据信息的能力是最强的。因此，我们采用第一主成分来确定权重，将第一主成分系数除以其相应的特征根开根后所得到的单位特征向量作为基础指标的权重（见表0-2、表0-3），由此求得各方面指数，再以同样的方法计算各方面指数的权重（见表0-3），最终获得经济增长质量指数值。

表0－2　　各级指标的统计特征

维度	成分	特征根	方差贡献率%	累积方差贡献率%
经济增长的效率	1	0.445	87.637	87.673
	2	0.052	10.316	97.953
经济增长的结构	1	17.186	66.262	66.262
	2	5.178	19.966	86.228
经济增长的稳定性	1	2.943	96.562	96.562
	2	0.104	3.416	99.978
福利变化与成果分配	1	0.919	83.621	83.621
	2	0.079	7.146	90.766
资源利用和生态环境代价	1	3.272	47.653	47.653
	2	1.953	28.434	76.086
国民经济素质	1	1.246	69.884	69.884
	2	0.399	22.358	92.243
中国经济增长质量	1	18.811	71.627	71.627
	2	4.973	18.937	90.564

注：由于篇幅有限，表中只列出了第一和第二主成分的特征根与方差贡献率。

由表0－2可见，经济增长质量6个方面指数的第一主成分综合原始数据信息的能力非常强，除去资源利用和生态环境代价维度，其他5个方面维度的方差贡献率超过或接近85%，因此为了统一，我们整体采用第一主成分来确定相应权重。运用SPSS17.0进行基于协方差的主成分分析，可得第一主成分的各基础指标变量系数向量和各基础指标相应的权重。在各基础指标的权重确定之后，我们求得各方面指数值，进而采用主成分分析获得各方面指数的权重（见表0－3）。

表0－3　　各基础指标、方面指数的系数向量与相应权重

基础指标	第一主成分系数	基础指标权重	基础指标	第一主成分系数	基础指标权重
全要素生产率增长率	0.046	0.069	人均GDP	0.419	0.437
技术变动	0.044	0.066	城市人均住宅建筑面积	－0.048	－0.050
技术效率变动	0.002	0.003	农村人均住房面积	0.120	0.125
资本生产率	0.097	0.145	城镇居民家庭恩格尔系数	0.032	0.033
劳动生产率	0.657	0.985	农村居民家庭恩格尔系数	0.022	0.023
工业化率	0.141	0.034	泰尔指数	0.851	0.888

续表

基础指标	第一主成分系数	基础指标权重	基础指标	第一主成分系数	基础指标权重
第一产业比较劳动生产率	1.070	0.258	劳动者报酬占比	-0.041	-0.043
第二产业比较劳动生产率	-0.150	-0.036	单位地区生产总值能耗	0.191	0.106
第三产业比较劳动生产率	-0.008	-0.002	单位地区生产总值电耗	0.451	0.249
投资率	0.699	0.169	单位产出大气污染程度	-1.644	-0.909
消费率	-0.78	-0.188	单位产出污水排放数	0.038	0.021
存款余额/GDP	0.182	0.044	单位产出固体废弃物排放数	0.573	0.317
贷款余额/GDP	0.120	0.029	公路里程	0.549	0.492
进出口总额/GDP	0.816	0.197	铁路里程	0.797	0.714
二元对比系数	1.495	0.361	科学技术支出占财政支出比重	-0.548	-0.491
二元反差指数	3.543	0.855	行政费用占财政支出比重	0.017	0.015
经济波动率	1.714	0.999	公共安全支出占财政支出比重	-0.090	-0.081
消费者物价指数	0.000	0			
生产者物价指数	0.000	0			
城镇登记失业率	-0.066	-0.038			
方面指数	第一主成分系数	方面指数权重	方面指数	第一主成分系数	方面指数权重
经济增长的效率	0.551	0.127	福利变化与成果分配	0.771	0.178
经济增长的结构	4.154	0.958	资源利用和生态环境代价	0.559	0.129
经济增长的稳定性	-0.252	-0.058	国民经济素质	-0.532	-0.123

由表0-3可见，经济增长的结构在第一主成分指数中的权重最高，为0.958，这意味着在2011年各省区经济增长质量的不同更多地源于经济结构因素，即产业结构、投资消费结构、金融结构、国际收支结构、城乡二元结构等结构方面的差异造成了各地区经济增长质量的显著不同。其次是福利变化与成果分配、生态环境代价、经济增长效率，分别为0.178、0.129、0.127，由于以上4个方面权重值均大于0，因此都对经济增长质量提高具有积极意义。另外两个方面指数，即国民经济素质和经济增长的稳定性，对经济增长质量也有影响，权重分别为0.123和0.252，但是它们的影响是负面的，说明国民素质的差异性和经济增长的波动性已经对各省区经济增长质量产生了负面影响。

0.2 2011年各省区增长质量总指数及排序

我们首先根据所得各基础指标的相应权重求得各方面指数值，然后采用同样的方法获得各方面指数的权重，合成经济增长质量指数值，对各省区经济增长质量进行综合评价，所得测度结果如表0－4所示。

表0－4 2011年中国各地区经济增长质量指数及排序

省份	经济增长质量指数	排名	省份	经济增长质量指数	排名
北京	4.672291304	2	河南	0.988964053	18
天津	2.43788001	5	湖北	1.046104011	17
河北	1.247545963	14	湖南	1.134494945	15
山西	0.692826852	21	广东	3.000774648	3
内蒙古	0.492351992	22	广西	0.930494726	19
辽宁	1.518048056	9	海南	1.740912749	8
吉林	1.046901399	16	重庆	0.407060545	24
黑龙江	1.273851377	13	四川	－0.141271552	27
上海	23.98626911	1	贵州	－1.648176907	30
江苏	2.435483055	6	云南	－0.520715857	29
浙江	2.687278968	4	陕西	0.427963804	23
安徽	1.476978396	10	甘肃	－0.322867985	28
福建	1.872126028	7	青海	0.133458131	26
江西	1.317601886	12	宁夏	0.387412983	25
山东	1.382330859	11	新疆	0.762474455	20

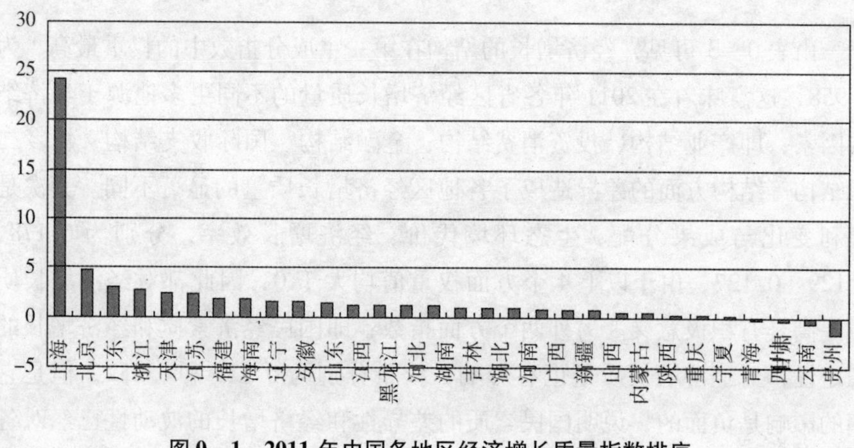

图0－1 2011年中国各地区经济增长质量指数排序

排在前10位的依次是上海、北京、广东、浙江、天津、江苏、福建、海南、辽宁、安徽，全部是东部地区相对发达的省份，前10位省区的经济增长质量指数平均为4.5828。

排在后10位的依次为山西、内蒙古、陕西、重庆、宁夏、青海、四川、甘肃、云南、贵州。除了山西和内蒙古，其余省份全部为西部内陆省份，后10位省区的经济增长质量指数平均为-0.0092。

后10位省区的经济增长质量指数平均小于0，前10位省区的经济增长质量指数平均大于0并且是后10位的4倍还多，东部省份的经济增长质量明显要优于中西部。另外，在经济增长质量指数排名中，四大直辖市中除重庆其余表现较好。

0.3 2011年各省区增长质量方面指数及排序

我们根据所得基础指标的相应权重求得各方面指数值，并对各省、自治区、直辖市的各方面指数值进行排序，所得测度结果如表0-5所示。

经济增长的效率指数排在前10位的依次是上海、天津、江苏、北京、辽宁、广东、内蒙古、黑龙江、福建、浙江，平均为0.2518。排在后10位的依次为山西、江西、青海、河南、安徽、宁夏、广西、甘肃、云南、贵州，平均为0.0972。经济增长效率的排名和整体增长质量排名相关度比较高，意味着通过提高利用资源的效率来提高经济增长质量还是目前各地区发展的核心所在。值得关注的是内蒙古自治区，内蒙古自治区经济增长的效率排在第7位，但整体质量排名却靠后，这与内蒙古自治区在增长质量其他方面表现不佳不无关系，所以效率的提高并非增长质量的全部，还需兼顾其他各个方面。

经济增长的结构指数排在前10位的依次是上海、北京、广东、浙江、江苏、天津、福建、海南、江西、辽宁，平均为3.7988。排在后10位的依次为吉林、广西、陕西、青海、山西、内蒙古、宁夏、甘肃、云南、贵州，平均为0.2553。经济增长的结构在整体质量指数中占比重较大，很大程度上决定着整体质量的排名，如贵州、云南、甘肃等省份结构指数表现不好，特别是投资消费结构相对不合理，直接导致几个地区该指数出现负值，排名也相对靠后。

表 0 – 5　　2011 年中国各地区经济增长质量各分项指数及排序

	经济增长的效率	排名	经济增长的结构	排名	经济增长的稳定性	排名	福利变化与成果分配	排名	资源利用和生态环境代价	排名	国民经济素质	排名
北京	0.2796	4	3.3638	2	–0.0125	3	0.7011	2	0.2167	3	0.1236	2
天津	0.2909	2	1.4737	6	–0.0638	25	0.5745	3	0.1223	6	0.0404	6
河北	0.1417	13	0.9780	11	–0.0494	21	0.2082	14	0.0330	20	–0.0640	15
山西	0.1081	21	0.5639	25	–0.0564	23	0.1663	21	0.0271	21	–0.1163	22
内蒙古	0.2085	7	0.5146	26	–0.0792	28	0.2325	11	0.0332	19	–0.4172	29
辽宁	0.2139	5	1.0419	10	–0.0249	8	0.2939	7	0.0431	18	–0.0499	11
吉林	0.1641	12	0.7491	21	–0.0294	13	0.2499	9	0.0660	11	–0.1527	25
黑龙江	0.1889	8	0.9068	15	–0.0265	11	0.3089	6	0.0636	13	–0.1678	26
上海	0.4779	1	22.3739	1	–0.0165	5	0.8507	1	0.1344	5	0.1659	1
江苏	0.2870	3	1.4972	5	–0.0060	1	0.3240	5	0.2707	2	0.0627	4
浙江	0.1810	10	1.9924	4	–0.0132	4	0.3367	4	0.1188	7	0.0715	3
安徽	0.1015	25	0.9762	12	–0.0483	20	0.1605	25	0.2961	1	–0.0090	8
福建	0.1820	9	1.4226	7	–0.0309	15	0.2400	10	0.0826	9	–0.0241	9
江西	0.1071	22	1.0688	9	–0.0329	18	0.2009	15	0.0542	14	–0.0805	19
山东	0.1647	11	0.9751	13	–0.0311	16	0.2306	12	0.0447	17	–0.0016	7
河南	0.1049	24	0.7672	19	–0.0767	26	0.1792	18	0.0507	16	–0.0363	10
湖北	0.1206	17	0.7653	20	–0.0543	22	0.2133	13	0.0647	12	–0.0635	14
湖南	0.1193	18	0.8611	17	–0.0290	12	0.1830	17	0.0661	10	–0.0660	16
广东	0.2087	6	2.3501	3	–0.0166	6	0.2599	8	0.1402	4	0.0587	5
广西	0.0949	27	0.7343	22	–0.0262	9	0.1331	27	0.0521	15	–0.0577	12
海南	0.1346	15	1.4035	8	–0.0109	2	0.1741	19	0.1058	8	–0.0662	17
重庆	0.1344	16	0.7867	18	–0.0904	29	0.1874	16	–0.5357	29	–0.0753	18
四川	0.1148	19	0.9546	14	–0.5699	30	0.1643	22	–0.7436	30	–0.0615	13
贵州	0.0810	30	–1.5385	30	–0.0200	7	0.1013	30	–0.1775	24	–0.0944	21
云南	0.0833	29	–0.2402	29	–0.0315	17	0.1077	29	–0.3499	28	–0.0901	20
陕西	0.1081	20	0.7149	23	–0.0769	27	0.1607	24	–0.3461	27	–0.1326	23
甘肃	0.0907	28	–0.0753	28	–0.0597	24	0.1096	28	–0.2465	25	–0.1416	24
青海	0.1054	23	0.6420	24	–0.0302	14	0.1505	26	–0.2498	26	–0.4843	30
宁夏	0.0953	26	0.4880	27	–0.0348	19	0.1633	23	–0.1173	22	–0.2072	27
新疆	0.1409	14	0.8889	16	–0.0264	10	0.1717	20	–0.1572	23	–0.2555	28

经济增长的稳定性指数排在前10位的依次是江苏、海南、北京、浙江、上海、广东、贵州、辽宁、广西、新疆，平均为-0.0173。排在后10位的依次为河北、湖北、山西、甘肃、天津、河南、陕西、内蒙古、重庆、四川，平均为-0.1177。经济增长的稳定性指数均为负值且数值差距不大，说明2011年各省区经济波动性均较大，这充分说明各个省份要加强防止经济增长大起大落的能力，而且要在充分发挥市场机制配置资源作用的同时，不断加强政府宏观调控，保持宏观经济增长的稳定性和连续性。

福利变化与成果分配指数中，排在前10位的依次是上海、北京、天津、浙江、江苏、黑龙江、辽宁、广东、吉林、福建，平均为0.4139。排在后10位的依次为山西、四川、宁夏、陕西、安徽、青海、广西、甘肃、云南、贵州，平均为0.1417。整体福利水平的改善、成果分配的合理带来经济增长质量指数的提高，经济增长质量总指数高的省份在让民众分享增长的成果、降低收入差距方面表现相对较好。而四川、陕西、云南、贵州等省份不平等程度上升，没有处理好增长和收入分配的关系，拉低了这些省份的整体质量指数和排位。值得关注的是，安徽省即使经济增长质量总指数排名第10，但在成果分配和福利改善方面的表现仍不尽人意。

资源利用和生态环境代价指数排在前10位的依次是安徽、江苏、北京、广东、上海、天津、浙江、海南、福建、湖南，平均为0.1554。排在后10位的依次为山西、宁夏、新疆、贵州、甘肃、青海、陕西、云南、重庆、四川，平均为-0.2897。目前中国处在工业化和城市化加速发展阶段，依靠污染排放、环境牺牲来维持高增长被实践证明是不可持续的，而以山西、甘肃、陕西为代表的地区由于没有处理好资源环境问题，其经济增长质量普遍不高。

国民经济素质指数中排在前10位的依次是上海、北京、浙江、江苏、广东、天津、山东、安徽、福建、河南，平均为0.0452。排在后10位的依次为贵州、山西、陕西、甘肃、吉林、黑龙江、宁夏、新疆、内蒙古、青海，平均为-0.2169。国民经济素质决定着一个地区国民经济系统功能的水平及发挥程度，相对发达的地区该指数相对也高，说明地区经济功能发挥良好；反观某些GDP总量较大的省份，如宁夏、新疆、内蒙古、青海，国民基础素质、能力素质和协调素质等方面有不同程度的欠缺，不仅拉低了国民经济素质分项指数，也在很大程度上拉低了这些地区经济增长质量的整体水平。

0.4　2011 年各省区增长质量与增长数量排序的对比

根据 2011 年各省、自治区和直辖市经济增长质量的指数排名，以及我们选择各省的总量 GDP 作为经济增长数量指标的排名结果，列出 2010 年中国各地区经济增长质量和经济增长数量的排序及其差异，见表 0－5。

从表 0－6 可以看出，2011 年各省区经济增长质量与增长数量排序对比中，经济增长质量排序显著高出数量排序的前 5 位分别是海南（高 20 位)、北京（高 13 位)、天津（高 12 位)、上海（高 8 位)、江西（高 7 位)，直观的解释就是较这些地区的经济增长数量而言，其增长质量状况更好；同样，经济增长质量排序显著低于数量排序的后 5 位分别是四川(低 19 位)、河南（低 13 位)、山东（低 8 位)、河北（低 7 位)、内蒙古和云南（低 6 位)，这些地区虽然经济增长数量较大，但是增长质量状况明显不理想。

表 0－62011 年中国各地区经济增长质量与经济增长数量的排序比较

省份	经济增长质量排名	经济增长数量排名	增长数量与质量之差	省份	经济增长质量排名	经济增长数量排名	增长数量与质量之差
北京	2	15	+13	河南	18	5	－13
天津	5	17	+12	湖北	17	12	－5
河北	14	7	－7	湖南	15	11	－4
山西	21	24	+3	广东	3	2	－1
内蒙古	22	16	－6	广西	19	18	－1
辽宁	9	6	－3	海南	8	28	+20
吉林	16	20	+4	重庆	24	22	－2
黑龙江	13	13	0	四川	27	8	－19
上海	1	9	+8	贵州	30	26	－4
江苏	6	1	－5	云南	29	23	－6
浙江	4	4	0	陕西	23	21	－2
安徽	10	14	+4	甘肃	28	27	－1
福建	7	10	+3	青海	26	29	+3
江西	12	19	+7	宁夏	25	30	+5
山东	11	3	－8	新疆	20	25	+5

0.5　2011 年与 2010 年各省区经济增长质量比较及其解释

为考察在 2011 年度全国各地区经济增长质量的总体发展变动态势，我们根据 2010 年和 2011 年度的各省、自治区和直辖市经济增长质量的指数排名，列出两年中国各地区经济增长质量指数排序变动及差异，见表 0－7。

其次，为具体考察全国各地区在 2011 年度经济增长的效率、经济增长的结构、经济增长的稳定性、福利变化与成果分配、资源利用和生态环境代价、国民经济素质六个方面的变动情况。我们根据 2010 年和 2011 年各省、自治区和直辖市经济增长质量的各方面指数排名情况，列出两年内中国所有省区中在经济增长质量方面指数排序变动幅度最较大的省份，见表 0－8。

表 0－7　2011 年与 2010 年中国各地区经济增长质量指数排序及差值

省份	2011 年经济增长质量指数排名	2010 年经济增长质量指数排名	差值	省份	2011 年经济增长质量指数排名	2010 年经济增长质量指数排名	差值
安徽	10	16	6	新疆	20	21	1
河北	14	19	5	黑龙江	13	13	0
山西	21	25	4	江苏	6	6	0
内蒙古	22	26	4	广东	3	3	0
河南	18	22	4	北京	2	1	-1
广西	19	23	4	天津	5	4	-1
江西	12	15	3	海南	8	7	-1
青海	26	29	3	贵州	30	28	-2
福建	7	9	2	山东	11	8	-3
湖南	15	17	2	陕西	23	20	-3
宁夏	25	27	2	甘肃	28	24	-4
辽宁	9	10	1	吉林	16	11	-5
上海	1	2	1	湖北	17	12	-5
浙江	4	5	1	四川	27	18	-9
云南	29	30	1	重庆	24	14	-10

从表 0－7 可以看出，相比 2010 年，在 2011 年各省区经济增长质量指数排序中提升幅度最大的前五位分别是安徽（提升 6 位次）、河北（提升 5

位次)、山西、内蒙古和河南（均提升4位次）。在这五个省份中，除安徽省外，其余四省的经济增长质量指数在2010年均与其增长数量背离程度较大。正是由于其在2010年度经济增长质量发展程度不尽如人意，2011年度各地政府积极转变发展思路，改变了对于GDP增长的片面追求和迷信。从低起点出发，优化经济发展结构，降低生态环境损害，实现从投入扩大型增长向效率提高型增长的转变，充分发挥了经济发展中所蕴含的增长潜力。综合两表可以看到，特别是以资源开发为核心的河北、内蒙古和山西三省，不仅在整体经济增长质量指数中的排名提升很快，实现了经济向内涵式发展的迈进，而且在经济增长的效率与资源利用和生态环境代价方面指数上的提升也排位靠前，产业发展慢慢摆脱了经济低效的困境。其次，河南省2011年的经济增长质量的提升主要是依赖于经济增长结构和国民经济素质两方面指数大幅提升的拉动。河南作为经济大省不仅改善了其粗放式的经济增长结构，使经济增长数量和质量不断协同；并且在国民经济素质的提升方面下了大功夫，实现了基础建设、能力素质和政府协调功能的同步提升。而安徽省则是在最小化经济增长的生态环境代价方面做出了很大努力，在不断推进中部崛起的过程中关注生态的适度利用和保护，进而拉升了其经济增长质量排位。

表0-8　2011年与2010年中国各地区经济增长质量各分项指数排序变动情况

		进步最快的五个省份					退步最快的五个省份					变动最大的省份
经济增长的效率	省份	四川	重庆	河北	黑龙江	江苏	江西	新疆	青海	湖南	湖北	四川
	2011年	19	16	13	8	3	22	14	23	18	17	19
	2010年	24	18	14	9	4	19	13	22	17	16	24
	差值	5	2	1	1	1	-3	-1	-1	-1	-1	5
经济增长的结构	省份	新疆	河南	青海	江西	广西	湖北	甘肃	山西	山东	陕西	湖北
	2011年	16	19	24	9	22	20	28	25	13	23	20
	2010年	23	24	29	12	25	10	21	18	8	20	10
	差值	7	5	5	3	3	-10	-7	-7	-5	-3	-10

续表

		进步最快的五个省份					退步最快的五个省份					变动最大的省份
经济增长的稳定性	省份	海南	浙江	上海	广东	新疆	四川	天津	陕西	山东	内蒙古	海南
	2011 年	2	4	5	6	10	30	25	27	16	28	2
	2010 年	28	27	25	23	26	7	8	11	1	14	28
	差值	26	23	20	17	16	−23	−17	−16	−15	−14	26
福利变化与成果分配	省份	海南	重庆	浙江	陕西	甘肃	安徽	新疆	云南	湖南	河南	海南
	2011 年	19	16	4	24	28	25	20	29	17	18	19
	2010 年	24	18	5	25	29	20	19	28	16	17	24
	差值	5	2	1	1	1	−5	−1	−1	−1	−1	5
资源利用和生态环境代价	省份	安徽	广西	宁夏	河北	山西	重庆	四川	陕西	海南	山东	安徽
	2011 年	1	15	22	20	21	29	30	27	8	17	1
	2010 年	19	26	30	27	28	13	17	16	2	12	19
	差值	18	11	8	7	7	−16	−13	−11	−6	−5	18
国民经济素质	省份	河南	四川	河北	湖北	山东	宁夏	青海	海南	新疆	甘肃	河南
	2011 年	10	13	15	14	7	27	30	17	28	24	10
	2010 年	28	29	26	24	16	9	13	7	21	17	28
	差值	18	16	11	10	9	−18	−17	−10	−7	−7	18

相比 2010 年，在 2011 年各省区经济增长质量指数排序中下降幅度最大的五个省区是：重庆（下降 10 位次）、四川（下降 9 位次）、湖北（下降 5 位次）、吉林（下降 5 位次）、甘肃（下降 4 位次）。可以看到，指数排名下降幅度最大的五个省份在 2010 年的排名均居于中间 10 位，在 2011 年度不仅没有实现经济增长质量的提升和突破，反而出现了增长乏力的状况，质量指数下降明显。特别是川渝地区，四川省作为经济大省在增长数量上虽然仍旧排在前十，并且在 2011 年度的经济增长效率有所提升，但经济增长的稳定性和生态环境代价方面退步明显，经济增长质量相较其他积极转变发展方式的省区下滑严重。其次，湖北省作为我国中部崛起战略的

重镇，2011 年在经济增长效率和经济增长结构上表现不佳，特别是经济增长结构指数的下降幅度更位居全国所有省区之首。可以看到，湖北省并没有继续 2010 年的良好发展态势，增长效率没有显著提升，并且忽视了经济增长结构的优化调整，产业结构倾向化明显。

从表 0－8 可以看到，海南省在 2011 年经济发展表现突出。不仅在经济增长质量指数排序中仍旧保持了前十的排名，在经济增长的稳定性和福利变化与成果分配两个方面指数的排序变动中均进步最大。海南省从前以旅游业为主导，产业结构特殊；但在不断的发展过程中，已经形成了以旅游业为龙头，新型工业、高技术产业、海洋经济和现代服务业等为一体的特色产业结构体系，以第三产业为重心的产业结构很大程度上维持了经济增长的稳定，规避了经济波动，并且第三产业产值的高占比也能够更好地使改革成果惠及普通百姓的生活，进一步提升福利变化与成果分配的得分。

总体来说，进入“十二五”以来，中国各省、自治区、直辖市的经济都在沿着“稳增长，调结构”的发展路径不断地转变着经济发展方式，摒弃了对 GDP 和经济增长数量的盲目崇拜，提高经济增长质量已经成为各省区乃至整个中国经济发展所追求并在逐步努力实现的目标和共识。

第一篇

创新驱动的机制及评价

1 提高中国经济增长质量和效益的创新驱动机制

十八大报告指出："坚持科学发展观要以加快转变经济发展方式为主线，把推动发展的立足点转到提高质量和效益上来，着力激发各类市场主体发展新活力，着力增强创新驱动发展新动力，着力构建现代产业发展新体系，着力培育开放型经济发展新优势，不断增强长期发展后劲。"十八大以后第一次召开的中央经济工作会议提出，要加大经济结构调整力度，提高经济增长质量和效益。这表明提高经济增长质量和效益是我国未来经济增长的主题，实现经济增长从要素驱动转向创新驱动已经成为我国未来经济增长中的主要任务。

1.1 中国经济增长新阶段的特点及增长条件的变化

中国经济增长总体已经进入新的阶段，进入新阶段的主要标志是：经济总量和人均量都得到显著提升，经济增长进入结构调整阶段。2011 年中国国内生产总值为471564 亿元，成为世界第二大经济体，这意味着中国经济开始从加速增长阶段进入了结构调整阶段。从温饱消费阶段进入质量型消费阶段。从以物为本的经济增长模式进入以人为本的经济增长模式，人的发展地位将得到提高。从数量型经济增长进入质量型经济增长，在数量速度型增长的基础上，需要注意经济增长的质量和效益的提高。经济增长的动力开始转换，推进经济增长的力量正在由政府主导型的政策为主的阶段转向政府的政策与市场的活力共同推进的新经济增长阶段。

在进入经济增长新阶段的背景下，宏观上支持中国长期增长的要素禀赋条件发生了新的变化①，导致微观上企业原先熟悉的投资驱动、规模扩张、出口导向的增长模式也发生了重大转变。

(1) 体制条件的新变化。经过 30 多年的经济转型，我国已经实现了从计划经济体制向市场经济体制的转变，市场经济体制的基本框架已经初步建立，带来了经济增长的体制转轨红利，为中国经济 30 多年持续的高增长释放了巨大的动力空间。但伴随着中国市场化改革进程的不断深入，经济体制改革已经基本就位：在宏观层面上，通过所有制体制、分配体制、投资体制的改革，市场机制已经取代计划机制成为资源配置的基础机制；在中观层面上，通过金融体制改革、财政体制改革、税收体制改革、投资体制改革，已经基本建立起符合市场经济要求的经济运行机制；在微观体制层面上，通过国有企业改革、非公有制经济的二次创业，已经建立了多元化的微观体制结构。中国市场经济体制基本框架的基本确立，标志着中

① 任保平，郭晗．红利变化背景下中国经济发展方式转变的路径转型［J］．西北大学学报（哲学社会科学版），2012（4）．

国市场化改革提高资源配置效率的作用已达到顶点，前30多年以增量改革为特征的体制转轨所带来的增长动力将逐步消退。

（2）劳动力供给条件的新变化。过去30多年，大量的适龄劳动人口从农村转向城市，为经济增长提供了廉价的劳动力供给。随着中国逐渐步入老龄化社会，中国的人口出现了新变化：从劳动力供给角度看，2011年中国适龄劳动人口比重为74.4%，十年来首次出现下降，劳动力供给在减少，劳动力成本在上升；从劳动力流动的角度来看，各地出现的“民工荒”现象也表明劳动力无限供给时代已经结束，未来中国经济增长中劳动力成本将会不断提升，整个经济增长进入要素成本周期性上升阶段，劳动力供给条件发生了新的变化。

（3）自然资源条件的新变化。过去30多年，廉价的自然资源为中国制造业的发展提供了强大的比较优势基础，但也导致了经济增长中的高能耗、高污染和低效率现象，目前中国经济增长中的自然资源条件出现了新变化：一是目前很多行业已经出现较为明显的资源短缺状况；二是资源开采对生态环境的破坏使经济增长的生态环境代价上升，以自然资源的过度消耗为代价的经济增长模式将不可持续。

（4）需求条件的新变化。需求是经济增长的拉动力，总需求分为外需和内需。过去中国经济增长主要依靠外需的拉动，可以说中国30多年高速增长的源泉很大程度上来自于外需，中国的外贸依存度一度高达60%。但是2008年以后，需求结构发生了变化，外需拉动经济增长的动力在下降，由2008年美国次贷危机引发的世界金融和经济危机导致外部需求扩张速度明显放缓，外部经济持续不平衡带来的人民币升值压力迫使中国主动实施贸易平衡战略。在这样的背景下，过度依赖外需的经济增长方式难以为继，在需求结构上要由外需向内需变化。

从一般意义上来讲，经济增长是有阶段性的，在不同的经济增长阶段，经济增长的动力不同。一个国家经济的增长要首先经过要素驱动、投资驱动阶段，然后进入创新驱动、财富驱动阶段。创新驱动是相对于要素驱动和投资驱动而言的。十八大报告提出创新驱动发展战略，意味着中国在新的发展时期要提高经济增长质量和效益，就要努力实现增长动力的转换，从要素驱动、投资驱动转向创新驱动。从中国经济增长的实践来看，1978年以来的“中国增长奇迹”的取得，一是靠体制改革，成功实现了由计划经济体制向市场经济体制的转变，资源配置效率大幅提高；二是靠对外开放，积极承接全球产业转移和技术扩散，迅速发展出口产业，积极参与国际产业分工，以大规模使用劳动力资源、矿产资源、水土资源为主的低要素成本优势得到充分发挥。但是目前资源环境对经济增长的约束增强，要素驱动模式难以为继。从世界经济发展的趋势来看，新的工业革命正在兴起，它以“人脑 + 电脑”为主要特征、以互联网和信息技术为基础平台、以“商业模式创新 + 技术集成创新”为支撑，经济增长创新驱动的作用在逐步增强。从国内实践和国际背景来看，未来中国经济增长中提高质量和效益是关键①，而要提高经济增长的质量和效益，就要从依靠要素驱动向依靠创新驱动转变。

1.2 经济增长从要素驱动转向创新驱动的必要性

过去 34 年来，我们依靠“要素驱动”成功跨越了低收入国家的“贫困陷阱”，迈入中等收入国家行列。但是辉煌成就的背后存在严重的隐忧：经济规模很大，但大而不强；经济增长很快，但快而不优。企业陷入低端产业的“比较优势陷阱”，在全球产业链和价值链上处于弱势地位。这一切都被传统增长红利带来的高速增长所掩盖，但即便是这种高速增长也并不是可持续的，要素禀赋条件发生的新变化意味着我们必须为增长寻找新的红利空间，因此在中国经济发展的新阶段，需要从要素驱动转向创新驱动。

十八大报告提出创新驱动发展的战略，也就是说，我们在新的发展时期要努力实现增长动力的转换，努力从要素驱动、投资驱动转向通过技术进步来提高劳动生产率的创新驱动，从过度依赖人口红利和土地红利转向靠创新红利和深化改革来形成制度红利。

从主要依靠要素驱动向依靠创新驱动转变的必要性在于：

（1）实现可持续发展要求创新驱动。当前我国传统的高储蓄高投资的发展模式导致了经济发展的高速度和低质量，一方面表现为经济发展与社会发展的失衡日益严重，另一方面表现为经济增长与资源环境的矛盾十分

① 任保平，魏婕．追求质量是未来中国经济增长的主题［J］．经济纵横，2012（4）．

突出。这种发展模式中人与社会和自然关系的失衡意味着其不可持续性。而在当前经济发展过程中，人口红利已开始消减，劳动力成本优势也有所减弱；同时，随着欧美国家再工业化浪潮的兴起，承接国外技术和产业转移的难度加大，技术引进受到更多限制。因此，要实现可持续发展就必须实施创新驱动，通过全面构建创新体系，发挥各项创新机制的协同作用来提升生产效率，以实现中国经济长期可持续发展。

（2）提高国际竞争力要求创新驱动。现代社会的国际竞争是创新能力和科技实力的竞争。国际金融危机后，经济复苏和新经济增长点的形成，将主要依靠创新驱动，并以新产业的发展为主要特征。因此，发达国家和新兴经济体都更加重视国家层面的创新战略，希望通过创新实现经济复苏，抢占未来竞争制高点。在这种大背景下，我国就必须通过实施创新驱动，加快关键领域的核心技术突破，加速创新成果转化为现实生产力，在本轮经济复苏过程中提升国际竞争力。

（3）实现经济结构的转型升级要求创新驱动。经济发展方式转变，不仅意味着从要素扩张向生产率提高的转变，而且要在经济发展过程中实现经济结构的转变，改变经济结构中投入结构不合理、物质资源消耗太多、科技进步贡献率低的状态。经济结构的转变包括：在产业结构方面，从主要依靠第二产业带动向一二三次产业协同带动转变，大力培育战略性新兴产业；在空间结构方面，调整城乡二元结构，缩小城乡差距；推进工业化、农业现代化和信息化协调发展；在动力结构方面，促进经济发展由主要依靠投资拉动向消费、投资、出口协调拉动转变，从需求管理向供给管理方面转变；在要素投入结构方面，以提高创新能力为核心，促进经济增长从要素驱动型向创新驱动型转变。这一系列的结构性转变都需要通过创新驱动来实现。

1.3 创新驱动提高经济增长质量和效益的路径

数量速度型经济增长依靠投资驱动和要素驱动，而提高经济增长的质量和效益依赖于创新驱动。提高经济增长质量和效益的创新驱动不是单一方面的创新，而是一种协同创新，这种协同创新是产业创新、科技创新、制度创新、战略创新所发生的协同作用。提高经济增长质量和效益创新驱动的路径包括：

（1）以科技创新为提高经济增长质量和效益形成技术创新支持体系。现代创新型经济的重点已经从技术创新转向了科技创新①，从我国情况来看，虽然科技发展取得了一定成果，但自主创新能力还不强，经济增长技术含量不高，缺乏关键技术和核心技术，先导性战略高技术领域科技力量薄弱，重要产业对外技术依赖程度仍然较高，实现创新驱动的技术创新支持体系没有完全建立。通过建立和完善技术创新体系，促进企业发展新产品、新材料，增加新品种、新花色，以及加速老产品的更新换代。这样企业才能不断适应市场的需要，扩大原有市场，开辟新的市场，不断提高管理水平和技术含量，从而推动经济增长质量和效益的提高。因此，提高经济增长质量和效益中科技创新的目标是：大力推动自主创新，实现从模仿创新到自主创新的转型，形成完备的技术创新体系。

（2）以产业创新为提高经济增长质量和效益提供新型产业支持体系。提高经济增长质量和效益需要新的产业体系来支撑，需要在产业结构多元化的基础上实现产业结构的高级化。目前全球面临着新产业革命的挑战，以“智能制造”为核心的新工业革命，可能使全球技术要素与市场要素的配置方式发生革命性变化。中国若不能取得先导性技术突破并将其产业化，不仅无法占据此次超级产业革命的制高点，更有可能在全球新一轮的产业分工中被边缘化。在提高经济增长质量和效益的过程中，要依据全球新产业革命的发展趋势加快产业创新，构建现代产业体系。由于创新是产业技术创新、管理创新和市场创新的集成，通常用产业转型的能力来衡量，在现代产业体系的构建过程中还要提高产业转换能力。因此，提高经济增长质量和效益过程中，产业创新的目标是提高产业转换能力，构建以高端制造和低碳发展为特征的新型现代产业体系。

（3）以产品创新形成新市场和经济增长点。产品创新是建立全面创新体系的基本形式。产品创新源于市场对企业的产品技术需求，也就是技术创新活动以市场需求为出发点，通过技术创新活动，创造出适合这一需求的适销产品。企业产品创新是将市场需求和本企业的技术能力相匹配，寻求风险收益的最佳结合点。产品创新从根本上说是技术推进和需求拉引共

① 洪银兴．科技创新与创新型经济［J］．管理世界，2011（7）．

同作用的结果，目标是引领经济社会发展，以形成新的市场和经济增长点。

（4）以制度创新为提高经济增长质量和效益中提供激励导向。制度的功能在于激励和约束，在提高经济增长质量和效益过程中，要以制度创新来提供激励导向。当前我国部分生产要素和资源价格形成机制仍不健全，要素市场的行政性垄断和区域、行业部门的市场分割仍然存在，市场竞争机制尚未充分发挥作用，阻碍了企业的自主创新热情。要素市场价格机制不完全，要素价格扭曲，不能充分反映市场供求关系，客观上保护了落后的企业和生产结构，也导致企业倾向于高消耗的增长方式。因此制度创新的目标是：通过进一步完善社会主义市场经济体制，不断进行制度创新，建立质量效益型激励体系，为提高经济增长质量和效益提供有利的激励导向。

（5）以战略创新为提高经济增长质量和效益提供战略支持体系。过去对于创新的认识往往重视技术创新、制度创新与产业创新，而对战略创新认识不足。从宏观上来看，战略创新实质上是通过发展战略的调整来统筹各方面资源，进而达到协同创新的目的。从微观来看，现代企业发展受到环境影响的程度越来越大，企业间的竞争也越来越激烈，企业运作的风险也越来越大，需要加强战略创新。战略是方向，是力量的有效整合，推行战略管理是提高经济增长质量和效益的必然要求。提高经济增长质量和效益的战略创新目的是：引进国外高新技术并在此基础上进一步创新，同时加强对高新技术人才的培养与引进、对技术方面的投入，最终形成具有自主知识产权的创新体系，在此基础上发展具有比较优势的产业链，带动我国经济的快速增长。战略创新的目标是：提高国家创新能力，根据比较优势形成自己的产业链，以增强国际竞争力，进而提高经济增长的质量和效益。

（6）以管理创新为提高经济增长质量和效益提供环境支持。管理创新则是指形成一种创造性思想并将其转换为有用的产品、服务或工作方法的过程。管理创新包括宏观经济管理创新和企业管理创新。从宏观经济管理创新来看，一方面要转变政府职能，按照服务型政府的战略目标转变政府职能，完善公共决策系统，提高公共政策质量，实现由权能型政府向服务型政府的转变；另一方面，在宏观经济管理的手段方面要考虑经济信息因素，将信息因素融合到宏观经济管理体制的建立过程中，加强经济信息服务机构和宏观经济管理信息系统的建设；从微观企业管理创新来看，企业要依据劳动力成本升高、产品降价、运营资金短缺及环保治理压力等经济环境的变化，通过商业模式创新、战略创新、产品创新、技术创新、管理创新、体制创新、机制创新和市场创新，提高企业的核心竞争力，提高企业的竞争优势。

（7）以文化创新提供精神动力和智力支持。文化创新是建立全面创新体系的精神引领和智慧支撑。随着科技与文化交融的日益加深，特别是文化消费和文化产业在消费结构、产业结构中的地位凸显，文化创新的重要性越来越得到大家的关注。而且，文化创新所形成的创意产业也是调整产业结构、支撑经济发展方式转变的重要方向。因此，在科技创新驱动的基础上提出文化创新驱动，不仅深化了对加快转变经济发展方式的认识，更符合了加快转变经济发展方式的演化方向。文化创新的目标是：通过培育勇于创新、善于创新的创新文化，营造开放和包容的创新氛围，为建成全面创新体系提供精神动力和智力支持。

1.4 创新驱动提高经济增长质量和效益的对策

要实现中国经济增长从数量速度型转向质量效益型，就应该从生产率提高和要素配置优化的角度出发，建立提高经济增长质量和效益的创新驱动机制。依据创新驱动的路径，提高经济增长质量和实现效益创新驱动应该采取以下对策：

（1）培育创新型企业，构建创新驱动的主体。创新型企业指那些以不断创新的观念和文化为指导，以组织创新活动为支撑，以自主研发为手段，以创新成果的转化利用为目标的新型企业。从世界经济发展的趋势来看，创新型企业在推动地区经济发展、引领产业变革、推进产学研合作、参与国际竞争等方面，发挥着越来越重要的作用。创新型企业是现代经济增长中最有活力的企业，是创新驱动的主力军。因此，在提高中国经济增长的质量和效益的过程中，要积极培育创新型企业，构建创新驱动的主体。

第一，围绕重点支柱产业转型升级、战略性新兴产业培育与发展、传统产业向现代产业的转变，以增强企业自主创新能力为核心，以引导创新要素向企业集聚为主线，培育创新型企业。

第二，引导企业建立技术创新体系。完善的企业技术创新体系是提高企业自主创新能力的平台与载体，企业要加快建立健全以市场需求为导向，以产品开发为核心，研发设计、生产营销、售后服务一条龙的技术创新体系。

第三，引导企业进行技术创新战略的转型。引导企业选择基于自主研发的自主创新战略，充分发挥企业科技人员在新产品开发、新技术引进、新工艺运用方面的作用，激励科技研发人员投身技术创新的积极性，以提高企业在市场竞争中的核心竞争力为目标提高企业技术创新水平。

（2）发展新兴产业，构建现代产业体系。

第一，积极培育新兴产业，大力推动产业创新。产业创新就是在产业层次和产业能力上有所突破，在产业结构多元化的基础上实现产业结构的优化升级，这是提高经济增长质量和效益的基本要求。实施创新驱动战略，就是在要素禀赋结构不断升级的基础上，通过产业层次和产业能力的不断提升，不断地发展适合本国比较优势的产业，实现从传统产业向高新技术产业，从低附加值产业向高附加值产业、从低加工度产业向高加工度产业的迈进。实施提高经济增长质量和效益的创新驱动战略，首先要把握世界新技术革命的方向和全球产业分工格局，积极发展新一轮经济增长的朝阳产业，以此来适应本国不断发展演进的要素禀赋结构和比较优势，使本国的产业发展具有最大的竞争力。

第二，构建现代产业体系，全面推动结构升级。经济发展本身就是经济结构不断优化升级的过程，因此应将结构优化与构建现代产业体系结合起来，促进产业创新，加快构建高新技术产业为主导、服务经济为主体、先进制造业为支撑、现代农业为基础的现代产业体系。结构创新就是通过构建现代产业体系来形成以知识产品、技术产品为主的产业结构。结构创新的关键是提升扩张现代新型产业、集聚拓展现代高效农业、大力发展高新技术产业。其中扩张现代服务业是结构创新的重点，扩张现代服务业有两个层次：一个是生活性服务业的发展，即加快金融、旅游、咨询等现代服务业的发展，强化服务业对于生活的提升作用；另一个是生产性服务业的发展，加快分离制造业里的服务业（包括采购、销售、开发、设计、策划，以及后勤服务、现场管理等），以形成高度的专业化和社会化生产经营。

第三，加强产学研合作体系建设，积极推动体制创新。实施提高经济增长质量和效益的创新驱动的重点在于加强产学研体系建设，但加强产学研体系建设要求全面的制度保障。制度保障对于提高经济增长质量和效益是具有根本性、全局性和长期性意义的，是推动经济社会发展的决定性力量。构建产学研合作创新体系必须积极推动体制创新，内容包括：①高校和科研机构的创新激励机制，以保证其不断提供创新成果和科学突破。②科研成果转化机制，以保证带动新产业的繁育、新产品的生产和新技术的运用。③新产品和创新的融资机制，以推动创新活动的发展。④人才吸引和培育机制，可以吸引众多的创新人才。⑤严格的知识产权保护制度，以保证创新活动的持续性。

（3）发展创新型经济，构建创新体系。数量型经济增长是投资驱动和要素驱动型经济增长，质量效益型经济增长是创新驱动型增长。要实施创新驱动，就必须发展创新型经济，改善技术供给。创新型经济是以知识和人才为依托、以创新为主要驱动力、以发展拥有自主知识产权的新技术和新产品为着力点、以创新产业作为标志的经济形态。国际金融危机对我国经济的冲击及当前我国经济增长中暴露出来的诸多矛盾表明，单纯依靠规模扩张追求经济增长速度的经济增长方式已经走到尽头，经济增长方式要转向提高质量和效益。要保持我国经济长期持续增长以及促进经济增长方式转变，必须以提高经济增长质量和效益为目标，大力发展创新型经济。这就要求：

第一，提高企业自主创新能力，促进科技成果向现实生产力的转化，同时注重企业人力资本积累，发挥科技、知识和技术在提高经济增长质量和效益过程中的主导作用。

第二，加快改造传统产业，加大传统产业技术创新和人力资本投入，促进产业结构升级，促使整个行业从原先的资本驱动型或劳动驱动型增长向知识驱动型增长转变，使产业结构从低层次向高层次转化，从低附加值向高附加值转化。

第三，实现我国经济增长由要素驱动型向技术提高型转变，实现从传统依靠资本劳动等生产要素的增长方式向通过技术创新提高要素使用效率的现代增长方式转变。

（4）推动制度创新，改善制度环境。实施创新驱动，需要改善制度供给，推动制度创新，使中国经济增长要素驱动的制度安排转向创新驱动型，为提高经济增长质量和效益提供制度环境。

一是建立科学的政府决策机制。避免政府行为和决策的短期倾向，促进政府规划和行为的长期化。深化科技管理体制改革，营造平等竞争的创新环境。转变政府科技管理和服务职能，强化政府为科技创新活动提供服务的能力，把政府的科技工作管理工作重点放在研究科技创新战略、制订科技创新规划、创造科技创新保障条件、优化科技创新政策环境、提高科技创新服务水平上，引导、激励企业自主开展研究与开发活动。

二是深化企业创新体制改革，增强企业自主创新的动力和能力。建立健全技术创新机制和现代知识产权制度，进一步推动企业成为技术创新投入主体、研究开发主体和科技成果应用主体。鼓励企业大幅度增加技术开发经费的投入。加强产业技术创新战略联盟建设，促进政府、企业与高校、科研院所的深度合作。引导和支持有条件的大型企业联合高校、科研院所组建产学研联合体，从事核心技术、关键技术和共性技术研究和应用开发。构建以创新链为基础的产学研协同创新模式，促进科学技术的研发、创业孵化、金融服务、产业发展等创新链各环节的协同发展。

三是促进科技和教育制度创新，为提高经济增长质量和效益提供知识、技术和人才支持。应创新教育体制，优化教育结构，加大教育投入，使教育与经济发展结合起来，加快创新型人才的培养。完善科技制度创新，鼓励在经济发展的关键技术领域和前沿技术领域进行研发和创新。

四是创新收入分配体制，完善各项社会保障制度。建立有利于激励自主创新的人才评价和奖励制度，保证合法劳动所得，逐步缩小收入差距。打破行业垄断，调节因行业垄断形成的高收入，规范收入分配秩序。同时，不断提高中低收入者的收入水平，保障城镇贫困人口和农村贫困人口的基本生活。

（5）推动政策转型，建立创新政策导向。从政策转型的角度来说，在提高我国经济增长质量和效益的过程中，要实现从要素驱动和投资规模驱动发展转向创新驱动转变，必须实现政策导向的转变。一方面，要实现从“投资激励”向“创新激励”的转变，从规模激励转向效率激励，全面提高企业创新动力。在提高经济增长质量和效益的过程中，企业发展从规模扩张导向调整为竞争力提升导向，有赖于政策激励机制从投资激励转向创新激励。为了实现创新激励，当前要进行政策转型，建立创新政策导向，把政策重点放在鼓励企业通过创新来提高竞争力和全要素生产率上来。另一方面，要建立现代创新政策体系，实现从“科技政策”向“创新政策”的转变，实施提高经济增长质量和效益的创新驱动，要在政策内容上有所突破，全面推动和建成创新体系，以加强政策的协调性，把创新政策融入科技政策、产业政策、财税金融政策、贸易和教育政策等各项政策中去，使之形成全面有效的创新政策体系；促进创新政策体系中各方面政策协调，通过加强各环节投入的协调性和连续性，实现全方位的协同创新。构建以创新链为基础的产学研协同创新模式，促进科学技术的研发、创业孵化、金融服务、产业发展等创新链各环节的协同发展。加强产业技术创新战略联盟建设，促进政府、企业和高校、科研院所的深度合作。

中国经济增长质量发展报告(2014)

ZHONGGUO JINGJI ZENGZHANG ZHILIANG FAZHAN BAOGAO

2 对中国经济增长创新驱动的评价

十八大召开以来，加快转变经济发展方式、提高经济增长质量与效益再次成为学术界讨论的热点问题，2012 年 12 月中旬的中央经济工作会议报告也明确指出，2013 年政府经济工作要以“提高经济增长质量和效益”为中心，通过调整经济结构加快经济发展方式转变。而且十八大报告指出，“坚持科学发展观要以加快转变经济发展方式为主线，把推动发展的立足点转到提高质量和效益上来，着力激发各类市场主体发展新活力，着力增强创新驱动发展新动力”。这表明提高经济增长质量和效益是我国未来经济增长的主题，实现经济增长从要素驱动转向创新驱动已经成为我国未来经济增长中的主要任务。

2.1 相关研究综述

目前，通过建立指标体系来评价我国创新驱动的研究，主要集中在对自主创新能力（张义梁、朱孔来，2007；宋河发、穆荣平、任中保，2006）、区域创新能力（任胜钢、彭建华、刘文婷、王建明，2009），以及创新型城市的评价（王仁祥、邓平，2008）等方面，还有些学者从全球视角来研究创新评价指数（赵中建、王志强，2010）。然而，通过构建指标体系来分析经济增长创新驱动能力的研究较少，姜玉涛（2009）对创新驱动过程视角下的创新型区域进行了指标分析。现有对创新驱动的研究主要集中于创新驱动对我国经济增长的重要性以及战略意义等逻辑机理的说明分析，利用统计和计量方法具体反映我国创新驱动能力及其影响因素的研究有限，杨燕、高山行等（2011）分析了创新驱动、自主创新与创新绩效问题。

现有涉及对创新、创新驱动等问题进行实证分析的文献，主要采用以下几种方法：一是数据包络分析（DEA），如分析企业的创新效率（池仁勇，2003）、政府科技资源配置效率（沈赤、张丹，2011）、区域创新机构对创新绩效的影响（官建成、刘顺忠，2003），以及对中国区域创新效率及其空间差异的分析（石修松、赵曙东，2009）。杨文举（2006）还对技术效率、技术进步、资本深化与经济增长的关系进行了经验分析。二是随机前沿估计法，如对我国区域创新效率的估计（张宗益、周勇，2006）、对区域异质性与创新效率的分析（于明超、申俊喜、2010），以及对中国区域研发创新效率的测评（白俊红、江可申，2009）。韩晶（2010）基于SFA分析了中国高新技术产业创新效率。这两种方法主要用于对效率的测度。对于能力绩效及其影响因素的分析，主要通过指标体系法，利用因子分析或主成分分析法，如孟晓华、仇国阳、崔志明（2006）分析了区域科技创新能力，刘贵文（2009）对城市创新能力进行了评价，朱承亮、岳宏志（2009）比较分析了我国西部地区区域创新能力，魏江、刘怡、胡胜蓉等（2009）通过指标体系测评了创新型城市的状况。

现有研究虽然从不同角度研究了创新问题，但是缺乏从综合角度对经济增长的创新驱动进行评价的文献。为了更加全面细致地反映我国经济增长的创新驱动情况，本书以创新驱动为出发点，结合中国经济增长创新驱动中存在的问题，采用因子分析法对2000—2011年我国经济创新驱动情况进行综合评价，并在此基础上寻找影响创新驱动实施的制约因素，进一步提出有针对性的政策建议。

2.2 中国经济增长创新驱动评价指标体系的构建

2.2.1 创新驱动内涵的界定

针对中国经济发展中“不均衡、不协调、不可持续”的问题，党的十八大报告明确指出要通过实施创新驱动战略来促进经济发展方式的转变。经济增长的创新驱动是相对于要素投入驱动而言的，是指经济增长的动力结构从要素驱动转向创新驱动，从而使经济增长的路径从规模扩张转向效率提升。创新驱动是通过要素的重新组合解决效率问题，以求在减少物质资源投入的基础上实现经济增长。创新驱动型经济增长具有可持续性和平稳性的特质。

针对我国自然资源、人口、资本以及对外贸易等要素禀赋条件的变化，创新驱动旨在克服单一要素投入的报酬递减困境，对知识文化、科学技术、制度、政策和组织管理等创新要素与传统要素的整合，将技术、知识、制度等变量提高到与资本、劳动、收入等经济变量同等重要的地位。通过优化创新基础，扩大创新主体规模，完善组织创新，提升观念创新和制度创新，强调外围环境的重要性，针对中国经济增长的现实问题，实施战略创新和政策创新，注重企业自主创新能力的提升，以及创新在企业和区域间的扩散与协同机制的建立，提高全要素生产率，提升人民福利水平。

2.2.2 中国经济增长创新驱动评价维度的确定

为了更加全面地对中国经济增长的创新驱动情况进行综合评价，从变量的强代表性与概括性以及易测度性考虑，本书从三个层次对创新驱动进行测评：一是创新驱动的条件。选取以创新基础和创新主体为代表的变量来反映创新驱动所要具备的条件。二是创新驱动的过程。基于创新阶段的演进规律选取知识创新、技术创新、市场创新与产业创新四个方面的变量。三是创新驱动环境。由于我国政府直接参与经济决策，宏观调控对经济增长有决定性影响，因此选取政策创新来反映对创新驱动产生影响的环境因素。

（1）创新驱动的条件。创新驱动的条件是保证创新驱动实施的基础因素。在经济增长创新驱动过程中，基础条件与主体是影响创新驱动绩效的关键因素。

我们从软基础与硬基础两个方面，结合不同经济主体创新投入能力的差异来测度创新基础的水平。在此选取能够反映出城市科技文化领域基础设施建设状况的“人均拥有文化馆和图书馆个数”，以及反映信息化对创新驱动经济发展的支持情况的“每万人互联网用户数”来测度硬基础。软基础涉及文化氛围、体制机制、政策法规及政府行政能力水平因素。本书主要用各经济主体在创新驱动过程中的资金投入来反映各主体对创新的重视程度以及创新能力大小。其中，“国家财政性教育经费”反映了国家为提升文化氛围和思想观念、培育创新主体的投入力度；“R&D 经费支出中政府资金占比”反映政府对具体创新过程的支持情况；“人均 GDP”作为影响微观主体的经济行为的重要因素，反映了居民的基本生活水平及人力资本投资的能力。此外，选取“外商直接投资额”来代表市场的开放程度及市场的外部环境。

由于研发机构和科研人员直接为创新过程提供新技术与人才支撑，因此在反映创新主体维度方面，本书选取了一般研究中用来测度创新主体的“普通高等院校数”、“研发机构数”，以及“从事科研开发活动的人员占总就业人口的比重”来反映创新的潜在主体规模、实际主体规模和相对规模的变化情况。

（2）创新驱动的过程。内生增长理论指出，经济持续增长的唯一动力是通过知识积累或人力资本积累引起的内生技术进步。因此，创新驱动要调动企业科技投入和科技创新的积极性，以求实现知识创新与技术创新的协同，提高科技成果转化率，并进一步发挥市场创新与产业创新的协调机制和扩散机制的作用，从分工、产品品种的增加和产品质量提高等角度实现可持续发展。创新驱动过程是从知识创新转化为技术创新进而形成市场创新，促进产业创新的过程，是将创造发明转化为生产力，满足市场需求，提高要素配置效率，改善供给状况，实现产业升级的过程。因此，创新驱动过程由知识创新、技术创新、市场创新和产业创新构成。

在测度知识创新时，本书选取“R&D 投入费用占 GDP 比重”来反映知识创新阶段的资金投入情况，“国家技术发明奖”、“专利申请数”与“专利授权数”则分别反映不同层次的知识创新产出。在测度技术创新维度时，本书选取“技术市场成交额”反映技术创新的供求状况，并用“技术效率变动”和“技术变动”来说明技术创新的效率，“资本生产率”与“劳动生产率”可通过反映生产方式以及生产效率的情况来表示技术创新的结果。本书从需求的角度来测度市场创新，选取“贷款余额占 GDP 的比重”来说明资本要素市场的需求的情况，选取“最终消费支出对 GDP 的贡献率”和“资本形成对 GDP 的贡献率”来测度国内市场需求结构的变动情况，选择“货物与服务进出口对 GDP 的贡献率”来反映外贸市场的需求状况。为从供给视角来测度产业创新，本书选取“人力资本”反映劳动力要素市场的供给状况，选取“第三产业的比较劳动生产率”、“第三产业增加值”以及“第三产业对 GDP 的贡献率”三个指标，分别从生产率水平、增加值以及比重分布角度来反映产业结构的变动。

（3）创新驱动的环境。创新驱动的环境主要体现为政府主导下的政策创新。政策创新主要是针对我国持续 30 多年的非均衡高速经济增长带来的问题，宏观调控的主要目标是加快国有企业改革、积极调整城乡二元结构、降低通货膨胀压力、改善对外贸易结构和转变以廉价的劳动力和能源为依托发展经济的模式。因此，本书选取“国有企业产值占 GDP 比重”、“城镇登记失业率”、“通胀率”、“进口货物总额”、“出口货物总额”以及“能源消耗总量”等指标，通过创新实施后的绩效评价来衡量政策创新的实施效果。

为准确衡量创新驱动的状况，还需要对上述基础指标的属性进行判断，结合现有研究成果，对各指标做出判断，结构如表 2－1 所示。

表 2 - 1 中国经济增长的创新驱动综合评价指标体系

方面指数	分项指标	基础指标	计量单位	指标属性
创新驱动的条件	创新基础	人均 GDP	元	正
		国家财政性教育经费	万元	正
		外商直接投资额	亿元	正
		R&D 经费支出占政府资金比重	%	正
		每万人互联网用户数	人	正
		人均拥有文化馆和图书馆个数	个/万人	正
	创新主体	普通高等院校数	个	正
		科研机构数	个	正
		从事科研活动人员占从业人员比重	%	正
创新驱动的过程	知识创新	R&D 投入费用/GDP	%	正
		国家技术发明奖	项	正
		专利申请数	个	正
		专利授权数	个	正
		技术市场成交额	亿元	正
	技术创新	技术效率变动	—	正
		技术变动	—	正
		资本生产率	%	正
		劳动生产率	%	正
	市场创新	贷款余额/GDP	%	正
		最终消费支出对 GDP 的贡献率	—	正
		资本形成对 GDP 的贡献率	—	正
		货物与服务进出口对 GDP 的贡献率	—	正
	产业创新	人力资本	—	正
		第三产业比较劳动生产率	—	正
		第三产业增加值	亿元	正
		第三产业对 GDP 的贡献率	—	正
		新产品产值	万元	正
		高技术产业出口额占出口总额比重	%	正

续表

方面指数	分项指标	基础指标	计量单位	指标属性
创新驱动的环境	政策创新	国有企业产值占 GDP 比重	%	逆
		城镇登记失业率	—	逆
		通胀率	—	逆
		进口货物总额	亿美元	正
		出口货物总额	亿美元	正
		能源消耗总量	万吨标准煤	逆

2.3 中国经济增长质量创新驱动评价的过程和结果

2.3.1 数据选取与处理

本书中所采用的数据来自历年《中国统计年鉴》、《中国科技统计年鉴》、《中国教育统计年鉴》、《中国高技术产业统计年鉴》，以及《新中国60 年统计资料汇编》。由于国家统计年鉴与各行业的统计年鉴存在不一致，因此本书主要采用历年《中国统计年鉴》和《新中国 60 年统计资料汇编》中的数据，个别缺失数据参考《中国科技统计年鉴》、《中国教育统计年鉴》和《中国高技术产业统计年鉴》。

在基础指标设定中，考虑到数据的可得性和连续性，采用公式“人力资本 = 人均受教育年限 × 总就业人数”来计算人力资本。采用张军等（2004）的资本生产率与劳动生产率的计算方法。采用任保平（2012）对全国层面的技术变动效率与技术变化的核算值，并通过回归法补充了 2011 年的缺失数据。此外，通过回归估算补充了 2000 年和 2001 年 R&D 经费支出政府资金比重的缺失数据。

在构建经济增长质量创新驱动评价指标体系的过程中，由于各种基础指标的属性差异，要对各种不同属性指标进行综合，将指标正向化，即同趋势化，本书采用倒数形式改变逆指标的性质。在此基础上，考虑到各种指标的计量单位和数量级不同，采用钞小静（2009）的均值化方法对原始指标进行无量纲化处理。处理后各指标数据构成的协方差矩阵既可以反映原始数据中各指标变异程度上的差异，也包含各指标相互影响程度差异的信息。其计算公式为

$$x_i^{'} = \frac{x_i}{\bar{x}}$$

2.3.2 对中国经济增长质量创新驱动体系的评价

本书采用 spss 16，首先对衡量中国经济增长的创新驱动能力的 7 个维度进行因子分析，指定提取 2 个因子，其中第一因子的统计特征如表 2－2 所示。进一步采用第一主成分来代表各维度，对综合创新驱动情况的分析中，通过对因子分析碎石图的观察，为了更全面地综合原始数据信息，本书指定提取了 3 个因子，其累计的方差贡献率达到了 99.426%，基本上涵盖了所有原始数据信息。结果如表 2－3 所示。

由表 2－2 可见，创新驱动 7 个方面指数的第一主成分综合原始数据信息的能力比较强，其中创新基础、创新主体、知识创新与技术创新的方差贡献率都达到了 85% 以上，产业创新与战略创新维度的方差贡献率也达到 70% 以上。

表 2－2 各级指标的统计特征

维 度	成 分	特征根	方差贡献率%	累积方差贡献率%
创新基础	1	5.076	85.944	85.944
	2	0.901	13.539	99.484
创新主体	1	2.703	90.087	91.176
	2	0.283	9.428	99.515
知识创新	1	3.597	89.923	89.923
	2	0.360	8.998	98.921
技术创新	1	4.456	89.112	89.112
	2	0.489	9.784	98.897
市场创新	1	2.16	54.168	54.168
	2	1.199	29.987	84.155
产业创新	1	4.522	75.369	75.369
	2	0.852	14.198	89.567
战略创新	1	4.429	73.814	73.814
	2	1.202	20.150	93.965

表 2-3　各方面指标在三个因子上的载荷值以及各成分的因子得分系数

方面指标	在第一因子上的载荷	在第二因子上的载荷	在第三因子上的载荷	第一主成分因子得分系数	第二主成分因子得分系数	第三主成分因子得分系数
创新基础	0.988	-0.048	-0.122	0.1598	-0.077	-1.069
创新主体	0.984	-0.060	0.163	0.158	-0.096	1.426
知识创新	0.986	-0.090	-0.099	0.159	-0.144	-0.867
技术创新	0.984	-0.113	-0.041	0.159	-0.181	-0.358
市场创新	0.650	0.760	0.003	0.105	1.221	0.005
产业创新	0.980	-0.098	-0.116	0.158	-0.157	-1.014
战略创新	0.970	-0.096	0.219	0.156	-0.154	1.912

从表 2-3 中各维度在各个因子上的载荷值可以看出，除市场创新与第二因子的相关性较强，其他 6 个方面均与第一因子高度相关，并且载荷值偏差很小，相关程度很接近，第一因子依次对创新基础、创新主体、知识创新、技术创新、产业创新以及战略创新都有很强的解释力。此外，创新主体、市场创新以及战略创新与第三因子均存在一定的相关性，其载荷值分别为 0.163、0.003 和 0.219。根据 7 个方面和 3 个因子的相关程度，将涉及创新驱动条件和主要过程的第一因子命名为创新供给驱动，将与市场创新有关的第二因子命名为创新需求驱动，将第三因子命名为创新战略驱动。

2.4　中国经济增长质量创新驱动的影响因素分析

本书利用因子分析测度创新驱动的条件、过程及环境，34 个基础指标对各方面指标的影响和相关性如表 2-4 所示。

表 2-4　各基础指标在第一因子上的载荷值以及各成分的因子得分系数

基础指标	在第一因子上的载荷值	因子得分系数	基础指标	在第一因子上的载荷值	因子得分系数
国家财政性教育经费	0.991	0.195	人均 GDP	0.997	0.196
外商直接投资额	0.996	0.196	人均拥有文化馆和图书馆个数	-0.358	-0.071

续表

基础指标	在第一因子上的载荷值	因子得分系数	基础指标	在第一因子上的载荷值	因子得分系数
每万人互联网用户数	0.913	0.196	R&D 经费支出中政府资金占比	0.997	0.196
普通高等院校数	0.924	0.342	科学研究与开发机构数	-0.927	-0.343
从事 R&D 人员占总就业人口的比重	0.995	0.368	R&D 投入费用/GDP	0.988	0.275
国家技术发明奖	0.863	0.240	专利授权数	0.962	0.268
专利申请数	0.975	0.271	技术市场成交额	0.960	0.215
技术效率变动	-0.946	-0.212	技术变动	0.880	0.197
资本生产率	-0.946	-0.212	劳动生产率	0.985	0.221
贷款余额/GDP	0.693	0.320	最终消费支出对GDP的贡献率	0.130	0.060
资本形成对GDP的贡献率	0.879	0.406	货物与服务进出口对 GDP 的贡献率	-0.947	-0.437
人力资本	0.974	0.215	第三产业比较劳动生产率	0.974	0.215
第三产业增加值	0.974	0.215	第三产业对GDP的贡献率	0.463	0.102
新产品产值	0.970	0.214	高技术产业出口额占出口总额比重	0.722	0.160
国有企业产值占 GDP 比重	0.943	0.213	城镇登记失业率	-0.679	-0.153
通胀率	-0.540	-0.122	进口货物总额	0.953	0.215
出口货物总额	0.961	0.217	能源消耗总量	-0.977	-0.221

2.4.1 创新驱动的条件因素分析

在反映创新基础的 6 个基础指标中，人均 GDP 在第一主成分的载荷值最高，为 0.997，表明第一因子与该变量的相关性最强，且第一因子的方差贡献率为 85.944%，具有较强的信息解释能力，与创新基础相关性最强，最具有代表性和影响力度。外商直接投资额和国家财政性教育经费在第一因子上的载荷值分别为0.994和0.996，影响力度和相关性弱于人均GDP，之后依次为外商直接投资额、每万人互联网用户数、国家财政性教育经费、人均拥有文化馆和图书馆的个数。这表明软基础对创新基础的影响大于硬基础。由于人均GDP不仅体现国家的经济实力和发展水平，而且结合了人口数量的因素来反映居民生活水平，因此，人们生活水平的普遍提高对优化创新基础有着决定性的作用（赵国雄，2003）。同时，国家的教育投入和对研发领域的资金支持力度对创新基础也有着重要意义，这反映出文化环境、法律政策等软基础为创新驱动提供了必要条件。此外，外贸环境的优化、开放程度的提升也会诱发创新活动，促进创新的协同及扩散。信息产业的不断发展，特别是互联网的发展，改变了知识传播的方式，为创新的形成和扩散提供了重要基础。而反映硬基础支持情况的“人均拥有文化馆和图书馆的个数”与完善创新基础的相关性弱，缺乏解释力度，主要是由于目前教育文化设施的普及率较低，对创新驱动的影响甚微。

在反映创新主体的3个基础指标中，R&D经费支出中政府资金占比在第一个因子上的载荷值高达0.997，且第一因子的方差贡献率为90.807%，在这表明政府的经费支持对创新主体的发展有着决定性作用。从事R&D人员占总就业人口比重次之，这表明潜在的创新主体规模对创新主体的发展有着重要影响。普通高等院校的数量反映了潜在创新主体的情况，是基础研究的关键，对创新主体的发展也具有重要意义。作为知识创新和传播的主体，高校不仅注重基础研究和科学研究，是优化生产和应用的根基，还为创新驱动的各个环节培养了具有必要知识和技能以及创造力的人才。

因此，创新驱动的条件主要取决于软基础和潜在创新主体。人们生活水平的普遍提升，以及政府不断优化教育环境、加大科研投资、实施政策保障，为创新驱动的过程提供了前提条件与保障。

2.4.2 创新驱动的过程因素分析

在反映知识创新的4个基础指标中，R&D投入费用占GDP比重在第一因子上的载荷值最高，为0.988；其次是从事研究和开发活动人员占从业人口的比重，载荷值为0.995，而第一因子的方差贡献率为89.923%。

在反映知识创新产出的3个指标中，专利申请数与第一因子的相关性最高，其载荷值为0.975，高于专利授权数（0.962）和国家技术发明奖（0.863）的载荷值。这表明影响知识创新产出的关键因素是经费与人力的投入。知识创新主要有科学发现、技术发明、知识创造和新知识首次应用四种表现形态，研发的要素投入和使用效率直接决定了知识创新的产出效率。此外，未受政策或市场引导下的自主知识创新产出更全面直接地体现出知识创新产出效率，独立创新、自主研究所得创新成果更能反映知识创新的高参与率。这也表明我国有较好的创新驱动基础和潜力。虽然有重大贡献或潜在市场价值的知识创新产出的影响程度明显小于自主创新产出，但可通过市场引导和政策激励等措施来提升知识产出转化为生产力的能力。

反映技术创新的基础指标中，劳动生产率在第一因子上的载荷值为0.985，其次是技术市场成交额、技术变动，载荷值分别为0.960和0.880，且第一因子的方差贡献率为89.112%，这表示生产中劳动的生产效率、技术供求，以及技术的变动情况对技术创新有着决定性的作用。目前，我国比较优势仍体现为廉价的劳动力，而体现劳动投入产出效果的劳动生产率与技术创新互为基础，互为推动力，不仅决定了劳动报酬，进而影响国内投资和消费，还反映了生产率水平对经济持续发展的作用。它们主要受生产资料完备性以及自然条件、科技水平、设备的先进程度、劳动熟练程度、企业在生产过程的组织管理和监督激励制度等因素的影响。将技术产品化，技术市场的供求状况体现了技术创新的产出效率和发展方向，也诱致了新的知识和技术产生，引导了生产力的发展。

反映市场创新的4个基础指标中，资本形成对GDP的贡献率在第一因子上的载荷值为0.879，贷款余额占GDP的比重的载荷值为0.693，虽然第一因子的方差贡献率为54.168%，但仍能反映资本形成对市场创新的重要性。随着产业结构的优化和城市化建设的推进，我国资本形成的路径与结构表现出制造业投资占固定资产投资比重下降，而基础设施和房地产投资比重提高的特征。资本的配置效率对市场化程度有着重要影响，资本形成对GDP的贡献率与市场创新的相关性最强，其次是表示要素市场需求和投资需求情况的贷款余额的比重。这表明在国内需求层面，持续30年的高速增长主要是依靠投资拉动，投资需求与资本形成决定了整个市场的创新效率。但受我国内需不足的影响，最终消费需求引致市场创新活动的能力较弱。对外贸易对GDP的贡献率与市场创新的相关性最低。我国是贸易大国，但并不是贸易强国，对外出口以工业制成品和加工贸易为主，利用廉价的劳动力和资源，依赖对外技术，一直被锁定在全球产业链的低端，对市场创新的促进作用并不显著。

在反映产业创新的6项基础指标中，人力资本在第一因子上的载荷值高达0.974，其次是第三产业增加值、第三产业比较劳动生产率，以及高技术产业出口额占出口总额比重，且第一因子的方差贡献率为75.369%，这说明第三产业与高技术产业的发展直接决定了整体产业的创新程度。人力资本存量及其结构对创新驱动过程的各阶段有重要影响，虽然我国的比较优势主要体现为廉价劳动力，但劳动力素质的有限，专业人才不足，存在严重的摩擦失业，不得不压低资源要素价格，以粗放的方式来追求经济的发展，因此，提高人力资本存量是提高劳动生产率、实现创新驱动的关键。第三产业与高技术产业的发展体现了技术创新的产出水平，影响了产业结构升级和创新的供给水平。同时，产业结构的优化升级会引致新的产业创新，形成良性循环。

2.4.3 创新驱动的环境因素分析

随着工业化与市场化程度的提高，在转型阶段，中国经济最为突出的问题是国企低效、城乡发展非均衡、通货膨胀压力、对外贸易失衡，以及粗放的不可持续的经济增长模式。在反映政策创新的6个维度中，出口货物总额在第一因子上的载荷值为0.961，其次是进出口总额、国有企业产值比重，载荷值分别为0.953和0.943。

分析结果表明，我国对外贸易的升级和国有企业的改革程度直接决定了政策创新的能力和实施绩效，对创新驱动环境有着重要影响，扭转对外贸易非均衡状况，不仅有助于提升我国在全球产业分工中的地位，还可以为国内市场的发展提供良好的外围环境和更多先进的技术与管理经验，有助于发挥后发优势，提高我国经济增长的质量。此外，在转型过程中逐渐减少“高投入，低产出”的政府干预的生产活动，有利于提升资源配置效率，满足市场需求，支持私有企业的发展，培养企业以市场需求为导向的自主决策能力，注重微观经济体的主动性，利用竞争机制和价格机制提高经济增长质量。城乡二元结构的转变与“集约型、低能耗、可持续”的经济发展方式对政策创新活动的影响不显著，并不能说明城乡二元结构未得到改善、经济发展方式依然是高能耗的，只能说明这两者与创新活动无显著关系。因为解决这两大问题需要更长时间，需要多部门、多领域的协调发展，很难通过简单的政策实施得到明显的改善。由于经济发展方式的转变，城乡差距的缩小是一个包含经济、社会、文化各个领域因素的复杂的系统性问题，但中国过去的发展是以非均衡非协调的增长路径实现经济总量的增长，这也阻滞了转变经济发展方式和缩小城乡差距对创新活动的需求及影响力，因此两者与创新活动无显著关系。

2.4.4 创新驱动的时序变动分析

笔者进一步选取反映创新驱动能力的7个方面指标的第一因子为代表，统计分析2000—2012年的变动情况。结果如表2－5和图2－1所示。

表2－5　中国2000—2012年经济增长创新驱动测度结果汇总

年份	创新基础	创新主体	知识创新	技术创新	市场创新	产业创新	战略创新
2000	－1.290	－1.847	－1.174	－1.494	－1.261	－1.549	－1.864
2001	－1.088	－1.312	－1.241	－1.064	－0.197	－1.006	－1.428
2002	－0.885	－0.967	－1.002	－1.028	－0.426	－0.710	－0.840
2003	－0.772	－0.676	－0.914	－0.731	0.230	－0.851	－0.718
2004	－0.616	－0.340	－0.672	－0.874	－0.106	－0.592	－0.314
2005	－0.515	－0.135	－0.343	－0.302	－1.071	－0.382	－0.117
2006	－0.286	0.063	0.039	0.201	－0.682	－0.148	0.068
2007	0.0568	0.221	0.102	0.347	－0.753	0.199	0.354
2008	0.441	0.640	0.332	0.273	－0.257	0.413	0.705
2009	0.652	0.833	0.732	0.645	2.557	0.545	0.745
2010	1.066	0.998	0.959	1.082	0.488	0.774	0.952
2011	1.455	1.200	1.475	1.373	0.793	1.290	1.370
2012	1.780	1.321	1.706	1.574	0.687	2.017	1.087

从表2－5和图2－1可以看出，2000年以来，我国的创新基础、创新主体、知识创新、技术创新以及产业创新和战略创新均实现了持续增长，且无明显波动，增长幅度也逐年提升。具体表现为以下三个方面：一是创新基础测度结果由2000年的－1.290稳步增至2012年的1.780，创新主体

由 -1.847 逐步提高到 1.321，这表明我国的创新驱动条件正不断完善，随着国民收入的提升，创新软基础和硬基础更加完善，创新主体的规模和素质也都得到提升。二是知识创新、技术创新和产业创新的测度结果分别由 2000 年的 -1.174、-1.494 和 -1.549 增至 2012 年的 1.706、1.574 和 2.017。不断优化的知识创新与技术创新作为实现创新驱动的基础，是知识转化为生产力的关键，为提高边际生产效率提供了可能。产业创新的升级一方面有助于优化产业结构，促进各类市场的不断完善；另一方面有助于打破我国在全球产业链中的低端锁定状态，提高产业的附加值。三是战略创新测度结果由 -1.864 增至 1.087，反映出我国创新战略实施绩效显著，效率逐步提高。反映需求层面的市场创新虽然有所提高，但是波动幅度较大，缺乏稳定性。在 2003—2007 年存在较大幅度的下降，从 0.230 降至 -0.753，随后的两年又出现了大幅上升，2009 年增至 2.557。影响市场创新的主要指标是资本形成对 GDP 的贡献率和贷款余额占 GDP 的比重，在促进经济增长的内需中，发挥主导作用的是投资。这也反映了我国经济增长主要依靠投资拉动的现实，与王小鲁等（2009）的研究结论一致。

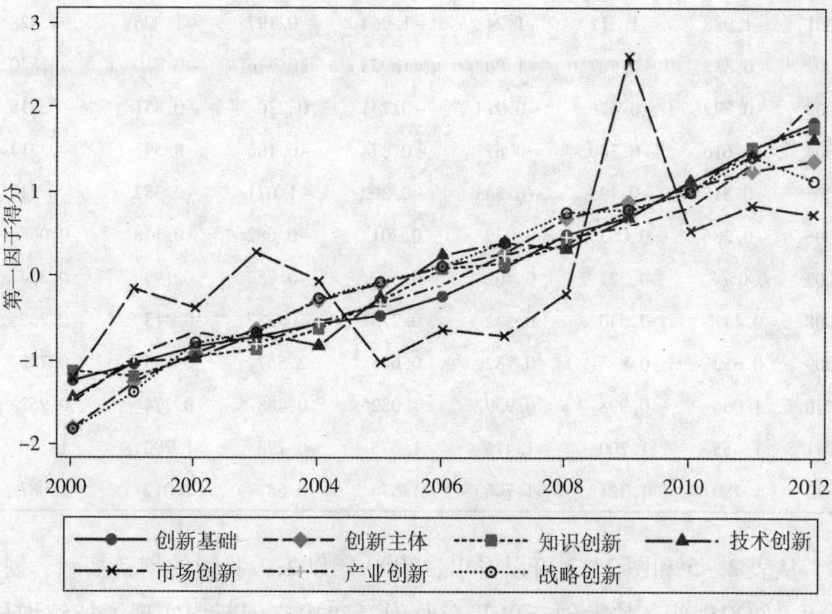

图 2-1　2000—2012 年中国创新驱动七个因素的变动情况

2.5 提高中国经济增长创新驱动能力的政策建议

从国际统计数据来看，国际金融危机之前，我国为第四大经济体，2010 年我国 GDP 超过日本成为世界第二大经济体。我国经济增长的思路要相应由数量增长向质量增长转变，由经济大国向经济强国转变，实现从要素投入驱动向创新驱动的转变，发展创新型经济。为完善我国创新驱动的条件，协调创新驱动的过程，优化创新驱动的环境，解决我国现阶段经济增长中出现的诸多失衡问题，结合本书的测评结果和对创新驱动总体情况的影响因素分析，就提高我国经济增长质量创新驱动能力提出以下政策建议：

2.5.1 加大创新投入，为创新驱动提供保障

为保证以创新驱动来提高经济增长质量，应加大创新投入力度，为创新驱动提供保障。首先应转换以经济总量增长作为衡量经济发展水平标尺的做法，强调社会福利水平的提升，把经济增长效率的提升作为衡量国民经济发展水平的重要指标，更好地促进经济结构的转型升级。

政府作为创新驱动战略的规划者和监督者，为了纠正由于知识外部性和消费的非排他性导致的市场失灵，弥补创新网络以及知识扩散系统的缺陷，应以实现经济增长的效率提升和社会福利最大化为目标，加大创新投入，完善和实施创新政策，保障创新驱动的实现，促进经济增长质量的提高：一是要扩大对创新环节的投入，增加对创新的有形资产、基础设施的投入。二是增加创新要素的投入。人力资本是创新的重要要素，需要加大人力资本的投资，增加人力资本的供给，推动创新驱动。三是加大对创新风险分散机制的投资。由于创新具有一定风险性，其结果具有外溢性，需要完善创新的风险保障机制，促进风险投资的扩大。四是加大对创新系统的投入。在转型升级的过程中，政府部门应加大对创新系统的投入，扩大在基础科学研究领域研发投入，以保障创新驱动战略高效实施。

2.5.2 扩大创新主体范围，推进创新主体的联合与协作

潜在创新主体是实施创新驱动的关键。因此，扩大创新主体范围，推

进创新主体的联合与协作，是实现创新驱动的重要方面。一方面，这要求提高既有创新主体的素质，提高其创新效率，还要努力刺激潜在的创新主体发挥作用。针对我国现阶段的生产力水平、产业结构以及比较优势等方面的状况，应注重培养专业性人才，通过细化社会分工优化劳动力结构，减少结构性失业，促进人力资本在经济增长中发挥作用。另一方面，应加大人力资本的投资力度，改善教育资源分配不公、教育投入力度不足的情况，强调素质教育和技能教育。此外，还应利用对外开放的机遇，通过与国外的合作交流、引进外资等方式，利用“干中学”模式在实践中培养一大批创新型人才、应用型人才和技能型人才，重点引入一批科技创新创业的领军人才，特别是培养科技型企业家。企业作为技术创新的主体，是创新活动转化为生产效益的关键。企业应以市场为导向，一是要积极实施“引进、消化吸收、再创造”的技术发展战略，并向二次创新过渡。二是从决策、研发、生产和销售等多个环节入手，逐步构建并完善企业创新系统，提升自主创新能力，增强竞争力。三是政府在创新驱动过程中应起到引导、调控、协调和扶持的作用，促进创新主体的联合与协作。

在创新驱动的过程中，应重视各创新主体间的相互协作，建立和完善产学研合作体系。整合高等院校、科研院所和企业的研发优势，基于企业技术创新需求，促进科研机构、高等院校与企业开展多种形式的联合与协作，扩大产学研的范围，深化产学研的合作层次。通过建立公共技术研发平台和公共技术服务平台，联合攻关产业共性的关键应用性技术，解决高新技术企业快速发展的“技术瓶颈”。通过开展交叉创新和集成创新，强化科技成果转化能力，运用实物资本、人力资本等之间的互补和替代，使技术和资本等要素得到优化配置。

2.5.3 加强知识创新和科技创新的协同，重视科技成果的转化

作为创新驱动过程的最基本环节，知识创新的产出直接决定了创新驱动的结果，知识生产的最大源泉是 R&D 投资，因此应加大创新的投入力度。技术创新作为学习、革新和创造新技术并使其商业化的过程，是企业创新的核心，因此应强调以市场为导向开展创新，一方面积极适应变化的需求结构，另一方面还应有前瞻性地培育新的消费需求，促进科技成果的转换。

知识创新是技术创新的基础，是新技术与发明的源泉；技术创新是知识创新的载体，技术创新的实践能不断拓展知识创新的领域，并为加速知识创新提供技术手段的支撑，因此，加强知识创新和科技创新的协同机制是实现创新驱动的关键。因而首先应着力解决科技与经济脱节的问题，注重培育将知识转化为技术的能力，对创新机制的关注由技术的采用向知识的创造领域转变，关注科技成果的转化。同时，在市场创新领域，应注重完善市场体系，提高要素市场和产品市场的规范化程度，强调通过市场机制来配置资源，刺激知识创新、技术的交易以及内需结构合理化。不能忽略的是，产业创新作为科技创新的终端，除了关注具有战略意义的高科技新兴产业的创新，还不能忽略传统产业和落后产业的创新，为创新驱动型增长方式奠定要素基础；提升产品的高技含量和高附加值，提高新产品和高新技术产业产值比重；采用前沿科学技术，融合深度信息化，以“高效生产、节能环保”并重的产业类型为发展目标。

2.5.4 优化创新驱动的环境，为创新活动提供支持

考虑到我国现阶段提高经济增长质量面临的瓶颈，为优化创新驱动环境，支持创新活动，首先应加强体制机制的创新，特别是在经济转型、结构调整的过程中，通过制度创新来加快推进政府转型，强化政府的公共服务职能，正确处理政府与市场的关系，发挥市场机制作用，提高资源配置效率。建立完善的以企业为主体、市场为导向、产学研相结合的区域创新体系，完善要素按贡献参与分配的机制，注重产权制度的完善，特别是知识产权保护机制的建立与实施。其次，应进一步推进国企改革，改善国有企业“经济拖累”的发展困境，强调价格机制的同时，还应逐步完善税收体制和社会保障制度，通过完善基础设施，增加较为廉价的、非排他性的第一类公共产品供给，提升居民的福利水平。最后，应不断优化对外贸易结构，缓解持续性贸易顺差状况。此外，在实现新型工业化的进程中，应注重城市化水平的提升，在协调农业与非农业发展的同时，注重农村、农民的发展，在社会福利水平，特别是医疗、教育以及基础设施建设等方面实现城乡统一，实现要素市场和商品市场的协调统一。

2.5.5 推进创新政策的完善，为创新活动提供政策导向

完善的创新政策，有助于在创新驱动的过程中，通过政府的政策引

导、激励和约束，规避市场失灵，避免垄断行为，实现创新收益的最大化。同时还能促进创新要素聚集，提高资源的配置效率，缩短创新驱动过程。因此应完善创新政策，实现从投资激励向创新激励的转变，为创新活提供政策导向。一是加大对企业创新的补贴和税收优惠，特别是对融资能力低的中小企业的创新活动以及难度较大但又有重要战略意义的技术创新领域的扶持。二是通过实施竞争战略和反垄断政策，提升市场自由化程度，减少政府对某些领域的特殊保护。三是从长期发展的战略视角，加快完善国家和区域创新体系，扶持更多战略性产业，形成技术创新型战略联盟，发挥知识的溢出效应。四是协调各项政策的实施。宏观层面的国家发展改革战略作为我国发展的大政方针，为创新驱动提供了发展方向和目标，并为协调单项政策与全面决策、长期政策与短期政策提供了参考。

3 中国经济增长创新驱动的区域差异

党的十八大曾明确提出实施创新驱动发展战略，“把全社会智慧和力量凝聚到创新发展上来”。提高创新能力不但是驱动未来经济持续增长的关键因素，而且也是实现从要素投入驱动的增长方式向创新驱动的增长方式转型，从而提高经济增长质量的必由之路。但是，从现实角度来看，中国幅员辽阔，地区之间制度、文化、历史及自然环境迥异，经济发展水平存在很大的差异，面对社会经济发展的不平衡，必然导致区域间在实施创新驱动的过程中所具备的基础条件、创新环境等存在巨大差异。因此，本章试图从区域层面入手进行深入分析，考察中国各个省区创新驱动存在的差异。

3.1 文献综述

目前关于区域创新驱动对经济增长影响的研究主要集中在两个方面：区域创新能力差异评价和创新驱动的影响因素分析。

3.1.1 区域创新能力差异评价

从国内的研究来看，对区域创新能力差异的评价主要采用两种方法：一种是基于 DEA 或 SFA 方法对创新效率的测度。池仁勇（2004）利用 DEA 方法对我国 30 个省（市、自治区）的技术创新效率进行了测度。史修松（2009）等运用随机前沿函数分析方法，以省级区域为样本，测算并分析了中国区域创新效率及其空间差异。这些研究所得到的结论基本上相同，主要包括以下方面：中国区域创新效率总体水平不高，区域差异较为明显，东部地区的创新效率和创新能力要高于中西部地区，而且东、中、西部地区内部各省份的创新能力也有明显差异。另一种方法是基于因子分析或主成分分析的综合指标体系评价法，如柳卸林（2002），中国科技发展战略研究小组（2012），周立、吴玉鸣（2006）等采用基于指标体系的综合评估方法，对我国各个省级区域的创新能力进行了定量评估及比较。还有一些研究考察了我国区域创新的空间分布特征。陈向东、王磊（2007）通过收敛检验及基尼系数分解研究发现，1996—2005 年间我国东、中、西部三大地区没有呈现显著的俱乐部收敛特性，地区内及地区间的创新差异均有逐渐扩大的趋势，三大地区内的创新活动和经济发展水平非均衡发展。曹勇、秦以旭（2012）运用 Theil 系数模型测算了 1990—2008 年间我国地区间创新驱动能力的差异以及东部地区内部的差异。魏守华等（2010）的实证研究表明，我国创新能力的地区差距明显且呈扩大化趋势，这是区域间投入规模与创新效率差异综合作用的结果；创新能力显著影响全要素生产率（TFP）和高技术产业的发展，进而影响着地区经济差距。

3.1.2 区域创新能力差异的影响因素

在对于区域创新能力的研究中，学者们不断丰富完善创新驱动的影响因素。郭国峰等（2007）认为人力资本（主要是高科技人才）是创新的源泉，并认为制度创新能够极大优化科技资源配置，提高技术产业效率。史修松（2009）认为区域创新经费投入对区域创新效率的推动作用大于人力资本，专利产出效率高于新产品产出效率。侯润秀、官建成（2006）认为外商直接投资对具有不同创新能力的地区溢出效应也不同，区域的创新能力越强，FDI 的溢出效应越大。金祥荣、余冬筠（2010）也从 FDI 技术溢出的角度解释区域创新及经济增长差异。张战仁（2013）认为，由于受到新集聚互动的空间报酬递增效应影响，由集聚形成的创新互动是创新发达区域的主要优势所在，集聚互动的空间报酬递增效应可节省创新生产成本、提高创新投入要素的利用效率，而且较高强度的创新集聚互动还可推动创新发达区域成为一国创新要素或创新活动的持续集聚中心。李习保（2007a、2007b）认为，区域创新主体的构成、政府的支持以及与工业结构有关的创新环境，创新主体的构成变化和企业创新能力的地区差异是导致我国区域创新系统整体绩效的集聚趋势加剧的根本原因。魏守华等（2010）认为区域创新能力不仅受 R&D 活动规模等创新基础条件影响，更重要的是受特定的区域因素（包括产业集群环境、产学研联系的质量、对区外技术溢出的吸收能力的创新效率）的影响。杨燕、高山行（2011）将影响企业创新的因素概括为内部驱动和外部驱动，创新的外部驱动通过内部驱动的完全中介作用影响创新自主性，内部驱动再通过创新自主性的完全中介对创新绩效产生正向影响，而环境动态性对内部驱动和外部驱动与创新自主性的关系具有反向调节作用。

以上文献从不同研究视角，采用不同研究方法，对中国区域的创新能力差异进行了分析，得出的结论也不尽相同。本章在众多理论研究的基础上，将创新驱动作为未来提升经济增长质量的关键性因素，并尝试从创新驱动理论出发，构建一个表征区域创新驱动能力的综合评价指标体系，对现阶段中国经济增长中各区域的创新驱动能力差异进行比较分析。

3.2 创新驱动与区域经济增长

关于创新驱动经济增长比较系统的论述来自于迈克尔·波特。迈克尔·波特（2012）通过对战后美国、英国、德国、日本等8个国家特定产业发展和参与国际竞争的经济发展过程进行研究，认为一个国家的产业参与国际竞争的过程可分为要素驱动、投资驱动、创新驱动及财富驱动四个阶段；在创新驱动阶段，高科技和知识成为最重要的资源，通过市场化和网络化实现科技与经济一体化，形成产业聚集，从而推动经济的发展。在创新驱动阶段，国际竞争力的提升主要依靠技术创新及在此基础上的企业技术升级，企业能够在更广泛的领域进行市场竞争，在重要的产业群中出现具有世界水平的辅助行业，并在相关产业中形成有竞争力的新产业。另外，在这一阶段，企业创新意识及创新能力较强，并且具备研究开发能力，人员培训效果显著，引进和消化吸收技术的能力增强，依靠科技成果产业化可以有效增强竞争能力和市场适应能力，并持续保持竞争优势。

从波特关于创新驱动型经济的论述中，我们可以理解创新驱动的内涵。创新驱动实际上是指推动经济增长的动力和引擎从主要依靠技术的学习和模仿，转向主要依靠自主设计、研发和发明，以及知识的生产和创造（刘志彪，2011）。创新驱动的经济增长的过程，就是利用知识、技术、企业组织制度和商业模式等创新要素对现有的资本、劳动力、物质资源等有形要素进行新组合，以创新的知识和技术改造物质资本、提高劳动者素质和科学管理。各种物质要素经过新知识和新发明的介入和组合提高了创新能力，就形成内生性增长。显然，创新驱动可以在减少物质资源投入的基础上实现经济增长。创新驱动的核心是通过新的生产要素组合实现资源的合理配置。通过创新提升区域竞争力的路径是"创新—资源合理配置—区域竞争优势提升"。政府和企业是创新驱动的主体，政府制度创新为企业提供了良好的创新环境，企业通过自身的技术创新获取竞争优势，吸引资本、劳动力等生产要素，提高生产要素的边际价值，实现生产要素的有效配置。

在整个创新驱动过程中，区域通过创新驱动实现资源合理配置会产生回波效应，区域的创新活动会影响区域内新产品开发、生产效率提高等活动，在配置资源的同时促进经济增长，吸引更多的生产要素流入，强化区域本身所具有的优势。区域创新驱动的差异会导致区域经济增长之间的差异，进一步使得资金、劳动力等生产要素向较发达的地区集聚，使该地区生产能力不断扩大。并且，在规模效应的作用下，要素集聚大大降低了该地区的生产成本，进一步提高区域经济增长效率，促进区域经济发展。区域的创新驱动构成了区域竞争力的重要方面，创新驱动所产生的活力给区域发展带来极大的动力，落后地区可以通过创新驱动获得后发优势。

创新驱动不但能够引起经济总量的增长，而且由于社会分工、协作与专业化的加深，劳动生产率的提高，还会促进经济结构的演变。创新促进新产品产生，催生新的需求，导致需求结构和消费结构的变化。企业为了最合理地配置资源所开展的创新竞争，会使得传统产业得到改善，并促使新的产业部门形成，在实现产业结构多元化的同时，也使产业结构得到了优化和升级，从而带动区域内产业的发展。总而言之，创新驱动可以提高区域内劳动生产率和生产资料的利用率，使得资源得到合理配置，实现区域理想的经济增长方式。

3.3 中国区域创新驱动评价指标体系的构建

3.3.1 评价指标体系的总体构成

创新驱动经济增长本质上是一个动态过程，是创新主体在一定的创新驱动环境下，以创新驱动基础条件为支撑，通过一系列的创新活动最终实现驱动经济社会全面发展目标的过程。本章中，我们从创新驱动条件、创新驱动过程、创新驱动环境三个方面构建综合指标评价体系，全面评价区域创新驱动能力。

创新驱动的条件主要包含创新驱动基础和创新驱动主体。创新驱动基础是创新驱动的客观条件，包括财力和基础资源支持，创新驱动主体则是主观条件，主要是从事研究开发活动的机构和个人。这两方面条件构成了创新驱动的前提和基础，反映出区域创新的主体驱动程度。创新驱动的基础用人均 GDP、国家财政性教育经费支出比重、R&D 投入强度、人均拥有公共图书馆藏量、互联网普及率、政府科技经费支出比重等指标衡量。其中，人均 GDP 反映了区域经济发展阶段及收入水平，这是创新驱动的背景，经济发展水平越高，通过创新驱动经济增长的需求越迫切。国家财政性教育经费支出、R&D 投入强度、政府科技经费支出比重反映了对创新驱动的资金投入状况，创新以研究开发为基础，在进行研发的过程中需要投入大量的资金，地区科研投入支撑能力的大小直接决定了创新驱动能否顺利持续进行。创新驱动以知识创新为基本要素，知识创新是整个创新过程的起点和源泉，在知识创新的基础上才能形成技术、科技及产业等一系列创新，人均拥有公共图书馆藏量、互联网普及率等基础设施指标反映了在实施创新驱动战略过程中各创新主体获取知识的便利程度及知识存量。高校、科研机构和企业是创新驱动的三大主体，其中高校与科研机构是专门从事知识创新和技术创新的机构，因此，创新驱动主体的基础指标选择高校数、科研机构数。企业在利润的驱动下从事创新活动也是创新的重要来源，但是企业是生产和研发、创新的综合体，因此，我们选取从事研究和开发活动人员数比重将创新活动分离出来，衡量创新驱动的主体作用。

创新驱动的过程包含知识创新、技术创新、市场创新、产业创新，以及创新扩散。知识创新是整个创新驱动过程的起点，在知识创新的基础上，技术创新将知识形态的科研成果转化为现实生产力，技术创新对经济增长的核心意义在于扩展了生产的可能性边界。从供给的角度来看，技术创新促进企业和产业之间的融合，形成产业创新。从需求的角度来看，技术创新带来对新产品的需求，企业不断开拓新市场，形成市场创新。而整个创新驱动过程各环节是通过创新扩散机制连接的。知识创新是获得新的基础科学和技术科学知识的过程，基础指标选择每十万人平均发表科技论文数、专利申请数、专利授权数；技术创新是改进现有或创造新的产品、生产过程或服务方式的技术活动，新产品或高科技产品的生产反映了技术创新的程度，本章选择新产品产值比重、技术引进合同数、高科技产品进出口额测度技术创新能力。需求结构的变动反映了市场创新的能力，市场创新基础指标选择投资率、消费率及净出口率。产业创新的实质是在技术创新的条件下改造传统产业，或者形成新的产业，产业创新的结果是产业结构的变化及转型升级，第三产业或者高新技术产业的比重越大、发展越快，表明产业创新能力越强，本章选择的产业创新基础指标是第三产业产值比重、高新技术产业产值比重及高技术产品增加值。创新扩散是指创新活动在全社会范围内的传播，创新扩散的途径包括外商直接投资、技术引进、技术转移等，创新扩散的基础指标选取外商直接投资比重、技术市场合同成交额、企业引进技术的经费、科技咨询和服务机构数等。

从创新驱动的环境来看，由于创新驱动过程是在一定的经济、政治、文化、法律背景下进行的，因此创新驱动的环境反映了特定区域内的社会、经济、文化等因素对创新驱动的支持程度，好的环境有利于创新，不好的环境则抑制创新。由于文化、法律等软环境不好度量，因此我们从制度环境、市场环境和外贸环境三个方面来衡量创新驱动的环境。创新的制度环境的基础指标选用非国有经济的比重，该指标反映了市场机制的作用大小，市场机制是强调效率、竞争等因素的经济机制，这些因素都催生对创新的需求，因此，地区的制度环境对创新驱动的影响非常显著。创新的市场环境基础指标选择市场化指数。创新的外贸环境反映了区域与外界联系的紧密程度，对外贸易通过学习效应、竞争效应等对于区域创新能力有显著的促进作用（刘修岩、陆旸，2012），对外贸易的基础指标选择外贸依存度。区域创新驱动能力指标体系具体见表 3－1。

表 3－1　　创新驱动能力指标体系

方面指标	分项指标	基础指标		属性	单位
创新驱动条件	创新驱动基础	X1	人均 GDP	正	元
		X2	国家财政性教育经费支出比重	正	%
		X3	R&D 投入经费强度	正	%
		X4	人均拥有公共图书馆藏量	正	册
		X5	每百人拥有互联网用户数	正	户
		X6	政府科技经费支出比重	正	%
	创新驱动主体	X7	高校数	正	个
		X8	科研机构数	正	个
		X9	从事研究和开发活动人员数比重	正	%

续表

方面指标	分项指标	基础指标		属性	单位
创新驱动过程	知识创新	X10	每十万人平均发表科技论文数	正	篇
		X11	专利申请数	正	项
		X12	专利授权数	正	项
	技术创新	X13	新产品产值比重	正	%
		X14	技术引进合同数	正	项
		X15	高科技产品进出口额比重	正	%
	市场创新	X16	消费率	适度	%
		X17	投资率	适度	%
		X18	净出口率	适度	%
	产业创新	X19	第三产业产值比重	正	%
		X20	高新技术产业产值比重	正	%
		X21	高技术产品增加值	正	亿元
	创新扩散	X22	外商直接投资比重	正	%
		X23	技术市场合同成交额	正	万元
		X24	企业引进技术的经费	正	万元
		X25	科技咨询和服务机构数	正	个
创新驱动环境	制度环境	X26	非国有经济比重	正	%
	市场环境	X27	市场化指数	正	-
	外贸环境	X28	外贸依存度	正	%

3.3.2 指标处理与数据说明

本章以中国30个省、直辖市、自治区为样本（由于统计数据缺失，未包括西藏），采用2011—2012年的数据进行统计分析。数据主要来源于《中国统计年鉴》（2012—2013）、《中国科技统计年鉴》（2012）、《中国高技术产业统计年鉴》（2012）。

本章所构建的指标体系中，一部分基础指标可以在统计年鉴中直接获得，不能直接获得的指标计算过程如下：国家财政性教育经费支出比重 = 国家财政性教育经费支出/财政总支出；R&D 投入经费强度 = R&D 投入经费/GDP；政府科技经费支出比重 = 政府科技拨款总额/财政总支出；从事研究和开发活动人员比重 = R&D 人员总数/从业人员总数；新产品产值比重 = 新产品产值/总产值；高科技产品进出口额比重 = 高科技产品出口额/

进出口总额；第三产业产值比重 = 第三产业产值/工业总产值；高新技术产业产值比重 = 高新技术产业产值/工业总产值；外商直接投资比重 = 外商直接投资额/固定资产投资总额；非国有经济比重 = 1 - 国有及国有控股企业产值占全部工业总产值的比重。市场化水平采用樊纲等（2012）计算的我国各省级区域的市场化指数。该市场化指数是当前国内研究中较为权威和通行的指标，但是目前只能获得 2010 年的数据，因此，2011—2012 年的市场化指数都用 2010 年的数据代替。外贸依存度 = 进出口额/GDP。另外，考虑数据的可得性，在整个分析的过程中，人均 GDP、国家财政性教育经费支出比重、人均拥有公共图书馆藏量、政府科技经费支出比重、高校数、消费率、投资率、净出口率、第三产业产值比重、外商直接投资比重、非国有经济比重等指标采用 2011—2012 年两年的算术平均值作为评价分析的指标值，其他指标采用 2011 年的数据作为评价指标值。

指标体系中的正向指标对总体创新驱动能力的作用方向是一致的，无须特殊处理。适度指标 = 1/｜原始值 - 适度值｜，其中，投资率、消费率的适度值分别为 38% 和 60%（项俊波，2008）。净出口的适度值设定为 0。由于本章选取的区域创新驱动能力评价指标的原始变量计量单位各不相同，直接采用原始值会造成主成分过分偏重于具有较大方差或数量级的指标，因此使用正规化方法对原始数据进行无量纲化处理，计算公式为 $\bar{x}_i = \dfrac{x_i - \min(x_i)}{\max(x_i) - \min(x_i)}$，指标的含义为该项指标值与最小值的离差占该项指标最大离差的比例，即把原始数据数值标准化到 0 ~ 1 之间。

3.4 中国区域创新驱动能力的综合评价

3.4.1 综合评价结果

本章运用因子分析法对中国区域创新驱动能力进行综合评价。具体的做法是：首先对创新驱动的条件、创新驱动的过程、创新驱动的环境和创新驱动的绩效四个方面分别做因子分析，并计算得出综合得分，最后对总体创新驱动能力进行因子分析并进行综合评分。在进行因子分析之前，首先要对变量进行检验，判断原始变量之间是否适合作因子分析。使用 SPSS 软件计算变量相关系数矩阵，并进行 Bartlett 检验和 KMO 检验，四个方面指标的 KMO 检验统计量在 0.686 ~ 0.702 之间，因此，可以判定原有变量适合做因子分析。

根据原有变量的相关系数矩阵，采用主成分法提取因子并选取特征根大于 1 的主成分。进行因子分析之后，由回归法估计因子得分系数，并以各因子的方差贡献率占提取的因子总方差贡献率的比重作为权重进行加权求和，得到创新驱动条件、创新驱动过程、创新驱动环境、创新驱动绩效，以及总体创新驱动能力的综合得分，得分越高，说明该方面指标的综合表现越好。需要指出的是，综合得分有正值也有负值，正值说明该省份的综合得分处于平均水平之上，而负值说明该省份的综合得分处于平均水平以下。由因子分析方法获得的综合得分见表 3 - 2。

表 3 - 2　各省（直辖市、自治区）创新驱动综合得分表

	创新驱动综合能力		创新驱动条件		创新驱动过程		创新驱动环境	
	得分	排名	得分	排名	得分	排名	得分	排名
北京	2.19	1	1.73	1	1.18	1	1.00	5
上海	1.98	2	1.20	2	0.95	4	1.53	1
江苏	1.84	3	0.89	3	1.08	2	1.41	2
广东	1.57	4	0.75	4	0.97	3	1.13	4
浙江	0.99	5	0.52	6	0.22	5	1.28	3
天津	0.65	6	0.67	5	0.11	7	0.49	8
山东	0.60	7	0.50	7	0.09	8	0.61	6
福建	0.37	8	0.15	9	0.08	10	0.55	7
湖北	0.07	9	0.08	10	0.07	11	-0.04	13
辽宁	0.07	10	0.25	8	-0.03	14	-0.10	15
安徽	0.05	11	-0.04	12	0.08	9	0.05	10
四川	-0.02	12	-0.20	16	0.15	6	-0.03	12
重庆	-0.09	13	-0.43	24	0.02	12	0.31	9
河南	-0.12	14	-0.14	13	-0.08	15	0.04	11
陕西	-0.24	15	-0.01	11	0.00	13	-0.56	25
湖南	-0.27	16	-0.15	15	-0.13	17	-0.23	19
河北	-0.32	17	-0.20	17	-0.25	20	-0.08	14

续表

	创新驱动综合能力		创新驱动条件		创新驱动过程		创新驱动环境	
	得分	排名	得分	排名	得分	排名	得分	排名
江西	-0.33	18	-0.35	21	-0.11	16	-0.13	16
吉林	-0.38	19	-0.24	19	-0.22	18	-0.21	17
内蒙古	-0.53	20	-0.38	22	-0.33	24	-0.22	18
黑龙江	-0.57	21	-0.23	18	-0.30	21	-0.55	24
广西	-0.59	22	-0.33	20	-0.31	22	-0.46	23
山西	-0.61	23	-0.14	14	-0.31	23	-0.73	27
海南	-0.65	24	-0.59	28	-0.25	19	-0.36	21
宁夏	-0.68	25	-0.52	26	-0.41	26	-0.25	20
云南	-0.74	26	-0.54	27	-0.40	25	-0.39	22
新疆	-0.82	27	-0.42	23	-0.44	27	-0.67	26
甘肃	-1.00	28	-0.51	25	-0.46	28	-0.94	28
贵州	-1.13	29	-0.65	29	-0.50	30	-0.99	29
青海	-1.32	30	-0.68	30	-0.47	29	-1.45	30

3.4.2 中国区域创新驱动能力的特征分析

根据表3-2中各个方面的综合得分，可以对30个省（直辖市、自治区）的创新驱动能力的主要特征进行综合分析。

（1）从创新驱动的整体能力来看，综合得分大于0的共有11个省（直辖市、自治区），占所考察的30个行政区划的三分之一；而得分小于0的共有19个省（直辖市、自治区），即全国有三分之二的地区创新驱动能力处于平均水平之下，这说明我国的创新驱动能力整体上不高，基本上还没有进入创新驱动发展阶段，区域之间创新驱动差距较大。其中创新驱动综合能力得分较高（1.0分以上）的省市为北京（2.19）、上海（1.98）、江苏（1.84）和广东（1.57），综合得分较低（-0.5分以下）的有内蒙古（-0.53）、黑龙江（-0.57）、广西（-0.59）、山西（-0.61）、海南（-0.65）、宁夏（-0.68）、云南（-0.74）、新疆（-0.82）、甘肃（-1.00）、贵州（-1.13）、青海（-1.32）等11个省份。排名第1的北京与排名最后的贵州综合评分相差3.51分，排名前五位的区域平均得分为1.71，排名后五位的区域平均得分为-1.00。排名靠前的省份与排名靠后的省份综合得分的巨大差距表明，我国创新驱动的区域差异非常明显，存在比较显著的两极分化特点。

（2）从创新驱动的条件来看，得分大于0的省份共有10个，其中排名前四位的是北京（1.73）、上海（1.20）、江苏（0.89）、广东（0.75）。得分小于0的省份共有20个，其中排名后五位的是宁夏（-0.52）、云南（-0.54）、海南（-0.59）、贵州（-0.65）、青海（-0.68）。从创新驱动综合能力与创新驱动条件的排名对比来看，北京、上海、江苏、广东、浙江、天津、山东、福建、辽宁、湖北在创新驱动综合能力排名中位于前十位，在创新驱动条件的排名中依然位于前十位，只是在这两项指标的排名上稍有变动，但排名变动不超过两位。而创新驱动综合能力排名后十位的地区中，有7个地区在创新驱动条件排名中处于后十位，由此我们可以推断，创新驱动的条件构成了创新驱动能力最重要的方面，只有在比较好的创新条件下，创新过程才有比较强的主体驱动力，创新基础条件落后构成了区域创新驱动的重大障碍。

（3）从创新驱动的过程来看，得分大于0的地区有13个，得分小于0的地区有17个。排名前四位的依然是北京（1.18）、上海（0.95）、江苏（1.08）和广东（0.97），并且这四个地区遥遥领先于全国的其他省份，排名第四的上海与排名第五的浙江（0.22）之间总分相差0.73，说明这4个地区在创新驱动过程方面具有绝对优势。创新驱动的过程包括知识创新、技术创新、市场创新、产业创新和创新扩散，这是一系列复杂的过程，需要各种创新的前后继起以及相互协同才能实现，北京、上海等地区在创新驱动过程方面的得分远高于其他地区，说明它们已经形成了研发、生产以及市场需求等方面的良性互动，发挥了不同创新之间的协同作用。从创新驱动能力综合排名与创新驱动过程的排名比较来看，排名后十位的地区总体没有变动。这些地区创新驱动条件比较落后，制约了知识创新与技术创新的形成，进而产业创新和市场创新也难以实现。

（4）从创新驱动的环境来看，得分大于0的省份有11个，得分小于0的省份有19个，这说明中国大部分地区创新驱动的环境不佳，是制约区域创新驱动能力的重要因素。排名第一位的上海与排名最后的青海总分相差近3分，这显示出创新驱动环境方面的区域差距悬殊。排名前四位的是上海（1.53）、江苏（1.41）、浙江（1.28）、广东（1.13），都位于东部沿海地区，在改革开放的背景下，形成了比较好的制度环境、市场环境和外贸环境，因此在创新驱动的环境方面获得比较高的分数。创新驱动环境得分比较低（低于 -0.5 分）的省份包括黑龙江（-0.55）、陕西（-0.56）、新疆（-0.67）、山西（-0.73）、甘肃（-0.94）、青海（-1.45）、贵州（-0.99），都处于内陆地区。

3.5 提升区域创新驱动能力的政策建议

区域间的创新驱动能力有显著差异，但如何提升区域创新驱动能力不能一概而论，需要对不同地区的自身特点以及创新驱动能力的现状进行深度剖析。为了得到有针对性的政策建议，本章采用系统聚类的方法对区域创新驱动的差异进行聚类分析，分析结果见表 3-3。

表 3-3　区域创新驱动聚类结果

	创新驱动条件	创新驱动过程	创新驱动环境	创新驱动能力
第一类	北京、上海	北京	江苏、上海、广东	北京、上海、江苏
第二类	江苏、山东、浙江、广东	江苏、上海、广东	北京、福建、天津、重庆、山东、浙江	广东、浙江、天津、山东
第三类	辽宁、四川、黑龙江、安徽、湖南、湖北、陕西、山西、广西、江西、河南、河北、福建、天津	浙江、安徽、四川、河南、陕西、湖北、福建、重庆、天津、海南、辽宁、山东	辽宁、海南、云南、广西、内蒙古、江西、湖南、吉林、河南、安徽、河北、四川、湖北	辽宁、内蒙古、山西、黑龙江、吉林、陕西、河南、河北、安徽、重庆、福建、广西、江西、四川、湖南、湖北
第四类	重庆、吉林、内蒙古、宁夏、青海、新疆、海南、甘肃、云南、贵州	贵州、甘肃、云南、黑龙江、宁夏、新疆、青海、湖南、江西、内蒙古、山西、吉林、广西、河北	青海、山西、甘肃、贵州、新疆、陕西、黑龙江、宁夏	海南、青海、新疆、宁夏、贵州、甘肃、云南

根据聚类结果，我们可以将区域创新驱动划分为不同的类型，不同的创新驱动类型对应着不同的创新驱动阶段和层次水平，并且不同的创新驱

动模式具有层级递进的关系。

（1）创新驱动领先型。北京、上海、江苏、广东、浙江等地区在创新驱动条件、创新驱动过程、创新驱动环境以及创新驱动综合能力各方面都处于全国的领先位置，是中国区域创新驱动领先型区域。从分析结果可以看出，这几个地区基本上形成了创新驱动经济发展的良性循环。北京是全国的科技中心，科研院所、著名大学数量众多，具有丰富的科技资源，汇集了全国的精英，这些基础条件为知识创新和技术创新提供了人力和科技支持，良好的创新驱动条件是北京的优势所在。而其他几个沿海省市，例如江苏、广东、上海等，则得益于良好的创新驱动环境，高度的开放性和灵活的政策能够吸引大量外资，为整个创新过程奠定良好的基础；同时，东部区域经济发展状况较好，因此在高等教育、基础设施建设以及科技建设等方面的投入也较大，形成创新驱动环境与创新驱动过程的良性互动。以上这些地区应利用自身的有利条件，加快推进由模仿创新到原始自主创新的转变，积极参与国际竞争，不断提升自身在国际分工中的地位，占领国际产业分工的制高点。在实行创新驱动的过程中，营造有利于企业自主创新的激励约束环境，率先做好对知识产权的保护工作，进一步深化以企业为主导的产学研科技合作，继续完善市场环境，引导企业走向创新求生存、求发展的道路；在实行创新驱动战略的过程中，更多地利用全球资源，开展开放创新。

（2）创新驱动成熟型。天津、山东、福建、辽宁等东部省市总体创新驱动能力良好，虽然落后于北京、上海、江苏、广东等地区，但从全国范围来看，处在平均水平之上，这些省市的创新发展主要依靠产品市场的需求拉动。几个省市以自主创新为目标，逐步实现由模仿创新向自主创新转型。在创新驱动过程中，应加大对原创性研究的投入力度，注意对引进技术的消化吸收和创新，努力改善产业在国际分工中的地位。随着我国对外开放不断深入以及经济发展进入新阶段，东部沿海地区的政策优势和区位优势将不断被弱化，因此，这些地区应该增加原创性研究投入，不断提高劳动者素质和原创性技术创新能力，大力发展高技术产业。

（3）创新驱动探索型。中部地区的黑龙江、吉林、内蒙古、山西、河南、湖北、湖南、安徽、江西等省区的创新驱动能力处于全国中等偏下的水平，中部地区要实现由要素投入和投资向创新驱动的经济增长转型，还有很长的路要走。从中部地区现有的基础条件和经济发展阶段来看，要实现创新驱动，可从以下几个方面努力：首先，中部地区各省应该进一步壮大科研机构和高等学校的实力，加大对这两个部门的资金支持力度，在深入挖掘高校科研创新潜力的同时，强化科研机构在技术创新体系中的主体作用，进一步推进制度创新和管理创新，充分发挥市场对科研活动的导向作用；在重视增加研发投入的同时，培育良好的区域创新环境，促进企业与高校、研究院所合作，提倡产学研相结合，加快基础研究机构的知识创新向企业技术创新转移的速度和效率。其次，提高中部地区的人力资本存量。中部地区受到地理环境和经济条件的影响，普遍存在高层次人才匮乏、人才引进困难、人才流失严重和人才浪费等问题。中部地区拥有的科研人员、工程师、科学家的人数远低于东部地区，严重制约了地区的创新驱动综合能力。为了加快创新驱动进程，中部地区应加快人力资源开发，建立多元化、多层次的教育和培训体系，增加人们的受教育机会，提高技术人员的专业技能。同时要创造优良环境选拔和吸引国内外优秀人才，加速人力资本积累。最后，发展外向型经济，扩大对外、对内开放程度，提高对外、对内开放水平，积极吸引国内外各类生产要素流入中部地区，充分发挥FDI的技术溢出效应，增强消化吸收技术的能力，使得区域逐步进入自主创新的发展阶段。另外，中部地区作为连接东西部地区的桥梁，应加强区域内部及与东、西部省市之间的交流与合作，将各省市的创新联系起来，组成跨省市、跨区域的创新系统。

（4）创新驱动改善型。西部的陕西、四川、重庆三个地区作为西部较为发达的地区，不同于青海、西藏等西部省份，有一些特殊的情况。陕西的创新驱动综合能力、创新驱动条件、创新驱动过程得分分别位于全国15、11、13名，而创新驱动环境得分却处于全国25位，与其他几个指标的排名相差甚远，这说明陕西的创新驱动环境非常差。陕西要推进创新驱动的经济发展战略，必须首先优化创新驱动环境。创新驱动环境包括制度环境、市场环境及外贸环境等，因此，陕西应努力推进制度创新和市场创新，深化科技体制改革，建立强有力的创新激励体系，加快建立以保护知识产权为核心的激励体制框架，增强制度对创新的激励作用，为区域创新驱动创造良好的政策环境。四川的创新驱动过程得分处于非常靠前的位置，而创新驱动条件、创新驱动环境得分却处于相对较后的位置，这说明四川具有很大的创新潜力，其创新驱动过程总体运行良好，但各种创新的协同效应受到创新驱动条件和环境的制约。因此，四川要进一步释放创新驱动的潜力，应积极改善创新驱动的基础条件，加大教育、科研投资力度，培育和引进高端技术人才，夯实技术创新基础；同时注重制度创新和市场开放，增强政府对创新的激励作用，鼓励企业进行自主创新，合理利用现有的创新资源，并不断改善创新环境，加快由投资驱动向创新驱动转变的步伐。重庆的创新驱动条件是制约创新驱动的主要因素，重庆应注重加大对区域创新的支持力度，通过政府科技拨款为企业创新解决资金瓶颈。同时加强基础设施建设，努力改善地区创新驱动条件，提高人力资本存量，促进区域创新驱动能力提升。此外，应积极发挥重庆、成都、西安等西部地区重要特大中心城市的带动作用，形成区域创新驱动型城市骨干体系和产业支撑体系，以点带面，点面结合，重点培育建设西部区域创新驱动共同体，统筹西部地区的整体创新驱动进程。

（5）创新驱动起步型。宁夏、青海、新疆、海南、甘肃、云南、贵州等西部省区在创新驱动条件、创新驱动过程、创新驱动环境以及创新驱动综合能力各方面都处于全国靠后的位置。这些地区经济发展水平低，敢为人先的创新激情不够，缺乏创新资源的配置与激励政策，也缺失体制机制对创新应有的支持。这些地区总体上还处于创新驱动的开拓阶段，创新驱动进展缓慢与经济发展水平低相互制约。要走出这样的恶性循环，切实、稳健地提升技术创新能力，一定要依托于现实的发展基础，因地制宜地采取有针对性的战略、路径和模式。首先，应转变这些地区人民的思想观念，培育崇尚创新、尊重创新、勇于创新的价值导向，使创新驱动的发展观念深入人心。其次，要改善这些地区创新驱动的制度环境及市场环境，加强基础设施建设，加大财力、人力投入，优化创新驱动的条件。这些地区应适当进行自主创新，采取低成本的创新驱动模式；还应学习发达地区技术创新经验，采用模仿创新模式赶超经济发达的地区，不仅应当在传统部门的技术领域内赶超，在高技术领域内也要有重点地跟踪适合自身条件的技术的发展，另外，可以根据区域的资源特点开展具有自身特色的技术创新。

第二篇

创新驱动的条件

4 创新环境与中国经济增长质量

我国过去30年举世瞩目的经济增长速度主要得益于劳动密集型的要素驱动和大力提倡的投资驱动，具有高投入、高消耗、低产出、低效益的粗放型特点，中国长期处于国际分工和产业链的中低端，且以出口为导向。但随着金融危机的扩大和深化，中国面临人民币不断升值、东南亚地区低廉劳动力竞争，以及能源和土地资源约束等问题，中国经济已经到了必须转变发展方式、战略性调整经济结构的紧迫时期。回顾20世纪世界产业的发展史，每一次重大产业转型与经济发展都伴随着繁荣的科技革命，无论是老工业的改造转型还是新产业的形成发展，都有着明显的创新驱动特征。

4.1 文献回顾

创新环境对保证企业的创新能力和创新活力、优化资源配置起着至关重要的作用，好的环境能够促进经济结构的转变，提高自主创新水平，而差的环境则会抑制企业的创新激情，甚至导致企业因未能及时转型而破产、倒闭。自1912年熊彼特提出创新概念以来，创新理论得到了长足的发展，主要成果包括内生增长理论与国家创新系统理论，前者强调知识资产和高技术人才池的规模对技术创新能力的影响（Romer，1990），后者则强调国家政策环境（如贸易政策、国家制度和教育政策等）对创新的影响（Nelson，1993）。

近些年各界学者对于创新环境做了多方面的研究。有的从理论层面对创新环境进行了分类总结，如任保平（2009）将中国经济发展新阶段企业技术创新面临的环境约束分为制度环境、政策环境、融资环境，以及法制和人才信息环境四大类，并提出了优化企业技术创新环境的对策；陈昆玉（2010）从政府行为、股权集中度、产权性质及管理层持股四方面探讨了创新环境对企业创新活动的影响；张同斌和高铁梅（2012）考察了财政激励政策和税收优惠政策对高新技术产业发展的影响；边蕊（2013）将影响科技创新环境的因素分为机制环境、政策法规环境、基础环境、市场环境和人文环境五大类。有的从实证层面论证了创新环境对创新的影响，如周密等（2013）应用知识生产函数的两阶层线性模型将对创新的影响分为创新过程影响、创新环境影响以及创新环境与创新过程的跨层级交互影响，认为物质环境、关系环境与制度环境分别通过跨层级交互作用中的规模效应、极化效应与约束效应影响创新产出；朱建新和冯志军（2009）将创新环境划分为政策法律环境、市场环境、资源环境、社会服务环境、科学技术环境、社会文化环境六大类，针对每一类因素设计了测量指标，并对哈尔滨的高新技术企业进行了测度，得出科学技术、社会服务和社会文化对自主创新的影响程度最大，市场环境和资源环境次之，政策法规影响最小的结论；冯根福和温军（2008）利用343家上市公司的数据，分析了经营者持股、股权集中度、国有持股比例、机构投资者和独立董事制度与企业创新的相关关系。

上述文献或探讨了企业外部环境对创新的影响，或探讨了影响企业创新的内部因素，但技术创新是企业自身、外部机构、政策法规等多方面因素共同作用的结果，因此，本章将从企业外部和内部两方面，结合我国的实际情况，对创新环境进行分析总结。

直接讨论经济增长质量的外国文献不多，代表性的研究包括罗伯特·巴罗（2002）、卡马耶夫（1977）、托马斯（2000）。巴罗认为经济增长质量是一个宽泛的社会学概念，既包括了经济自身的增长，也包括了与社会、宗教和政治相关的因素，如健康状况、受教育水平等。卡马耶夫在《经济增长的速度和质量》一书中提出，经济增长包括了多方面内容，如生产资源的增加、产量的增长、产品质量的提高、生产效率的提高、消费效用的提高等。而托马斯在《增长的质量》中将经济增长质量定义为“发展的补充”，认为它构成了经济增长过程中的关键内容，如分配机会、环境的可储蓄型和全球风险管理和治理结构。

我国对于经济增长质量的研究，与中国的社会发展变迁紧密相连。20世纪60年代，中国还处在计划经济的时代，生产力低下，产品不能满足人们需求，大力发展生产是当时的主要任务，刘国光（1962）首先开始了对经济增长质量的研究，认为应当同时注重社会生产外延的扩大和生产的扩大，即生产规模的扩大和生产率的提高。80年代至今，随着改革开放和经济体制的转变，我国生产力得以大幅提升，对经济发展的思考不再局限于数量的快速增长，学者们将中国经济的发展与经济增长方式的转变相联系，从不同角度论述了转型方法，如吴敬琏（2004）指出了政府转型的重要性，张卓元（2005）认为必须提高自主创新能力，提高经济增长的效益。

对于经济增长质量内涵的界定，是研究经济增长质量的基础，对于其含义，不同的学者有着不同的观点。如上文中所提到的巴罗、卡马耶夫和托马斯，对于经济增长质量都有着不同的定义。我国学者的界定主要包括了以下几种：赵英才（2006）认为经济增长质量包括了投入产出效率、产品或服务质量、环境和生存质量三个层次；严红梅（2006）认为经济增长质量包括了经济增长、社会和谐和环境改善三方面的内容。任保平(2010)将经济增长质量定义为在经济的数量增长到一定阶段的背景下，经济增长的效率提高、结构优化、稳定性提高、福利分配改善、国民经济素质与创新能力提高，从而使经济增长能够长期得以持续的状态。本章沿用这一定义，认为该定义更为全面地概况了经济增长质量的内涵，同时与社会、经济发展的阶段相适应。

现有文献中仅将创新作为经济增长质量的一个指标进行分析，对于创新环境与经济增长质量之间的关系还少有研究。本章将对这一问题进行尝试性的解释。

4.2 创新环境与经济增长质量的关系

创新、创新环境与经济增长质量有着紧密的关系，主要表现在以下几点：创新型发展是经济发展的必然要求；创新环境的构建反映了经济增长质量的内容；创新的目的与提高经济增长质量的目的一致。

4.2.1 创新驱动是提高经济增长质量的必然要求

对经济增长质量的关注是以经济增长数量达到一定程度为前提的。我国在改革开放之后一直处于追求经济数量增长的阶段，在这一阶段，工业化总体水平不高，市场机制逐步建立且竞争程度较小，资源、环境约束也较弱，从而成就了令世界瞩目的持续30多年的高速经济增长。然而，随着数量增长的累积，现有发展模式已经不能满足对经济、社会、资源、环境多方面的要求。高投入、高消耗、低产出、低效益的粗放型数量增长模式失去了优势和竞争力，生产资源的日趋匮乏、生态环境的恶化、社会分配不均等问题逐步凸显，迫切要求我国转变经济增长模式，升级产业结构，使经济增长从数量增长进入到质量增长的新阶段。人类经济社会发展的历史一次次证明，要完成这样的转型升级，必须以创新为驱动。而创新活动能有序有效地进行，需要良好的创新环境提供保障。

4.2.2 创新环境的构建反映了经济增长质量的内容

经济增长质量的内容包括了经济增长的效率提高、结构优化、稳定性提高、福利分配改善、国民经济素质与创新能力提高，而创新环境包括了政策法规环境、融资环境、科学环境、市场环境和国际环境五大部分，这五部分恰恰是促进创新，提高经济增长质量的保证。

任保平（2010）认为，国民经济结构中产业结构的协调程度决定了经济增长的效益，决定了经济增长的可持续性和稳定性，国民经济结构转化本身就意味着经济的质变和效率增进。在创新环境中，无论是包含了施政纲领、财政政策以及地方性政策的政策环境，还是保障创新活动顺利进行的融资环境和规范化的市场环境，其根本目标都是要保证产业结构调整的合理性和顺利进行，一方面大力发展适合的新型产业，另一方面对有价值的老产业进行改造升级，提高生产效率，有效配置资源，使得经济能够持续稳定增长。十八届三中全会提出“经济体制改革是全面深化改革的重点，核心问题是处理好政府和市场的关系，使市场在资源配置中起决定性作用和更好发挥政府作用”，进一步强调了市场在资源配置中的作用。市场是技术创新的生存环境，同时也是经济结构转型实现的场所，市场的规范程度、市场竞争和市场需求，一方面对创新有着直接影响，另一方面也是经济结构得以顺利转型的基础。成熟的多元化融资环境和融资渠道，对创新起到了保障和推动作用，从而使经济结构的转型升级得以顺利进行。

经济增长质量的内容中包含稳定性，是因为经济波动严重影响了经济的动态效率，降低了资源配置，也扰乱了宏观经济秩序和人民生活。要确保经济增长的稳定性，就要确保产出、就业和价格水平的波动幅度不能太大，这三者正是宏观经济政策的调控目标。保证了创新的稳定性和长期性，也就从发展的方面保证了经济增长的稳定性，规范化的市场环境、完善且能有效实施的法律法规、稳定的企业创新资金来源、对国外科技资源的有效利用，都能够为创新提供稳定的环境。

作为生产要素，自然资源对经济发展至关重要；人们的经济生产活动也同时对环境产生着影响，在资源环境充沛的阶段，资源低效利用和环境污染的负面影响还不能显现，但近代工业化以来人类对资源环境的无节制消耗，已经使资源环境成为稀缺资源，制约着所有国家经济增长质量的提高。也就是说，一个国家经济有质量的增长，同时也就意味着对自然资源更高效率的利用，对环境污染的降低，和对新能源、新资源的开发，而这些都需要通过创新来实现。对这一类型的创新活动，需要政策性引导、资金投入，以及法律法规的强制执行，也需要科技企业、高校、科研机构之间互通有无，合作发展，即需要政策环境、融资环境和科学环境等提供保障。

经济发展的最终目的是提高人民生活水平，高速的经济增长倘若带来的是社会贫富分化的进一步扩大，这样的经济增长必然是低质量的。合理的福利分配并不是绝对的平均主义，而是在保证基本生活的基础上，做到按劳分配，使人们的付出得到合理的回报和收益。创新活动很多时候不是能够立刻取得收益的，在起初的投入阶段，应向研发人员支付合理的报酬，这就需要制定相关政策法规和企业内部的激励机制。公平分配产学研合作创新的利益，才能保证科研人员的创新积极性和成果的实用性。

国民经济素质包括了基础素质、能力素质和协调素质。基础素质涵盖了物质基础、人力资源和经济结构；能力素质包括科技开发和应用能力、企业素质、投融资能力、国际循环能力等；协调素质是为国民经济运行提供激励和约束体制、机制的性状。

此外，企业是产业和国民经济的基础单位，经济增长质量依赖于企业的发展和竞争力，企业也是创新活动的主体，唯有保证了微观层面上企业的创新能力和创新成果，才能保证宏观层面上一个国家国民经济有质量的增长。

4.2.3 创新目的与经济增长质量目的的一致性

提高经济增长质量的目的是使健康的经济增长能够长期得以持续。对于企业而言，创新是为了长期占领市场和使自身始终处在行业的领先地位，制定标准化战略以及形成阶梯型人才储备都是以此为目标的。对于一个国家而言，创新是为了增强国家竞争力，提高人民生活水平，合理利用资源，保护环境，使国家能够长期持续发展，始终保持较高的国际地位，也为后代留下足够的资源和科技成果。因此，从目标上来看，创新与提高经济增长质量是一致的。

4.3 影响创新驱动的宏观环境

4.3.1 政策法规环境

相关的政策法规是创新环境的重要组成部分，是科技创新的最基本保障，主要包括施政纲领、财政政策、知识产权保护和地区性政策四方面内容。

中国的劳动密集型、粗放型经济增长方式已经到了瓶颈期，其优势在国际环境中不再明显，一方面面临东南亚等国廉价劳动力的冲击，如三星在追加对越南北部省份的投资，计划将手机、相机和笔记本电脑的生产基地转移到工资更低、税收优惠幅度更大的越南；另一方面，由于金融危机的影响，一些发达国家将生产转回本国，如为了带来更多的就业岗位，苹果公司 CEO 已宣布将 iMac 的一条生产线转回美国。同时，由于资源环境对经济发展的制约，高污染、高能耗、低产出、低效益产业的发展也走到了尽头，中国经济发展到了必须进行结构调整，提高自主创新能力，由工业化的中级阶段向高级阶段过渡的时期。如今，世界经济的发展进入了新一轮的调整期，世界范围内新的科技革命和产业变革正在孕育突破，这正是调整转变我国经济的发展方式，发展新的主导产业，使我国在这一新时期占据先发优势的好时机。党和政府对科技创新及体制创新给予了高度重视，并将其纳入了施政纲领中，为企业转型和提高创新能力提供了政策保证。

党的十八大报告在论述加快完善社会主义市场经济体制和加快转变经济发展方式时明确提出实施创新驱动发展战略，将创新驱动对经济发展方式转变的作用放到了非常高的高度。事实上，2005 年 10 月党的十六届中央委员会第五次全会就明确提出把自主创新能力作为发展科学技术的战略基点和调整产业结构、转变增长方式的中心环节，贯穿到现代化建设各个方面，力争 2020 年把我国建设成为创新型国家，并发布了《国家中长期科学和技术发展规划纲要（2006—2020 年）》；2007 年十七大报告提出“提高自主创新能力，建设创新型国家”，习近平在 2013 年“两会”时多次强调创新驱动是加快转变经济发展方式，破解经济发展深层次矛盾，增强经济发展内生动力和活力的根本措施，体现了我们党依靠科技创新实现可持续发展的决心和对科技创新的高度重视。2013 年 1 月，《国务院办公厅关于强化企业技术创新主体地位全面提升企业创新能力的意见》又进一步明确提出了两阶段目标：第一阶段，到“十二五”末，基本形成以企业为主体、市场为导向、产学研相结合的技术创新体系；第二阶段的目标是到 2020 年，企业主导产业技术研发创新的机制体制更加完善，企业创新能力大幅提升，形成一批创新型领军企业，带动经济发展方式转变实现重大进展。

在财政政策方面，首先要强调的是以市场为导向，财政政策的大原则是起到引导性作用，保证竞争中立和辅助性。针对高新技术产业所具有的高风险性和不同程度的溢出效应，财政政策的主要方式有政府采购、财政支出及税收减免。面对现阶段整个国际经济环境不佳、需求疲软的状况，政府采购一方面能够创造需求，直接拉动高新技术产品消费的增长，保证部分创业资金的顺利回笼，另一方面对产业发展方向起到了引导作用。政府采购在美国、日本、英国等发达资本主义国家的高新技术发展中起到了至关重要的作用，美国制定了多部相关法规，如《购买美国产品法》、《联邦财产管理业务法》等。而我国相关法律法规体系不够健全，虽然制定实施了《政府采购法》，但仅有原则性规定，缺乏可操作的规范，在实施中并没有起到对高新技术产业发展的促进作用。财政支出能够解决高新技术企业初创期的资金问题，我国于 2009 年启动新兴产业创投计划，按照“政府引导、市场运作、规范管理，支持创新”的原则，与地方政府合作设立创业投资基金，引导社会资本投向新能源、新材料等战略性新兴产业，促进我国战略性新兴产业发展，当年中央财政投入 2.5 亿元，设立了一些对高新技术企业的专项资金，如“创业投资引导基金”和“国家科技成果转化引导基金”。我国对科学技术的支出逐年增加，2012 年公共支出中的科学技术支出为 4452.63 亿元，占总支出的 3.5%，但与发达国家相比仍有很大差距。税收减免对创新的影响是直接和强力的，能够降低科技创新的成本，鼓励企业加速技术改造，具体包括企业研发费用税前加计扣除、企业研发设备加速折旧、税收优惠等措施。在这一方面，我国已制定实施了多种税收减免法律法规，如《企业所得税法》、《高新技术企业认定管理办法》中的相关政策条例，但其制度化、体系化还需要进一步加强，其内容还需要适时调整。

知识产权保护是对创新行为的激励、对创新成果的保障、对竞争优势的提升。世界各国都在投入大量的人力物力进行科技创新，并且越来越注重知识产权和技术的保密，要在世界经济中立足并不断发展，必须由技术引进和应用研发转向自主创新、原始创新和再创新，重视对知识成果的保护，把握住发展的主动权。我国虽已制定了很多相关法律，如《专利法》、

《合同法》、《促进科技成果转化法》、《著作权法》等，但存在立法滞后、法律意识淡薄、违法违约成本低、实施难度大等问题。

在全国性的政策之外，地区性政策能够更好地针对区域发展不平衡，有的放矢，为产业结构升级转变、高新技术企业发展适时提供合理的创新环境。我国幅员辽阔，各地经济、资源特点不同，产业发展不平衡，面临的问题也不尽相同，既有依赖资源优势发展的中西部地区，也有以重工业为主的东北老工业基地，还有以轻工业为主的东部地区，因此经济发展方式的转变不能一概而论，这就需要地方政府根据实际情况制定相应的政策法规，引导和扶持适合本地条件的高新技术产业发展。亟待转型的老工业基地一方面应当加大科技投资力度，对有价值的老产业进行改造升级，对产业技术进行提高，对产品进行优化和创新，使其更具有竞争力；另一方面，选择发展适合的新兴产业，并对废旧资源进行整合，寻找更多的经济增长点。资源型发展地区应大力发展提高能源利用效率的创新能力，增加产品的科技含量，提高产品附加值，同时注重发展接续产业和新兴替代产业，实现可持续发展。以传统加工业为主的地区应有选择地淘汰、保留和发展加工工业，有针对性地加大科研创新投入，形成具有层次的创新产业，实现产业升级和产业转型。

4.3.2 融资环境

前期投入巨大，成本回收间隔时间长，是高新技术行业创新的特点，这就决定了高新技术产业在初始阶段对资金的需求很大，政府采购和财政支出的扶持只能起到一部分作用，应更多地依赖市场，使资源得到有效配置。我国目前融资环境存在融资渠道单一和直接融资渠道少的问题。融资渠道以银行贷款为主，但银行从自身利益出发，考虑到监控成本和企业资信，更倾向于贷款给有偿还保障的成熟大型企业，而非在创新活动中极其活跃的新型中小企业。国家近些年虽然一直在鼓励银行对中小企业贷款，出台了一系列政策，但其实施效果并不理想。解决这一问题，仍需要更多的探索，第三方的担保服务，如成立专门的金融机构、政府担保，可能成为一种对中小企业放贷的激励方式。

风险投资（又称天使投资）对所投资企业的了解更具有专业性，并且能够协助企业进行经营管理，因而鼓励风险投资能够更好地促进创新。美国的硅谷对中小初创企业有大力的支持，谷歌、英特尔等高科技巨头都是风险投资的受益者；韩国政府资助成立了韩国综合技术金融股份公司；日本先后建立了面向新兴企业和高科技企业的 Mothers 市场和 NASDAQ 日本市场，促进了对新兴创新产业的投资。风险投资在我国还处于起步阶段，需要健全相应的法律法规，鼓励和保障风险投资，完善创业板，为风险投资的进入和退出建立正常的机制。

此外，创新金融产品、模式和服务，加大对企业创新的融资支持，如综合采用买（卖）方信贷、知识产权和股权质押贷款、融资租赁、科技小额贷款、公司（企业）债券、集合信托、科技保险等，都可以丰富融资方式和融资渠道。

4.3.3 科研环境

科学发展是科技创新的根本推力，加强产学研结合、发挥产业集群效应和制定技术标准，构成了科技创新的科研环境。

产学研相结合，让科技成果及时转化为生产力，让知识创新更快地进入产品创新环节，对经济发展能起到实质的促进作用。但我国目前在产学研结合方面存在科研与企业需求脱节和利益分配不合理两方面的问题。为解决这些问题，可发展多种合作模式，以加强科研与企业的沟通，促进知识成果向生产成果的转化，如三者合资创办企业，即高校、科研机构出技术，企业出资金；或成立一些科研中介机构，在科研机构与企业间架起桥梁；还可以在高校与企业间进行人员交流，即高校可以从企业招聘教师，企业也可派遣研究人员到高校实验室。这些不同的合作方式，都需要良好、成熟的制度政策予以保障，特别是在利益分配方面。首先，应当协调三者之间的关系，采用多种方式激发技术人员的创新积极性，如适当的股权、期权激励政策；其次，大学应为科研成果向生产成果的转化提供便利，实施灵活的人事制度，如斯坦福大学允许教师和研究员有 1 ~2 年时间脱岗搞开发和经营活动，他们在学校取得的科技成果向公司转移后，学校仅提取 10% ~15% 的知识产权收益；最后，重视知识产权的分配，避免利益分配不均。

产业集群有利于新技术的扩散和企业间的知识交流。由于技术具有外溢性，在产业集聚中，新技术、新工艺能够更快地传播和应用，竞争的存在又促进了创新。产业集聚同时也会对关联产业产生带动作用，从而推进产业结构和地区经济发展模式的变革。1991 年以来，国务院先后批准建立了 105 个国家高新技术产业开发区，高新区集中了全国 1/3 的研发投入和一半以上科技企业。这些产业集群在我国经济发展中起到了巨大作用，是科技创新和产业升级的重要基地，北京的中关村和上海的张江是其中的代表。建立产业集群的基础是对当地优势的合理定位。产业的发展呈现集聚态势，相同或相近的产业往往通过集聚形成一个生态圈，选择合适的产业是地区经济发展的根本保证，因此应以推动产业发展和技术创新为目标，而不是以招商引资的短期效益为目标。为发挥产业集群的作用，政府有必要完善基础设施，构建专业领域技术创新服务平台。

当前产品生产的分工越来越细，产品间的依赖程度越来越高，为了保证产品的通用性和兼容性，必须重视标准化战略的制定。这对一个产业的长足发展具有重要意义。生效于 1989 年的《中华人民共和国标准法》，包含国家标准、行业标准、地方标准和企业标准四个层级。技术的不断发展，新产品的不断涌现，意味着标准化制度必须跟上技术的发展，同时兼顾对环境和资源的保护，以促进和保障经济在数量和质量上的增长发展。

4.3.4 市场环境

技术创新最终要转化为新产品，而新产品最终要投入市场接受市场的检验以实现其价值，因而市场是技术创新的生存环境。市场的规范程度、市场竞争和市场需求，均对创新有着直接影响。

企业的创新受到了上下游企业的制约，仅仅依靠供应商和客户的诚信，很难降低信用风险和投资预期的不确定性。高度规范化的市场能够成为企业的坚实后盾，激励企业自主创新的热情，同时对整个产业的良性发展起到促进作用。我国目前的市场规范程度不高，法律法规的制定和实施都需要进一步的完善。

创新使得企业在竞争中占据先动优势，因而引导企业合理布局、治理垄断，能够推动企业的不断创新。我国目前在反垄断方面做得还远远不够，一些行业一家或几家企业独大，缺乏竞争，导致了创新激情不足，创新能力不强。鼓励市场竞争，激励企业创新是迫切而重要的。

先前的技术创新走的是新技术—新产品—开辟市场的路子，而现在需要进行创新模式的转变，从供给导向转向需求导向，强调市场牵引模式，首先研究市场需求以预测产品要求，之后在进行技术产品创新，保障了产品在市场中存在的合理性，这需要企业在意识形态上转变创新模式。

4.3.5 国际环境

任何一个国家的发展都不可能脱离了其他国家而独立存在，科学技术的进步更是如此。我国的科技水平、创新能力在国际上并不领先，所用的技术和现有产业处在世界技术和产业链的中低端，这是现状，但并不是劣势，我国恰恰能够发挥后发优势，加强国际交流合作，利用全球资源，在技术创新和产业升级方面，从模仿、引进、集成发展到自主研发，降低成本和风险。加强国际交流合作，既包括企业间的，也包括政府间的，既要引进来，也要走出去。一方面，用具有吸引力和竞争力的政策引进先进的技术和优秀的人才；另一方面，在海外建立研发机构，充分利用国际资源，同时积极参与国际技术标准的制定和在国外申请知识产权，逐步加强中国在国际高新技术领域的存在感和发言权。

理论上讲，对外国先进技术的利用能够更好地促进一个国家的技术进步，但实际的情况是，各个国家，特别是先进的发达资本主义国家，对自有知识产权和高新技术的保护十分重视，制定了相关的政策法规，对技术和人才的出口、外国直接投资的进入控制得十分严格，国际间的技术交流具有很大的保留性，一些跨国企业虽然会在发展中国家建立生产研发基地，但对核心技术是严格保密的。一些领域甚至是完全排外的，如航空航天领域，我国就不得不进行完全的自主研发，独立发展。因此，合理合法合规地利用外国的先进技术，并不是一件容易的事情，一个国家只能以此为辅发展高新技术，而以提高自身科技水平，培养科技人才为主。

4.4 影响创新驱动的微观环境

良好的政策法律环境、融资环境、科学环境、市场环境和国际环境只是为创新提供了基本环境的宏观保障，企业能否利用这些外部环境实现技术创新和产业升级，取决于其内部微观环境。

4.4.1 股权结构

从股权集中度的角度来看，股权结构有单一股东、控股股东、相对控股股东和分散持股几大类型。诸多文献的实证研究表明，股权集中度与企业技术创新存在倒U型关系，处于相对控股状态的股权结构较为合理，即大股东持股比例小于50%，但具有控股权。这种结构一方面避免了单一股东的多层委托代理关系造成的创新能力不足，另一方面避免了分散持股造成的创新投入方向难以统一。

德国的公司制企业股权结构具有一定的参考价值。大多数德国大公司是以银行贷款作为主要的财务支持，对股票市场的依赖程度较低，同时存在很多公司间交叉持股，使得银行和主要持股公司对其参股公司的治理具有表决权，容易形成较稳定的公司治理结构，从而重视技术创新的投入，以保障企业长期稳定的发展。

从股权持有者的性质来讲，管理层持股是现代企业的一大特点。管理层持股具有正反两方面的作用。一方面，管理层持股可使股东与管理者形成利益共同体，从而避免了代理问题，管理者会更多地关注企业的长期利益，从而加大对技术创新的投入。另一方面，管理层持股造成了风险集中度不同，管理者的风险偏好可能会引发风险规避行为，采用较为保守的经营管理模式，不肯过多地进行高风险的技术创新和新产品研发。

不同股权结构孰优孰劣，仍旧是在探讨中的问题。高新技术企业应从自身特点出发，选择有利于企业长期发展、保证竞争优势的股权结构。

4.4.2 产权性质

这里的产权性质是指企业是国有企业还是法人控股企业。传统理论认为，国企的效率低于法人控股企业。国企存在经营目标多元化、产权主体虚置、多层委托代理关系、剩余索取权和剩余控制权分离等问题，易形成内部人控制现象，造成经营目标短期化，不利于创新。机构投资者能够获取充分信息，分散风险，关注企业的长期发展，对技术创新的支持力度较大。但是实证研究的结果并不一致。如冯根福和温军（2008）对343家上市公司相关数据的研究表明，国有持股比例与企业技术创新存在反向关系，国有持股比例越高，技术创新能力越低；而陈昆玉（2010）对37家试点创新上市企业的分析表明，产权性质对创新产出没有显著影响。

4.4.3 资本结构

此处的资本结构是指股权资本与债务资本的比例。张世晓（2010）认为，股权资本不存在偿还和付息的问题，因此其利息成本可视为沉没成本，所以企业在使用股权资本进行创新投资时可以不考虑利息沉没成本问题，而债务资本需要按期还本付息，所以企业在使用债务资本进行创新投资时必须考虑利息成本。因此，在强债权约束力条件下，若公司资本机构中股权资本比例大，则公司实施创新项目的概率较高；相反，公司资本结构中债务比例大，则公司实施创新项目的概率较小。但是，必须看到，新兴的高技术企业大多以中小企业为主，其股权资本有限，更多依赖于债务资本，这并不能否定这些企业的技术创新意愿。如上所述，拓宽融资渠道，加强直接投资，以减少资金约束，才是解决企业创新资金来源有限之道。

4.4.4 人力资源

人是知识的载体，技术创新归根到底是技术人才的竞争，这就需要企业改变传统观念，以人为本，在人才选拔、人才培养和人才激励方面制定实施切实有效的政策，吸引人才、培养人才和利用人才。人力资源管理必须具有长期性、战略性和连贯性。技术创新不是短期能都完成的，形成长期的、阶梯型的人才储备，才能够保证企业技术创新的活力和竞争力。

4.5 结论

我国30多年来高速经济增长所依赖的粗放型发展模式已经无法保证经济的进一步增长，不能在经济增长的同时保护资源环境，已经走到了瓶颈期。中国经济已经进入重大转型期，投资驱动、规模扩张、出口导向的发展模式必须向创新驱动、提高产品附加值、兼顾环境资源保护的质量增长方向转变。目前，世界处在新一轮科技革命的孕育突破期，找准正确的科技创新方向，是保证新时代竞争优势的基础。世界各国都在投入大量的人力物力进行科技创新，并且越来越注重知识产权和技术的保密，要在世界经济中立足并不断发展，必须由技术引进和应用研发转向自主创新、原始创新和再创新，把握住发展的主动权。要通过创新驱动提高经济增长质量，就必须优化创新驱动的环境：

第一，创造良好的宏观创新环境，为企业创新提供保障。完善和落实促进创新驱动的政策措施，促进科技和金融结合，加强知识产权创造、运用、保护、管理，在全社会进一步形成创新驱动的浓厚氛围。创造公平开放的市场环境，使各类企业公平获得创新资源。大力支持企业开展国际科技交流合作。加强知识产权保护，建设规范的知识产权市场。有效整合创新资源，积极推进机制创新、环境创新、观念创新，全力优化创新环境。

第二，选择适合的内部微观环境，为企业提供创新的动力。促进科技与经济结合，推动企业成为技术创新主体，增强企业创新能力。建立企业高新技术发展基金，加大技术创新投入。深化收益分配机制改革，鼓励技术要素以各种形式参与收益分配，建立知识创新、科技项目创新与效益相结合的风险报酬机制。建立技术创新策略联盟，组建研究开发同盟或联合开发中心，集聚技术资源进行联合攻关，共享研究成果。

5 创新主体培育与中国经济增长质量

在新的发展阶段，要以创新为驱动力，特别是以自主创新来驱动中国经济增长质量的提升，从本质上来讲，就是要以培育创新主体的创新能力为切入点，充分发挥创新主体在技术创新、制度创新、产品创新和战略创新等层面上无可替代的主观能动作用。《国家中长期科学和技术发展规划纲要（2006—2020 年)》中提出："要在 2020 年前后造就一批具有国际竞争力和自主创新能力的企业和科研院所，从而形成更为完善的中国特色的国家创新体系（NIS)"。本章在归纳整理前人研究的基础上，通过对创新主体内涵演进和我国现今经济发展中创新主体存在问题的分析，阐释以多元化创新主体体系提升经济增长质量的驱动机制，明确了基于自主创新能力和官产学研合作视角下的多元创新主体体系驱动经济增长质量提升，实现创新驱动战略的新路径。

5.1 创新主体：内涵演进与发展现状

5.1.1 创新主体内涵的演进

一般意义上，创新主体指创新的发起者和组织者，它们能够在创新过程中发挥组织、指挥、运筹作用。从社会活动的角度来看，创新主体可以是个人，也可以是组织或集团。

约瑟夫·熊彼特明确指出，企业家是创新的主体，认为“创新是企业家的基本职能”。他还认为是创新引致了市场需求，还产生了新的企业和新的产业。在熊彼特的创新理论中，创新观念是以典型的美国个人主义为核心的，无须考虑其他主体或市场导向的需求，因此经济的变化都可归因于创新行为。而在彼得·德鲁克看来，创新主体应该随着创新行为的普及而从单一主体转换为多主体，创新行为也是因为市场需求才产生的。此处的“多主体”是指在企业内部从企业家到技术专家、中层管理者以及全体员工等的多个个体。之后，随着创新的不断深入，创新的资金投入、技术要求到管理难度都不断加大，因此个体很难凭借自己的力量来完成，企业内部人员或部门的配合已经不能满足创新行为对于创新主体的要求。一项大型的创新往往不能在一个企业内部完成，需要更多的外部组织协作，即逐渐形成多元化的创新主体体系。

1987 年，克里斯托夫·弗里曼在弗里德里希·李斯特提出的“国家体系”和“国家专有因素”概念的基础上提出了“国家创新体系”。他认为依赖国家创新体系进行经济的赶超和跨越，主要有三个层面的核心要素：一是科技创新，二是制度与组织的创新，三是政府的支撑。1996 年，经济合作与发展组织（OECD）在《以知识为基础的经济》的报告中给出了“国家创新系统”的定义：“政府、企业、大学、研究院所、中介机构等为了一系列共同的社会和经济目标，通过建设性地相互作用而构成的机构网络，其主要活动是启发、引进、改造与传播新科技，创新是这个系统变化和发展的根本动力。”从现代意义上来看，创新主体范畴已超出个体概念，扩展到整个社会，涵盖企业、政府、高校、研究院所和中介机构等。

5.1.2 我国创新主体的发展现状

（1）企业缺乏创新能力，未能成为真正的创新主体。1999 年，全国技术创新大会《关于加快技术创新，发展高科技，实现产业化的若干决定》中指出“企业是技术创新的主体”。但即便经济高速发展，大部分中国企业对于创新并不重视，创新投入不足。截至 2012 年，我国规模以上的内资工业企业共 268518 家，其中拥有研发机构的 19892 家，仅占企业总数的 7.4%；开展 R&D 创新研发的 28734 家，仅占企业总数的 10.7%。大多数企业还是依靠单一的劳动或资本投入扩大生产规模来获取利润，企业内部创新研发的开展还十分缺乏。

创新主体是一个多维度的概念。企业必须在创新过程中具有极强的主体性，即企业应当是创新的投入主体、行为主体、成果转化主体、受益主体和最终的风险承担主体。张义芳（2006）指出，当经济发展到技术商业化阶段，有限的政府预算已难以满足技术商业化庞大的资金需求，因此企业必须担当创新行为的投入和执行主体，政府只能履行其引导义务。在美国、日本和韩国，企业执行的 R&D 项目（课题）数基本已经占到了国内 R&D 项目（课题）总量的 70%～80%；但就我国 2011 年的数据来看，这一数字仅为 26.89%。另外，创新研发主体企业化过程很重要的一点是企业研发实验室的大规模设立，近年来我国研究开发机构的经费支出占比情况见图 5－1。

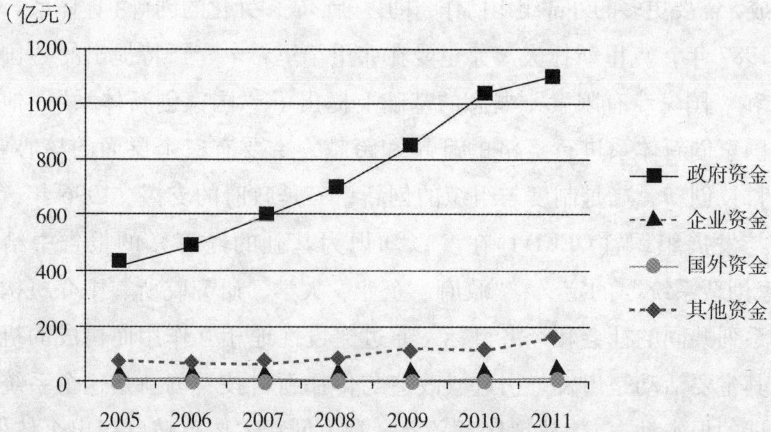

图 5－1　我国研究开发机构经费支出基本情况

可以看到，我国企业研发投入总量还较少，整体研发强度也不高；对于研发机构的支持还是以政府经费为主导，企业内部设立研发机构开展创新研发的比例还很小，而且我国企业的投入较多针对应用试验等研发行为。可以说，以企业为主体的多元创新主体体系已具备了雏形，但企业对于前瞻性和关键性的高端技术研发不足，体系也尚不够完善。

(2) 创新主体未能及时对创新成果进行商品化和产业化。中国目前拥有着世界上最多的国立大学和科研院所，其市场化程度较低，特别是科技成果的转化能力不足。在我国现有的创新体系中，高校和公共科研机构为传统模式下基础知识生产的专业队伍，是我国非常重要的创新力量。20 世纪 80 年代后期以来，虽然大批科研院所都经历了以“市场化”为导向的科研体制改革，但其前期的创新研发还是脱离商业环境进行的非市场导向型研究。

在创新的过程中，商业化进程的迟缓和滞后通常使得一些先进的技术发明无法为创新主体带来实际的利润和发展机遇。创新成果的产业化是创新有效扩散的过程，如果创新成果能够得到有效扩散，必然会引起经济的长期快速增长，促进一个国家或地区的经济增长质量。因此，在现有的经济发展方式下，不仅要重视创新的数量和研发投入的强度，在获得技术突破的同时，还应该重视健全创新成效商业化体系，将市场需求、社会需求和国家安全需求作为研究开发的基本出发点，使高校、科研院所和企业都能从重大的创新中获得商业上的成功。这能在很大程度上加大对创新主体的激励，促进新一轮创新行为的开展。

(3) 高校及科研院所重应用轻基础，基础研究水平较低。整体看来，我国高校及科研院所创新研发的热情是很高的，除争取各类资金经费支持外，也积极与企业等机构合作。但从高校和科研院所的创新成果类型来看，应用研究的比重要远高于基础研究，凸显了“重应用轻基础”的特点。

基础性研究一般没有特定的利益诉求，多是以探索创新为目标的创造行为。在研究过程中没有具体的时间安排和实际要求，成果多为学术性论文和著作，以追求社会效益为主。虽然对于工业企业来说，基础性研究并不是其创新行为来源的最重要部分，但基础知识的存在事实上为一个国家的技术创新提供了一个公共的“知识蓄水池”。这个“蓄水池”容量的大小、更新与补充的速度快慢，直接决定了最核心创新主体——企业的创新最终来源的丰富程度。

多年来，我国高校研发经费中应用研究所占比例一直超过一半，最高年份甚至会超过60%，但基础研究所占的比例最高也不超过25%。而绝大多数 OECD 国家大学的基础研究经费比例都会超过50%。按 ESI（基本科学指标数据库）收录的2001 年 1 月至 2011 年 8 月 31 日的论文总量排序，我国已位列全球第二名；但反映学术论文影响力的论文引用率仅为 6.21 次/篇，位列第一的美国的论文引用率则为 16.2 次/篇。由此可以看出，尽管我国在科学研究领域的成果数量较大，但实际研究水平并不高，无法为技术创新提供有效的知识基础。

（4）创新主体间缺乏有效的协同合作。创新行为的系统性特征决定了创新行为的开展不仅取决于企业，更取决于高校、科研院所、政府及各类相关中介机构能否为创新行为提供有效的支持，创新主体内部是否具备有效的协同合作机制。多元化创新主体合作的根本目的就在于各个参与主体以及相关各方在合作过程中能实现自身利益。

我国目前的创新主体协同合作中存在合作层次低、动力不足、效率和效益不高等问题，其本质是在协同合作时没有建立起合理的利益机制。多元创新主体间的协作，特别是产学研合作的利益分配机制，主要存在两方面的问题：其一，在实际运行中虽然强调“共同投入、利益共享、风险共担”，但于企业和高校、科研院所间由于最终目的和激励机制的不同，存在着难以协调的矛盾，缺乏稳定的长期合作机制。其二，创新研究中不同主体对于最终创新成果的价值认定不同，使得成果价格难以确定；在创新链内部的分工中存在定位不清晰的情况，彼此之间的功能错位或重叠使得各方贡献也无法准确厘清。同时，缺乏合法规范的高水准中介机构来调和产学研合作中的矛盾，政府对于主体间合作的项目选择、平台建设等环节未能发挥有效的引导作用。

5.1.3 多元创新主体体系的建立及构成

从创新主体内涵的演进可以看到，主体演进的动力在于创新行为对于创新主体要求的不断提高，创新主体必须不断提高自身能力，对内外部资源进行协同整合。从我国目前创新主体的发展现状来看，国家创新体系中的创新主体构成与世界其他国家基本相似，但主体间的合作方式较为单一、层次也较低，并不能最大程度上发挥主体间的协同作用。因此，笔者认为要真正做到以创新驱动国家经济发展，提升经济增长质量，就应当建立全新的多元创新主体体系（见图5－2），其中的创新主体包括企业、高校、科研院所、政府和金融机构等相关中介机构。

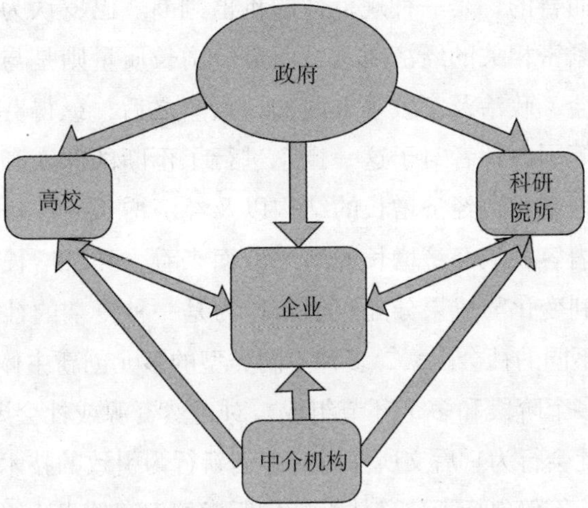

图5－2　多元创新主体体系构成示意图

在五大创新主体协同作用的过程中，企业应处于最核心的位置。企业会对应用型先进技术的创新研发进行投资，将高校和科研院所的基础创新成果应用到生产、经营和管理领域中，将技术进步转化为现实的生产力，促进经济发展。高校和科研院所的功能主要体现在人才培养、科学研究和社会服务上；作为创新主体体系中的“创新极”，它们通常承担着研发投入大、研究周期长、研发风险高、短期经济效益差的基础研究、前沿技术研究和社会公益研究项目，为创新行为提供了基础研究的基地和平台。中介机构则是多元创新主体体系内部促进知识、信息、人才、技术和资金流动的一个重要环节，主要提供支撑性的服务，可以有效降低创新行为的风险，并加速创新成果的商业化和产业化。而政府的功能则体现在通过制度创新确定更为高效的创新规范和提供更为良好的创新环境，引导和激励其他创新主体的创新行为；协调不同创新主体间的利益关系，有力保护知识产权，搭建优质的创新资源和成果共享平台。

5.2 以多元创新主体体系驱动经济增长质量提升的机理分析

5.2.1 创新驱动经济增长质量提升：从创新行为到技术进步

经济增长质量的概念是由苏联经济学家卡马耶夫提出的，它是相对于经济增长数量而言的，是一种规范性的价值判断。巴罗认为经济发展是与经济增长数量紧密相关的经济因素，而经济增长质量则是与经济增长数量紧密相关的社会、政治及宗教等方面的因素。之后，彭得芬、刘树成、任保平和钞小静等国内学者对于这一概念进行了不断的深入和完善，认为从经济增长的过程来看，经济增长的结构以及经济增长的波动构成了经济增长质量的主要内容；从经济增长的结果方面来看，经济增长质量主要涉及经济增长的福利变化与成果分配。创新行为是一种复杂的社会技术经济现象，是在多种不同的社会因素、多种不同类型的多元创新主体相互影响和相互作用下，由多个阶段和多个环节组成，对自然资源或社会要素进行重组、更新和发展的社会行为。后文所探讨的由创新行为引致的技术进步也是广义上的技术进步，不仅包括了狭义技术进步所指的生产技术水平的变化，而且也包括经济发展过程中劳动者知识、技能的提高和扩散，管理水平的提高，生产要素配置的改进，法律、法规和政策的制定及实施效果等。

广义的技术进步是由技术创新、知识创新、制度创新和管理创新多方面因素带动的，它对于任何一个国家的经济增长都有着巨大的推动和促进作用。技术进步通过提高资源配置效率，使同样种类和数量的要素投入获得比以前更多的产出，同时，它还可以在资本或者劳动不增加的前提下，通过提高个别要素生产效率来促进最终整体产出的增加，即技术进步能够使得生产可能性边界向外扩展。因此，创新行为是经济增长的根本源泉和动力，它不仅能够推动经济数量的增长，提高产业或者企业的生产效率和竞争能力，而且有利于产业结构的调整和迅速升级，也有利于推动经济增长方式的快速转变，最终有效提高经济增长质量和福利水平。

将创新行为、经济发展和经济增长质量有机联系在一起的，正是能够在创新行为中发挥主观能动作用的创新主体。创新主体虽然并不能像技术创新、知识创新或制度创新等创新行为那样直接导致经济增长质量的提升，但以多元创新主体体系驱动经济增长质量的基本逻辑，就在于促进各创新主体自主创新能力及主体间协同创新能力的提高，进而影响创新行为产生的内在机制和过程，进一步影响创新的结果，即产生更大范围技术进步的新成果，驱动经济增长质量的提升。

5.2.2 以多元创新主体体系驱动经济增长质量提升：从创新主体到创新行为运作机制

正如上文在阐述以多元创新主体体系驱动经济增长质量提升的基本逻辑时提到的，多元创新主体体系驱动经济增长质量提升的作用是通过创新主体直接作用于创新行为的运作机制来间接体现的。从本质上来说，所谓创新运作机制就是指创新主体在社会环境中吸纳、组合创新要素，构成创新运行系统，并与社会环境相互作用，发挥创新系统功能的机理。多元创新主体体系中，创新主体影响创新行为的机制大致可以从以下几个方面理解：

(1) 创新主体的目标决策机制。创新行为的目标是统领整个行为过程的最重要因素，因此确定目标是整个创新运行过程的逻辑起点，也是创新运行全过程的首要环节。创新目标决策就是为未来的创新行为确定目标、方向，并选择一个能实现创新预期目标的最优的可行方案的过程。对于创新这种高风险的社会实践活动，创新主体对于决策前动机的产生、决策中收集资料形成创新预想和决策后跟踪目标实施都起到了不可替代的决定性作用。目标决策的科学与否直接关系到创新行为模式选择、研发决策和效应扩散等等环节的成败及实现程度。

(2) 创新主体的研究开发机制。创新研究开发是指创新主体把创新目标和构思变成现实成果的过程。创新的研究与开发是一个复杂的创造性工作，一般可以分为基础性创新研究、应用性创新研究和创新性开发三种。基础性创新研究，一般是指没有特定的利益诉求，纯粹以探索创新为目标的创造性行为。选择基础性创新研究的创新主体多为高校和科研院所，研究成果多为学术性论文和著作，通常以追求社会效益为主。应用性创新研究，是运用基础性创新研究的成果和有关知识，以开发新产品、新方法、新技术等为目标而进行的创新研究行为。研究过程投入较多，有一定的保密性，社会效益与经济效益兼顾，成果多为学术性论文或著作、专利、原理模型等。选择应用性创新研究的创新主体多为与企业合作或在政府支持下选择社会科学、自然科学基金项目的高校或科研院所等。创新性开发，是利用基础研究和应用研究成果，为实现新产品、新技术、新方法等创新成果而进行的创新性研究行为。研究过程有具体明确的研究目标和计划，有严格的时间控制和严密的组织管理，要追求经济收益，成果多为论证报告、专利设计、图纸、新产品等。选择创新性开发的多为多元化创新主体体系中的主导主体——企业。创新主体所选择的研究开发形式不同，其最终创新行为运行得到的成果也不尽相同，对于经济增长质量提升的作用维度和程度也都会有所差异。

（3）创新主体的模式选择机制。在进行了目标决策和选择研究开发机制之后，创新主体应该选择创新行为的运行模式。从创新行为的性质来看，主要有自主创新和模仿创新两种模式。创新主体、利益驱动和实现方式不同，在多元化的创新主体体系中不同的创新主体通常会有不同的选择，而不同的创新模式会直接影响创新成果的产出，进而从不同角度影响和推动经济增长质量的提升。

模仿创新是指创新主体通过学习率先创新者的创新思想和创新行为，吸取经验教训，并采取一定的方法和手段获得率先创新者的核心创新成果，在此基础上进行改进和完善，达到预期创新目标的创新行为。模仿创新有着较为明显的优势：一是可以利用创新领先者创造和培育出来的社会经济需求，从而与创新率先者共享创新的社会经济效益；二是由于模仿创新是在率先创新的基础上进行的，其创新的针对性较强，投入少，风险低，见效快；三是模仿创新实质上是对率先创新成果的改进和提高，可能具有一定后来居上的效应。从模仿创新的特点来看，它较为适合发展中国家利用较少投入获得较大收益的短期经济增长预期。例如，我国大量的创新就是模仿创新。特别是近年来，企业和地方政府都大力引进外资，大部分是直接引进国外的先进技术用于企业生产和管理，但外资并没有将最尖端的科技带来中国，也没有从根本上真正提升企业的创新能力。选择模仿创新的创新主体只能被动跟随和适应经济技术等领域的发展和变化，还会受到率先创新成果专利权的制约和影响。

自主创新是指创新主体通过自身的努力和探索，率先推出创新成果，并独立完成创新成果的推广和效应扩散，达到预期创新目标的创新行为。选择自主创新模式的创新主体通常是某一领域的领先者，如行业中拥有资金优势的大型垄断企业、拥有前沿科研实力的高校或政府大力支持的科研院所。自主创新相对其他创新模式难度较大，但可以使创新主体获得独特而优厚的社会经济效益。首先，创新主体率先向社会推出创新成果，可以在一段时间内以创新领先者的身份独享一定的社会经济利益、地位和权益。其次，以这种在社会经济等领域的垄断效应为基础，创新主体能确立领先者的社会形象。最后，创新领先者的社会形象可以使其获得更优越的创新条件和社会环境。当然，自主创新也会存在较大运作风险。首先，自主创新的率先性体现在创新运行的各个环节，会造成多方位创新投入和多项目的复合投资，创新主体也要独自承担创新成果推广的成本，这对于创新主体的资金丰裕程度提出了很高要求；其次，在首次推广过程中，创新成果先于社会现实发展，推广会造成自主创新成果知识外溢，引发投入外溢。

多元化的创新主体体系就是要使以企业为主导的产学研合作成为实现国家创新的基本途径，其根本目的是增强国家自主创新能力，鼓励更多有实力的企业、高校和科研院所从长远考虑，选择自主创新模式。只有这样才能从根本上提高我国创新主体的创新能力，提高创新行为运行和创新成果产出质量。

（4）创新主体的风险控制机制。创新最大的特征就是创新过程中有极大的风险，创新风险是指对创新发展趋势的误判、对内外部环境估计不足或不可预知的突发状况等因素造成创新行为失败的所有可能性。创新主体对创新风险的有效控制，对于创新行为的顺利运行和创新成果的产出都至关重要，因此对于主导创新行为运行过程的创新主体来说，风险控制是极为重要的一个环节。

创新风险的防范可以从系统内外两个方面展开。创新风险的系统内部控制是指创新主体在创新过程中，利用各种系统内部资源和调控手段来分析、识别、防范乃至消除创新风险，从而保证创新行为顺利运行的过程；其主要手段有积极收集和分析信息、提高创新决策质量、仔细排查并减少创新计划的漏洞、完善创新过程的预警监控、通过分散投资分散创新风险等。创新风险的系统外部控制是指通过社会外部系统为创新主体提供的有利于创新风险内部控制的社会环境，分摊创新主体的创新风险或者承担创新主体的一部分风险损失，从而保证创新行为顺利运行的过程；主要手段为：设立风险投资或创新保险；中介机构提供担保，承担部分创新风险；

政府或社会为创新行为提供信息指导和优惠；政府完善控制创新风险的规范及制度等等。

（5）政府主体的引导激励机制。在以多元创新主体体系驱动经济增长质量提升机制中，政府是一类比较特殊的主体。作为创新主体，政府虽然不能直接进入市场，但通过调配资源和其他相关手段，可以在一定程度上有效沟通协调其他各创新主体和协调国家创新体系中的各个环节。其主要作用体现在三点：首先，设立相关的机构和组织来激励创新发展，建立起良好的政策和法制环境，在全社会范围内营造浓厚的创新氛围。其次，利用行政权力直接参与或辅助创新，对一些关系国计民生的重大战略性创新项目，采取直接由政府主导、组织相关创新主体共同参与的方式予以实施。最后，制定和评价创新政策及特定时期科技活动计划，使其与同时期的产业政策目标保持一致，促进相关产业的快速成长和蓬勃发展，以期提升经济发展结构的协调性。当然，必须指出的是，我国目前的较为行政化的国家创新体系中，从中央到各级地方政府都习惯于对创新行为通过设定发展规划等目标进行干预，通过行政手段影响资源配置和技术发展的方向，这样的发展方式很大程度上削弱了企业、高校和科研院所在创新行为上的自主性和积极性。

5.3 以多元创新主体体系驱动经济增长质量提升的路径：基于创新能力培育和官产学研协同创新的视角

通过上文对创新主体体系影响经济增长质量提升机制的分析，可以清晰地看到创新主体对于最终创新行为的有效运行，进而对经济增长质量提升都有不可替代的重要作用。要实现经济增长质量和效益的提升，就必须以创新主体的培育为起点，在多元创新主体体系内部着力提升各创新主体的创新能力，建立官产学研的新协同模式。

5.3.1 以市场为导向，增强多元创新主体体系内部各创新主体自主创新能力

长久以来，我国企业、高校和科研院所通过合作或直接引进国外先进技术的方法，从模仿创新做起，已经为自主创新做了足够的积累和准备。

创新主体提高自身创新能力的首要因素在于创新主体意识，要明确创新主体是创新行为的目标决策主体、模式选择主体、研究开发主体和风险控制主体。在加强创新主体创新能力建设时，要做到：

（1）创新主体应及时搜集和监测市场信息，敏锐捕捉市场动向，根据市场需求对创新行为做出选择；加强对创新研发行为的投入和人才储备，从资金和人力上保障创新能力的提升；增强主体内部学习能力，不断根据市场环境对创新行为进行调整，提高创新效率。

（2）不断强化创新激励，通过对创新人员的正向激励培育创新意识，从而促进创新能力的增强。例如，在企业薪酬管理中，可以对创新人员实行不同的工资体系和股权奖励；在高校或科研院所内部，则可以对取得重大创新成果的个人或团体给予破格提拔或在经济上予以重奖。

（3）创新主体要合理整合外部资源，实现创新主体间的协同。在多元创新主体体系内部，企业应当依托高校、科研院所和中介机构开展创新行为，建立稳定的协同合作联盟，最大程度地整合利用企业的市场优势、高校和科研院所的研发资源以及中介机构良好的社会资源，提升自身创新能力。

（4）政府应营造良好创新环境，保护知识产权，在优化创新规划的同时加大公共技术的投入和供给。在我国现今所处的转型期间，创新主体的建设在很大程度上依赖政府的引导和支持。首先，政府应通过宣传、教育和宏观政策引导等措施营造有利于创新主体创新能力培育的社会、文化、法制和市场环境，不断加强创新意识和精神的培育，同时加大对于知识产权的保护力度，鼓励创新主体的创新行为。其次，通过对创新行为的规划和引导来协调各类创新主体的分工协作，形成有效的利益共享、风险共担机制。最后，从财政角度加强对于公共技术创新研发工作的支持，明确政府的职责和义务，做到支持项目有重点、有优先。

5.3.2 以企业为主导，在多元创新主体体系内部建立高水准的官产学研协同新模式

新型官产学研合作的新模式是以企业为主导，搭建企业、高校、科研院所、政府和中介机构等共同参与、协同合作的新平台，彻底改变现今各主体间信息滞后、松散合作的局面。以往产学研合作的模式是指企业和高

校、科研院所为了实现创新目标、获取知识创新和技术创新成果、提升创新能力而形成的研究、开发等合作关系。在新型的官产学研模式中，各类创新主体在协同创新中必须有更为明晰的定位。首先，企业作为市场经济中最活跃的主体，能够直接了解市场信息，也最易从市场需求变化中获取创新灵感和创新意愿。因此必须明确企业在多元创新主体体系和官产学研合作中的主导地位，充分重视企业的需求，将其与高校、科研院所的创新研究密切结合起来。其次，高校和科研院所应发挥其创新源泉的主力作用，在新型官产学研合作中正确处理知识创新和技术创新的关系，妥善把握研究开发的导向，加强对于研发成果的质量管理。第三，完善、高效的中介机构服务平台是新型官产学研合作的重要桥梁和纽带，中介机构能够为各方协同合作提供信息和技术上的支持，只有在此基础之上，创新行为才能够顺畅运行，创新成果才能顺利实现商业化和产业化。最后，政府要对产学研合作进行指导和引导，发挥其协调、支持和推动作用。

在建立新型官产学研合作模式的过程中，政府拥有资金和组织调控能力，是创新政策和创新环境的创造者，并且能够承担一定的创新风险。虽然政府一般不会直接介入高校与产业合作的项目，但在必要时政府会通过设立研究计划、提出重大研究项目或出资建立联合实验室、研究中心、工程中心等途径，吸引企业、高校或科研院所共同参与创新行为，扶持产学研合作尽快取得实质进展和市场效益。可以看到，政府在产学研合作中所起的作用是十分明显的，但政府最终不应也不能起主导和主力的作用，既不能缺位也不能越位。目前，在国内企业创新研发实力较弱、产学研合作机制效率低下的情况下，我国政府具有较强的组织调控能力，是政策的制定者，同时又拥有多渠道的调控手段。在这种国情下，政府采取措施引导和支持的产学研合作对于各方创新主体都是有利的。因此，在整个国家创新体系中都扮演创新主体角色的政府，在产学研合作中也发挥着重要的主体作用。这便是建立官产学研新模式的内涵意义所在，也是以多元创新主体体系驱动经济增长质量提升的核心路径。

6 观念创新与中国经济增长质量

观念创新是社会发展和一切创新活动的先导，是形成创新驱动体系从而提高经济增长质量和效益的基本前提。在实施创新驱动发展战略过程中，观念创新主要体现在对创新活动中的传统观念进行更新，包括重新认识并处理好政府与市场的关系、科技创新与产业结构高级化的关系、科技创新与产业结构合理化的关系、新兴产业与传统产业的关系、虚拟经济与实体经济的关系、国有企业与民营企业的关系。观念创新在创新驱动发展战略中的实施路径包括：创新来源要从被动创新发展到主动创新，创新方式要从模仿创新转型到自主创新，创新内容上要从技术创新扩展到全面创新，创新机制要从分离创新升级到协同创新。

6.1 以观念创新提高增长数量、质量和效益的逻辑机理

6.1.1 观念创新的界定及内涵

观念是人们基于其所具有的知识及过去的实践而长期形成的种种观点与概念的总和；观念创新，就是要改变人们对某种事物错误的、过时的或不利于实践的既定看法和思维模式，换一个新的观察角度，得出一个新的结论或形成一个新的观点，从而采取新的态度和方法的过程，其本质是一场意识形态的变革。

开展观念创新，首先应具有自我否定和自我革新的品质，即放弃已经落后的观念，突破旧有的工作方法和思维定式，探索创造具有鲜明个性的思想和方法。观念创新的过程既要超越传统的思维方式和模式，又要超越已形成的利益格局和习惯做法。其次，观念创新不是凭空地标新立异，它必须要有一定的理论知识为支柱，要有创新知识作坚强后盾。最后，观念创新必须具有创造性思维。创造性思维是一种具有开创意义的思维活动，它不是对固有知识的运用和再现，而是摒弃传统观念，从另一个新的角度对某件事物重新思考，得出创造性解决方案的思维方式。

观念创新是经济和社会发展的先导，在经济社会发展的各个时期，与该发展时期相适应的观念一经形成，就会作为相对独立的精神因素反作用于它的经济基础，并形成一定的路径依赖，发挥出特有的社会作用。观念创新，就是要求打破这种路径依赖，不断自我否定、自我革新，从而保持经济和社会发展的活力。观念创新对经济社会发展的作用体现在如下方面：第一，观念创新对经济社会发展具有先导作用。社会生产关系的变革和社会经济形态的更替不是随生产力的发展而自发产生的，而是通过社会变革实现的。当社会变革即将来临的时候，观念往往起到一种先导的作用。我国改革和发展的历程表明，经济的发展，社会的进步，离不开思想解放和观念更新。第二，观念创新对社会活动具有指导作用。一般来说，

在重大的社会活动开始时，人们总要根据社会的需要和当时当地的具体条件确定社会活动的目标及其先后顺序，预测目标实现后可能出现的种种情况及其产生的影响，做出指导实现预期目标的决策。在这个过程中，观念起着指导的作用。科学的观念为目标的确立提供新的思维视角，引导人们正确地分析社会现象，做出科学的选择，确立明确的目标。落后的观念有时会导致比较严重的社会后果。第三，观念创新对人的行为具有调节作用。在实际生活中，人们现实活动所实现的阶段性目标和预期目标之间总是有一定的距离，为了实现目标，人们要不断调节自己的行为，强化、削弱或放弃某些行为，根据新情况选择某些新行为，并把有利于实现目标的行为协调起来，组成一个有机的整体。在这个过程中，观念对人们的行为起着调节和协调的作用。观念可以指导人们确立调节和协调的标准，分析和认识活动的实际结果与预期目标之间的偏差，制定措施来纠正这种偏差，把人们的行为引导到有利于实现目标的方向上来，从而保证目标的顺利实现。

6.1.2 观念创新在创新驱动体系中的位置

创新是人类特有的认识能力和实践能力，可分为理念层次、环境层次、政策层次、实施层次和运行层次。理念层次的创新是所有创新活动的先导，它为整个社会的创新活动提供动力和源泉，理念层次的创新主要包括观念创新和文化创新。环境层次的创新是创新活动的保障，它为创新活动的实施和运行提供创新环境。政策层次的创新主要包括战略创新、体制创新和政策创新。实施层次的创新是创新活动的核心部分，它为创新驱动体系提供支撑，实施层次的创新主要包括知识创新和技术创新。运行层次的创新是创新成果转化的部分，它是整个创新活动的价值实现和价值补偿环节，同时也是实现创新促进经济增长作用的环节，运行层次的创新主要包括产品创新、市场创新和产业创新。由整个创新驱动体系的结构可以看出，产业创新是以科技创新为前提，科技创新又以观念创新为先导。

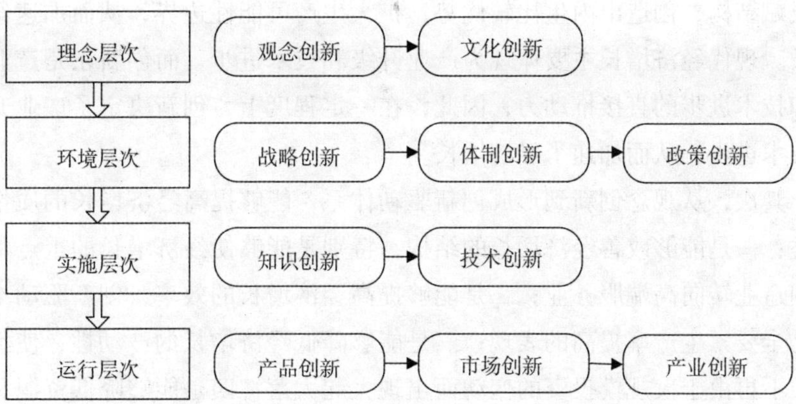

图 6－1　创新驱动体系的四个层次

6.1.3　从观念创新到创新驱动体系：提高增长数量、质量和效益的机制

国家竞争优势的发展可分为四个阶段，即要素驱动阶段、投资驱动阶段、创新驱动阶段和财富驱动阶段（迈克尔·波特，2002）。创新驱动是相对于要素驱动、投资驱动的更高级的发展阶段。改革开放 30 多年来，我国主要依靠廉价劳动力投入、大量资源消耗和大规模投资实现了经济高速增长。然而，随着经济发展方式和要素结构的转变，原有的体制转轨红利、人口红利和全球化红利开始消退，使得原本依靠要素驱动和投资驱动的经济发展方式难以为继。另外，过度依赖要素驱动和投资驱动的传统发展模式也扼杀了创新的动力，使中国企业陷入低端产业的“比较优势陷阱”，在全球产业链和价值链上处于弱势地位，从而抑制了产业转型升级，导致核心技术受制于人，全球价值链受控于人。实现中国经济的转型升级，要改变对传统增长动力的过度依赖，从要素驱动、投资驱动转向通过技术进步来提高劳动生产率的创新驱动，从过度依赖传统要素红利转向形成创新驱动发展新动力，提高劳动生产率，缓解资源环境约束。从外延式增长向内涵型增长转变对经济增长的作用既体现在数量上，也体现在质量上。

首先，从观念创新到形成创新驱动体系，能够改善经济增长的供给面，从而提高潜在增长率：一是能够改善增长的动力结构，实现从依靠要素扩张为主的规模优势到依靠科技进步的竞争优势转变，从而突破要素禀赋条件变化的制约，形成经济增长新的动力来源；二是能够提升经济增长的禀赋结构，创造出内生比较优势，扩大生产可能性边界，从而加速经济增长。现代经济增长主要体现为产业升级和技术进步，而创新正是产业升级和技术进步的直接推动力，因此，在一定程度上，创新决定了产业升级和技术进步，从而加速了经济增长。

其次，从观念创新到形成创新驱动体系，能够提高经济增长的质量和效益：一是能够改善经济增长的结构，特别是能够使经济增长的重点从低端制造业转向高端服务业；二是能够提高经济增长的效率，创新驱动本身就是全要素生产率提高的表现；三是能够降低经济增长的波动性，使经济增长不再由于大规模投资的变动而出现大起大落；四是能够降低资源和环境代价，减少经济增长对环境的破坏和资源的消耗；五是能够提高国民经济素质，创新驱动本身就是以人力资本积累和“人才红利”为基础的，是国民经济素质提高的体现。

6.2 从观念创新到创新驱动体系：要处理好的几对关系

当观念创新发挥其先导作用，并将创新性观念贯穿于理念层次、环境层次、实施层次和运行层次的创新活动中时，就形成了创新驱动体系。而创新驱动体系发挥作用的最大影响因素就是对于创新活动本身的理解，换言之，要通过创新驱动体系提高经济增长的数量、质量和效益，我们首先需要明确应该“创新什么样的观念”。具体而言，在创新驱动体系形成过程中，我们应该重新认识并处理好以下几对关系：

6.2.1 政府与市场的关系

关于政府与市场关系的传统观念有两种：一种以结构主义为代表，认为政府应当主动推动产业结构升级，以推动经济增长；一种以新古典经济学为代表，认为应该充分发挥市场作用，政府不应干预经济。但在创新驱动发展战略背景下，对于政府与市场的关系应当重新认识和界定。具体而言，对政府与市场关系的认识与科技发展的水平和阶段有关。第二次工业革命前后技术进步的方式不同，在第二次工业革命之前的技术进步主要是依赖经验积累，这类技术进步没有专门的研发成本，创新活动本身内嵌于分工体系，因此可以完全依赖市场机制。而第二次工业革命后以实验室为代表的科技进步意味着创新活动独立出来（林毅夫，2007），此时的创新需要成本，专利法的实施对弥补创新成本起到了很大作用，但专利只能弥补创新活动成功的成本，而不能弥补创新活动失败的成本，这就会形成创新活动中私人成本与社会成本的不一致，从而导致创新活动缺乏激励。因此政府必须通过一定的干预改善激励结构以促进创新。但政府的作用在于因势利导，而非直接成为创新主体。在创新驱动发展阶段，政府与市场的关系不是对立而是互补的，政府主要通过设定激励结构改善创新环境，解决企业发展的技术瓶颈、资金瓶颈和体制瓶颈；而企业则是创新活动的主体，通过设立企业技术中心逐步提高创新资源在企业的集聚度，提高科技成果转化能力，而在不具备创新基础条件的领域，企业要积极向创新前端渗透，从产业链和价值链低端环节向上游高端攀升，然后在创新链的上下游延伸，形成较强的创新优势。

6.2.2 科技创新与产业结构高级化的关系

关于科技创新与产业结构高级化关系的传统观念有两种：一种认为应当通过引进国外先进技术，尽快达到技术前沿，从而加速本国产业结构升级，实现产业结构高级化；另一种认为应当结合本国的要素禀赋结构，通过自主创新发展适合本国的产业结构。但在创新驱动发展战略背景下，对于科技创新与产业结构高级化的关系应当重新认识和界定。根据新结构经济学的基本理论，在创新驱动发展阶段中，如果通过引进技术来加快产业升级，那么此时的技术结构和产业结构会高于本国禀赋结构，与比较优势不符，这将丧失经济效率，导致结构性扭曲（林毅夫，2011）；但如果完全按照现有的禀赋条件进行自主创新，那么将会陷入“低端锁定”，甚至陷入比较优势陷阱。因此在从技术引进到自主创新的过程中，应当处理好比较优势与产业升级的关系。具体而言，科技创新对产业结构的偏离度与经济绩效间存在着倒U型的关系，要使经济增长质量和效益达到最佳，就要使科技创新程度与我国比较优势的偏离度处于最佳均衡点（倒U型曲线顶点），在这种条件下，产业结构升级的速度将与禀赋结构升级的速度保持同步，从而能够以最有效率的路径实现产业结构高级化。具体而言，一是要依靠科技创新，促进产业结构以最合理的速度不断向产品技术高级化、产品附加值高级化、产业加工高级化以及产业集约高级化的方向发展，进而实现产业比较优势逐步从劳动密集型优势向技术密集型优势转移；二是要依靠主导产业的科技创新带动其他关联产业的科技创新与升级，从而充分发挥比较优势，进而依靠产业科技创新与升级的诱导机制和产业发展的关联机制的复合作用，促进整个产业结构体系向着高级化的方向发展。

6.2.3 科技创新与产业结构合理化的关系

关于科技创新与产业结构合理化关系的传统观念认为，科技创新主要发生在工业领域和部分生产性服务业领域，因此以科技创新促进经济增长就体现在工业化过程中，科技创新对产业结构的影响就体现在工业化率和工业科技含量的不断提升中，特别是以重化工业为代表的资本密集型产业和以电子信息产业为代表的技术密集型产业的不断扩张中。但在创新驱动发展战略和第三次工业革命浪潮背景下，对于科技创新与产业结构合理化的关系应当重新认识和界定。随着新一轮科技革命的来临，特别是以生物技术为代表的高新技术产业快速发展，以及信息技术在金融服务业等领域的作用不断提升的背景下，科技创新将不仅仅局限于工业领域，而是三次产业全面协调的创新，这就要求我们要依靠科技创新促进产业结构的合理化发展。一方面，要依靠科技创新，并基于经济发展的整体目标，优化第一、第二及第三产业在整个国民经济结构中的配置及投入产出比例，既要注重各类产业的规模和数量，也要注重各类产业的优化升级，并使其各自朝着产业链的高端方向迈进。具体而言，应把农业科技创新摆到更加突出的位置，大力发展与装备制造业、原材料工业等支柱产业密切相关的具有高附加值的设计、研发等生产性服务业，加快服务业与现代工业的融合。另一方面，要依靠科技创新大力增强产业间的相互辐射效应，不断提升产业结构内部关联作用的程度，进而实现产业结构整体效益的提升。

6.2.4 新兴产业与传统产业的关系

关于新兴产业与传统产业关系的传统观念认为，产业创新就是新兴产业快速发展从而代替传统产业的过程，因此创新就意味着新兴产业扩张和传统产业被淘汰。但在创新驱动发展战略实施过程中，对于新兴产业与传统产业的关系应当重新认识和界定。根据反映产品创新周期的“沙漏模型”，新产品的进入和旧产品的退出之间存在一个渐进的演化过程（G. Giulioni，2011），旧产品不是退出市场，而是通过技术附加值的提升来实现升级换代。这意味着培育发展战略性新兴产业不是对传统产业的简单替代，而是通过促进新兴技术的产业化和传统产业的高技术化实现产业的升级换代。从产业发展的实际来看，中国仍是传统产业占主导地位的国家，产业结构调整的重点和难点在于传统产业的转型和升级。大多数战略性新兴产业的发展不能凭空而为，必须依赖传统产业的技术积累、制造能力和产业组织。传统产业并不等同于落后产业，通过创新、变革，传统产业可以转变成新兴产业、现代产业。一方面，要依靠科技创新，通过产业主导技术的升级、产业既有技术的重新整合，以及产业技术的全面升级等多种途径或方式，衍生、催生出一批新的产业，不断适应需求结构的变化，着力培育与发展一批具有核心竞争力的支柱产业及主导产业群，为国民经济培育新的增长点，提升经济发展的质量与效益。另一方面，还要加快传统产业的再创新，要依靠科技创新，有计划分步骤地加强对传统产业的改造，大力促进新产品、新技术、新工艺及成熟技术等科技成果在传统领域的推广及示范应用，并加快传统产业的技术改造与升级，从而增强相关产业的核心竞争力。

6.2.5 虚拟经济与实体经济的关系

关于虚拟经济和实体经济关系的传统观念认为，虚拟经济是为实体经济服务的，在创新活动中，虚拟经济的发展可以为高新技术产业提供金融支持，从而加速经济从要素驱动向创新驱动的转型。但在经济发展阶段转换背景下，对于虚拟经济与实体经济的关系应当重新认识和界定。当经济社会发展处于初级阶段时，由于工业化过程的需要，大量资本投向产业领域，居民消费能力有限，从而制约了对创新产品的购买力度，随着居民收入的提高，居民对创新产品的消费能力逐步增强，当经济发展或财富积累到相当的程度，私人资本更愿意投向金融资产、房地产等财富形态，大量资本流向虚拟经济领域，就会减少对实体产业的投资，实体产业就会放慢产业创新的步伐，自主创新能力减弱，创新动力弱化。因此，虚拟经济和实体经济之间不是简单的相互促进的关系，而是存在一个最佳均衡点，使得虚拟经济对创新活动的正效应高于对创新活动的负效应。这就要求在宏观调控过程中把握这个最佳比例，一方面抓好实体经济，加大对新兴产业的财税支持力度，完善投融资体系，引导更多的资金投到实体产业中，尤其是投向高新技术产业、新兴产业领域，同时要抑制部分行业的产能过剩和重复建设，将培育新兴产业和提升传统产业相结合；另一方面抓好虚拟经济，进一步完善创新有关的金融制度，发挥金融市场的资本优化配置作用，积极为高新技术产业、新兴产业领域的商业化项目筹资，将资金引向产业创新领域；同时要加强对货币市场、资本市场、房地产市场的管控，严格控制金融风险，防范虚拟经济领域的过度投机行为，最终实现创新驱动实体产业发展。在此有力的支撑下发展虚拟经济，从而防止实体经济和虚拟经济的背离，弱化经济发展中的系统性风险，减少经济波动，提高经济增长的质量和效益。

6.2.6 国有企业与民营企业的互补关系

关于国有企业与民营企业关系的传统观念认为，民营企业与高新技术成长机制高度耦合，正是民营经济的持续创业活动催生了中国原始创新的能力，也使民营企业成为参与全球竞争的生力军，因此创新主体主要应当是民营企业。但在创新驱动发展战略和背景下，对于国有企业与民营企业的关系应当重新认识和界定。从一般通用技术理论出发，国有企业与民营企业应当是互补关系。一般通用技术理论是20世纪90年代以来在经济增长领域发展起来的一种增长理论，与传统的经济增长理论不同，它关注应用广泛而且能够推动其他部门技术进步的重大技术进步，这些技术应用和扩散面广、影响大，企业能在其基础上发展专有技术，开发新产品。国有企业的优势在于技术力量雄厚、规模大，相对来说可以不太顾及短期利润率的回报，而注重长远的战略性目标，在共性技术供给方面具有天然优势；而民营企业的优势在于机制灵活、敢于创新、敢于自担风险。因此应探索与国有企业在自主创新方面的合作形式，从而谋求双赢。一方面，充分发挥国有企业在创新中的示范作用，努力提高关键核心技术研发攻关的协同和集成能力，不断提高自主创新水平，重点突破具有战略意义的关键共性技术。构建多层次、网络化的创新创业服务体系，整合高等院校、科研院所和企业的研发优势，建立公共技术研发平台、公共技术服务平台，对产业共性的关键应用性技术进行联合攻关，解决高新技术企业快速发展面临的技术瓶颈；另一方面，充分调动民营企业科技创新的积极性和创造性，引导民营企业加大配套产品技术攻关和科技成果转化力度，在生产成套设备、提高产业集群竞争力方面发挥更大作用。

6.3 从观念创新到创新驱动体系：基本路径

随着中国经济发展进入新阶段，长期支撑中国经济增长的各项禀赋条件发生了变化，这意味着我国经济增长的核心动力必须加快实现从规模扩张向生产率提升的转变。这就要求我们加快探索创新驱动发展战略的实施路径，以新的眼界、新的思路和新的举措，在意识形态、体制环境、管理方式等制约创新活动和经济社会进步的深层次问题上实现新的突破，在创新动力、创新方式、创新内容和创新机制方面实现一系列的转型，从而加快构建创新驱动体系，以提高经济增长的质量和效益。

6.3.1 创新动力：从被动创新到主动创新

从实施创新驱动的动力来看，主要是实现从被动创新到主动创新的转型。过去的创新动力是在产业升级和产业转移大背景下，为适应工业化和城市化要求的“倒逼”而形成的。在这种背景下，微观主体进行创新活动的成本和收益不一致，进而造成作为创新主体的企业缺乏创新意愿，只在产业升级和转移的压力和倒逼作用下进行创新活动，这种创新从形式上说属于以政府为主体推动的创新，从本质上来说属于被动创新，缺乏内生动力；而要保持长期持续创新，就要变被动创新为主动创新，通过观念创新形成创新意识，还要通过政策层次的创新为创新活动提供保障，使制度正确，把激励做对，通过良好的机制设计改变过去微观主体的成本收益比，实现微观主体创新与宏观经济发展的激励相容，进而形成创新的内生动力，实现经济增长从依赖“人口红利”、“土地红利”等要素红利转变为依赖“创新红利”，进而实现经济长期可持续增长。

6.3.2 创新方式：从模仿创新到自主创新

从实施创新驱动的方式来看，主要是实现从模仿创新到自主创新的转型。创新驱动的实质是指推动经济增长的动力和引擎从主要依靠技术的学习和模仿转向主要依靠自主设计、研发和发明，以及知识的生产和创造（刘志彪，2013）。过去的创新方式主要是以技术引进为主的模仿创新，这种方式存在两个问题：一是随着中国科学技术不断发展，与发达国家技术差距不断缩小，甚至在某些领域已经达到技术前沿，通过模仿创新获得的边际收益逐渐缩小；二是由于引进的技术结构与本国的禀赋结构不匹配，客观上造成了技术结构偏离比较优势，从而难以形成产业发展的自生能力。要解决这两个问题，就要变模仿创新为自主创新，着力构建以企业为主体、市场为导向、产学研相结合的全面创新体系，最大程度推动本国禀赋结构、产业结构和技术结构的同步升级，实现经济增长的速度、质量和效益的最大化。

6.3.3 创新内容：从技术创新到全面创新

从实施创新驱动的内容来看，主要是实现从技术创新到全面创新的转型。过去的创新内容只强调技术创新，从创新活动的产生来看，技术创新的确是最早出现的创新活动，也是最主要和对经济社会发展作用最直接的创新活动。但随着传统社会向现代社会的转型不断深入，人们逐渐意识到创新不仅仅包括技术创新，也包括为技术创新提供环境保障的战略创新、体制创新和文化创新，还包括为技术创新提供来源的科学知识创新、为技术创新提供辅助手段的管理创新，以及为技术创新提供需求的产业创新和市场创新。因此，要最大程度推进技术创新，就要变技术创新为全面创新，构建一个包括观念创新、文化创新、战略创新、体制创新、政策创新、知识创新、技术创新、产品创新、市场创新和产业创新的全面创新体系，不断推动经济社会向前发展。

6.3.4 创新机制：从分离创新到协同创新

从实施创新驱动的机制来看，主要是实现从分离创新到协同创新的转型。在经济发展初期，创新机制主要体现为分离创新，创新主体、创新内容、创新要素和创新信息都是分离的，在这种机制下，不仅无法实现资源整合和信息汇聚，难以达成合作，甚至在一定程度上还会出现重复建设和资源浪费等损失。在经济发展进入新阶段、创新主体和创新活动不断增加的背景下，就要变分离创新为协同创新。协同创新是指创新资源和要素有效汇聚，通过突破创新主体间的壁垒，充分释放人才、资本、信息、技术等创新要素的活力，实现深度合作。协同创新既包括创新驱动体系中单个层次内部的协同，如知识创新和技术创新的协同，也包括创新驱动体系中不同层次的协同，如环境层次的体制创新、政策创新和实施层次的知识创新、技术创新的协同。因此，实施创新驱动的机制转型就是构建创新的协同机制，从而使创新主体形成合力，以实现资源整合，从而最大限度提高创新活动的投入产出比，实现经济增长数量、质量和效益的统一。

7 制度创新与中国经济增长质量

制度创新作为创新驱动战略的重要组成部分，是提高经济增长质量和效益的重要影响因素。本章通过对制度创新与中国经济增长质量的考察，指出过去制度创新过程中由于制度目标单一、设计方法僵化且评价机制缺失，导致收入分配、经济结构严重失衡，生态环境恶化，经济增长质量下降。我国应该在制度创新的过程中坚持创新目标全面性、设计方法科学性、创新思路完备性的原则，不断完善制度创新目标，转变制度创新主体的观念和政府职能，拓展制度创新的动力空间，提高中国经济增长质量水平。

7.1 现阶段制度创新的内涵及形成机制

制度是一个社会的博弈规则，是一些人为设计的、形塑人们互动关系的约束，可是学者们对“制度创新”并没有形成统一的认识[①]。汪丁丁（1992）较早在理论上对制度创新进行分析，不过他并没有进一步细分制度创新与制度变迁；杨瑞龙（1994）、贾根良（2003）也是将制度创新与制度变迁等同起来讨论中国经济体制改革问题。虽然周振华（1998）、周小亮（2001）、杨海清（2005）等学者把中国经济体制改革等同于制度创新的实践，但仍忽略了对制度创新内涵的准确界定。王艾青（2005）在讨论技术创新、产业创新和制度创新三者关系时，认为制度创新就是为了提高对经济活动的激励水平以及降低交易成本而对规则体系进行的调整与变迁，虽然这一概念包含对旧有制度进行变革的要求，但也没有把制度“创新”的内涵表现出来，而且受研究对象的限制，也没有说明制度创新和制度变迁的区别。

制度变迁是人类施加给人类交互作用关系的结构性变化，其目的是达到某种合意的结果（North，2005）。但是该定义中并没有突出市场主体能动性在制度结构性变化中的积极作用，这正是制度创新区别于制度变迁的核心。制度创新应该是指市场主体为了特定目标，依靠其主观能动性对现有社会博弈规则或者人们之间互动关系的约束机制进行调整或设计的过程。

与制度变迁相比，制度创新主要有以下几点不同：①对引起制度变革的动力认识不同。新制度经济学强调相对价格的根本性变化是构成制度变迁的重要来源（North，1990），演化制度学派认为制度变迁是一个历史演进过程，通过自发演化形成；而制度创新强调市场主体的主观能动性，强

① 在分析制度变革的过程中，国外研究人员偏重于使用制度变迁的概念，而国内学者更多采用制度创新的提法，所以这里主要梳理国内学者对制度创新内涵的讨论。

调短期内市场主体为了特定目标而对当前制度进行的调整和设计，特别是在认识到现有制度存在严重缺陷的条件下，为了某种合意的目标，依靠主观能动性有意识地或者有指向性地对当下制度安排进行调整和设计。②对实现制度变革的方法认识不同。制度变迁主要通过演化形成，变迁的结果是演化过程众多均衡解中的一个，是人们随机选择的结果；而制度创新认为制度变革是依靠主观意识“设计”完成的，是市场主体凭借主观能动性在已知制度均衡解的情况下对制度安排进行调整，而且调整和设计的过程一般分为两个步骤，一是矩形法（简称 RM）步骤，二是截线法（简称 TM）或压缩法（简称 CM）步骤（Hurwicz & Reiter，2006）。③对制度变革结果的认识不同。制度变迁的结果具有稳健性和不可逆性。制度变迁是相对比较漫长的历史过程，是经过长期博弈和演化形成的符合人们预期的制度安排，变迁一旦形成将表现出长期的稳定性，且原有制度往往被永久替代；但制度创新是市场主体发挥主观能动性对旧有制度的调整，由于信息不对称，可能存在制度创新与文化、观念的冲突，不仅无法对各方利益进行调节，还会引起制度创新结果与预期目标背道而驰，甚至对经济社会的稳定性产生较大冲击，造成旧制度的回归，最终导致制度创新的失败。

虽然制度创新的结果具有不稳定性，甚至是可逆的，但这并不意味着制度创新的过程和结果是不可控的，在特定条件下，可以通过逐步完善制度创新的方法和流程来降低创新风险。完整有效的制度创新至少应该包含三方面内容：第一，制度创新目标的确定，即为实现什么目标而对现有制度安排进行设计和调整，只有明确了制度创新的目标，才能吸引相关利益主体参与制度创新的过程，激发他们的主观能动性，为制度设计提供充分的信息资源和人力资本支持，为制度创新顺利进行提供基础条件。第二，对制度设计方法的创新。由于社会制度结构具有多样性，且随着经济发展阶段的变化，制度创新面临的问题与环境也不尽相同，需要根据不同环境对制度设计的方法进行创新，以适应相应环境的需求，从而使创新后的制度能够满足资源有效配置、信息充分利用、激励相容三个基本条件，为其实施提供保障（田国强，2003）。第三，对制度创新结果的评价与分析，即通过构建指标体系对制度创新的经济效应和社会效应进行评价，分析制度创新目标设定以及设计方法是否存在问题，并根据分析结果对制度创新过程进行修正，以保证创新的制度能够对经济主体的行为形成有效约束，最大程度实现预期目标。这三方面内容构成了一个有机的整体，制度目标创新是设计方法创新与结果评价的前提，方法创新又为制度创新目标的实现、创新结果的客观评价提供支撑，而制度创新结果的评价与分析为制度创新目标和方法的完善提供现实依据，三个环节有效衔接，构成了制度创新的整个过程，最终决定了制度创新目标能否顺利实现。

7.2 制度创新对中国经济增长质量影响的历史考察

中国改革开放的过程可以说就是一个制度创新的过程，其核心就是要把经济制度从计划经济体制向社会主义市场经济体制转变，以实现快速发展经济的目标。实践表明，中国经济增长能够持续三十余年且年均增长超过8%，经济总量从2011年超越日本跃居世界第二，这其中除了投资对经济增长的贡献外，经济体制改革也为其提供了强大的动力支持（钟昌标等，2006）。正如国务院总理李克强同志强调的，改革就是中国最大的红利。制度创新在推动中国经济社会全面发展过程中发挥着巨大作用，但也应该看到，虽然以经济体制改革为核心的制度创新推动了中国经济总量的快速增长，可制度创新活动的逐渐滞后却在一定程度上加剧了经济增长数量与质量的不一致，具体来看主要表现在以下几个方面：

7.2.1 制度创新目标维度较少，导致经济增长效率下降，生态环境代价逐渐上升

自1978年改革开放以来，地方政府在落实党中央“以经济建设为中心”的战略方针过程中，几乎把制度创新的目标全部集中在促进经济总量增长之上，用经济增长率作为绩效考核的主要指标，结果使地方政府的各项制度创新工作都在试图激励短期增长要素，而忽视了对长期增长因素的培育，特别是缺乏对技术创新的激励与支持，致使技术创新无法成为经济增长的主要动力，严重限制了经济增长效率的提高。王小鲁等（2009）通过实证研究发现，改革开放30年资本驱动增长模式并没有得到有效改变，技术创新对于经济增长的贡献度相对较低。与此同时，经济增长效率也出现了不同程度的下降，尤其是在1992—2000年，经济增长效率下降超过50%（Zheng et al，2009）。另外，由于在制度创新过程中忽视了对资源与

生态环境的保护，对经济主体对资源环境的利用缺乏有效的约束机制，造成能源和资源的浪费，生态环境代价不断攀升；有研究成果显示，随着中国经济总量持续增长，因环境污染而形成的环境退化成本年均增长速度保持在6.5%左右（李娟伟、任保平，2011），我国46.5%的河水受到不同程度的污染，90%以上的城市水资源状况严重恶化，3亿多中国人饮水不合卫生标准（苏楗芳等，2011）。受制度创新目标维度有限的影响，在缺乏有效制度激励的情况下，我国高污染、高耗能的资本驱动型经济发展方式无法实现成功转型，最终导致经济总量的增长并没有促进生产效率的提高和生态环境的改善。

7.2.2 制度创新方法僵化，导致经济结构失衡

我国经济体制从计划向市场经济的转变，实质上是政府主导的强制性制度创新过程，政府作为市场参与者和裁判员，通过自上而下的方式推进经济体制改革的相关政策和措施，这种顶层设计的制度创新方式使中国经济体制用了不到三十年时间走完了西方发达国家需要百年才能走完的历程。但是这种强制性制度创新是以政府强有力的市场干预为基础，尤其是在要素市场上，往往通过价格扭曲、财税偏向政策甚至直接行政干预，将生产要素配置到那些短期增长效应较强的部门和行业，结果造成了经济结构的严重失衡，尤其是从2004年开始，各地政府积极采取措施发展房地产行业，虽然实现了经济快速增长的目标，但却引发了钢铁、水泥等行业的产能过剩，产业结构失衡加剧。而且房地产行业的快速发展强化了资产价格上涨的预期，导致价格信号无法反映市场经济的基本面，这又引发政府对市场新一轮的干预，特别是过去一段时间频繁的货币与财政政策调整，不仅加剧资本市场投资结构失衡，还限制了价格波动对实体经济结构失衡的调整。除此之外，政府主导的制度创新往往无法获取市场微观主体的有效信息，导致制度供给与需求出现较大偏差，造成了社会资源大量浪费，最终影响制度创新目标的顺利实现；比如为升级产业结构、调整经济结构，部分地区在盲目推进战略性新兴产业发展规划的过程中，由于未能充分考虑市场研发和消费环节均在国外等市场信息，导致新能源产业产能相对过剩，当2011年整个行业面临反倾销调查时，该产业发展面临严峻挑战。随着经济发展阶段的变化，政府主导型制度创新的弊端日益明显，且

政府部门并没有根据经济发展阶段的变化对制度创新方式做出相应调整，导致过去一段时间制度创新的实践活动对经济结构的调整无法发挥积极作用，从而影响了我国经济增长质量的提高。

7.2.3 制度创新评价机制缺失，导致经济增长成果分享性较差

在政府主导的制度创新模式下，各地政府在市场化改革过程中基本上是把经济总量增长作为衡量制度创新绩效的指标，一定程度上忽略了对经济增长成果分配的评价，结果导致我国收入分配差距扩大的趋势无法得到及时抑制，成为制约经济增长质量提高的主要障碍之一。相关研究结果显示，经过三十年改革开放，我国经济总量快速增长，2012 年是 1978 年的 24 倍（按照 1978 年不变价格计算），可是全社会总体基尼系数从 1981 年的 0.29 增长至 2004 年的 0.44，2007 年更是达到 0.48，连续多年超过 0.4 的国际警戒线（何其春，2012）；地区收入分配差距也在逐年扩大，2011 年人均收入最高地区竟然是同期最低地区的 5 倍。收入差距的扩大已经对我国政治体制和社会环境产生了深远影响，尤其是城乡收入差距的扩大，在控制其他影响因素之后，城乡收入差距扩大通过影响犯罪率提高了社会成本（陈春良、易君健，2009）。也正是在这样的背景下，中央政府从 2011 年开始把建立健全收入分配体制提上日程，并把它作为深化市场经济体制改革的一项重要内容。但关键问题是如何把经济增长成果分享性纳入制度创新结果评价体系，以及如何在现有收入分配体制上进行制度创新。而这些问题的有效解决都依赖于对当前经济增长成果分配的全面客观评价，并针对政府收入分配体制制度创新过程中存在的问题进行调整，使经济增长成果的分享性逐步提高，为我国经济增长质量的提高提供制度保障。

7.3 制度创新提高经济增长质量的逻辑机理

制度创新作为影响经济发展的重要因素，对经济增长质量的提高起着重要作用（任保平，2012）。通过对我国改革开放以来制度创新与经济增长质量的历史考察，可以看出在逻辑层面上，制度创新主要从以下几个方面对经济增长质量产生影响：

7.3.1 制度创新目标设定是提高经济增长质量的前提

任何时候制度创新都有其预期目标，这不仅是创新主体选取创新方法的依据，更重要的是它为经济主体指明了经济和社会发展的方向。在当前我国特殊的经济发展阶段，制度创新目标的设定就是根据经济增长质量的内涵对我国目前经济制度创新的目标进行调整和完善，主要是要求经济制度的创新在促进经济总量快速增长的过程中能够有效约束市场主体实现提高经济增长效率、优化经济结构、稳定经济增长、提高居民福利水平、降低生态环境代价等目标。可以看出，除了促进经济总量增长，还有五个方面也构成了当前制度创新的主要目标：①把提高经济增长效率作为制度创新的目标，是因为增长效率的提高为经济长期增长提供动力来源，为改善居民福利和生态环境提供物质基础；②通过制度创新调整经济结构是为了优化资源配置，为经济增长效率的提高创造条件；③把稳定经济增长作为制度创新的目标，是为了防止经济过热和下滑引起市场价格机制失效，造成要素资源的错配，同时也是防止收入分配差距扩大的重要途径；④制度创新的目标必须包含提高居民福利水平，吸引市场微观主体积极参与制度创新的过程，否则，就会影响制度创新的实施成本，甚至造成制度创新的失败；⑤通过制度创新约束经济主体积极保护生态环境，提高能源利用效率，是为了降低经济增长的生态环境代价，实现经济社会与生态环境的可持续发展，实现整个经济、社会系统与自然系统的和谐统一。所以，只有在制度创新目标与经济增长质量内涵相一致的条件下，才能利用对应制度安排逐步规范市场主体，促使他们的经济活动都能够围绕提高经济增长质量的目标而进行。

7.3.2 制度创新方法选择是提高经济增长质量的条件

在确定了制度创新目标之后，采取何种方法实现制度创新目标就显得尤为重要。过去为了加快经济体制转型、实现经济跨越式发展，中国主要以政府为主导，采取自上而下的强制型方式。可是随着制度创新目标的转变，为提高经济增长质量，制度创新在方法选择上也需要调整，尤其是在多维目标条件下，需要针对不同维度的具体目标选择对应的创新方法。比如，为提高经济增长效率，需要结合系统论研究方法，调整和完善国家创新体系，提高科技创新对经济增长效率的促进作用；为提高收入分配的共享性和公平性，应该在充分研究现有分配制度存在的问题与缺陷的基础上，借鉴产权、契约等理论对其进行创新，构建能够实现效率与公平目标兼顾的社会福利分配制度；为实现改善经济结构和稳定经济增长的目标，需要将现阶段经济发展特征与总供求管理理论结合起来，对我国财政、货币等宏观管理制度进行创新，逐步提高政府宏观调控的效率；要改善生态环境和社会环境，核心问题在于将经济活动外部成本内生化，这就需要借鉴规制经济学和信息经济学的分析方法，对现有环境和能源管理政策进行创新，通过调整、完善现有政策管理体系激励并约束经济主体在实现收益最大化的过程中加大投入，改善生态环境。另外，经济增长质量各维度之间相互制约相互影响，这就决定了围绕经济增长质量各维度进行的制度创新并不是孤立的，需要借鉴系统论或者系统工程学等研究方法提高不同维度的制度创新之间的协同性和耦合性，既达到降低制度创新成本的目的，又能够提高制度安排的适应性。因此，无论是针对经济增长质量各维度进行制度创新，还是保证制度创新整体的协调性，制度创新方法的选择始终是解决上述问题的必要条件。

7.3.3 制度创新结果评价是提高经济增长质量的保障

为准确判断制度创新的目标设定是否合理、方法选择是否得当，以及经济增长质量是否得到有效提高，需要构建相对科学、全面的结果评价体系。受经济发展阶段的限制，在过去改革开放过程中，我国政府主要是从产出和利润增长视角评价经济制度的创新，这为国民收入在短期快速实现翻番提供了保障；可是随着人均收入水平的不断提高，以产出和利润增长为核心评价制度创新显然不够全面，也不能科学地反映创新主体追求经济全面发展的愿景。根据我们对制度创新内涵的界定，在当前努力提高经济增长质量的背景下，结果评价作为整个制度创新活动的重要组成部分，不仅能够判断制度创新是否提高了经济增长质量，还是创新主体探寻制度创新影响因素、优化创新方法的重要依据。根据经济增长质量的基本内涵，对制度创新的结果评价应该包含六方面内容：第一，在当前潜在经济增长存在下滑趋势的条件下，制度创新，尤其是深化经济体制改革的各项措施，是否释放了制度红利，推动经济总量持续增长；第二，科技创新领域的制度建设与完善是否提高了科技创新成果的原创性以及科技创新对经济增长的贡献；第三，国家产业发展战略以及相关政策的调整是否优化了当前失衡的经济结构；第四，收入分配体制的建设是否缩小了收入差距，提高了全体居民对经济长期增长成果的共享性；第五，在环境以及能源领域，相关立法以及管理政策的调整与完善是否有助于改善我国生态环境、提高各种能源利用效率；第六，也是非常重要的一个环节，就是要评价不同领域调整后的制度安排之间是否实现了高度耦合，并将各领域的最终评价结果反馈给相关创新主体，帮助他们分析制度创新的影响因素，找出目标设定以及设计方法选择过程中存在的问题，以便及时调整制度创新过程，保证国家整个制度体系沿着提高经济增长质量的方向不断创新。因此，对制度创新的结果进行科学全面的评价，能够为经济增长质量的提高提供最有效率的制度安排，为经济发展战略目标的实现提供制度保障。

7.4 提高经济增长质量的制度创新的基本原则

通过对制度创新与经济增长质量之间的理论分析，结合对中国经济实践的现实考察，在现阶段收入差距持续扩大、经济结构全面失衡、生态环境日益恶化的背景下，要实现提高我国经济增长质量的发展目标，制度创新就必须根据经济增长质量的内容，在政府主导下，调动企业和居民的主观能动性，采取科学的设计方法对当前经济发展、收入分配以及生态环境保护等领域的制度安排进行调整或重构，并利用客观全面的经济增长质量评价体系对现有制度目标和设计方法进行修正，保证重构的制度体系能够为提高经济增长质量提供最有效的激励与约束机制。但是要保证制度创新的成功，就应该在当前政府主导的制度创新过程中坚持以下基本原则：

7.4.1 制度创新目标设定要体现全面性

制度创新目标设定的全面性就是要保证创新的制度安排能够体现创新主体的要求，尤其是在创新主体预期收益为多维空间的条件下，保证制度创新的目标最终反映创新主体在每个维度上的诉求。具体就是按照提高经济增长质量的要求，加大科技创新的政策支持力度，提高科技创新对经济增长的贡献，促进经济数量和效率的提高；通过创新环境规制安排，约束市场主体对资源生态环境进行保护；建立健全收入分配体制，逐步提高经济增长成果的分享性；积极调整产业发展政策，促进经济结构优化升级。可是，正是由于过去制度创新的目标主要是以实现经济数量快速增长为核心，而忽视了对生态环境、收入分配等方面的调节，导致我国经济增长质量与数量长期不一致。要提高经济增长质量，就必须保证制度创新目标的设定体现全面性，要把制度创新目标从一维拓展到多维，全面涵盖经济增长质量的各个维度，把促进经济总量持续增长与生态环境保护、收入分配改善以及经济结构优化升级等内容整合起来，纳入统一的目标设定框架之中，使制度创新目标设定能够满足各方创新主体的基本利益需求，这样才能保证创新的制度安排有效约束市场主体行为，调动市场主体主观能动性，为制度创新目标的快速实现提供条件。当然，经济增长质量对经济发展的要求并不是一成不变的，这就需要制度创新目标的设定应该根据经济增长质量内涵与外延的变化而不断调整，始终确保制度创新的目标是对经济增长质量内容的“全覆盖”。

7.4.2 制度创新方法要体现效率性

制度创新方法的效率直接决定了制度安排的适应性，主要体现为创新的制度安排对经济主体的激励与约束程度，以及对经济增长质量的影响。中国改革开放过程中，制度创新的方法主要是政府自上而下的强制性制度变迁，虽然实践证明这种制度创新方式适应了当时中国经济发展阶段的要求，不仅实现了经济体制的成功转型，而且推动经济持续三十余年的高速增长。但也应该看到这种制度创新方式产生了高昂的生态成本和社会成本，在追求经济总量快速增长的背景下，经济主体仅仅关注制度安排对增长效应较高因素的激励，而忽视了对增长过程的约束机制的建设，导致社会成员为了追求经济增长不惜牺牲资源环境，而且一些违背市场经济基本原则的行为，如忽视信用风险、食品安全等，导致了经济增长社会成本的快速上升。过高的社会成本和环境成本要求在经济增长过程中必须重新审视制度安排的效率，这就需要通过改进制度创新的设计方法，使各项制度安排对经济主体的经济活动形成有效约束，达到提高制度创新效率的目的。在当前提高经济增长质量的目标要求下，制度创新方法要体现出效率性，就是要根据经济增长质量多维度目标，采取科学的设计方法，降低创新主体信息的不完备性，提高信息共享程度，使制度创新的结果能够满足各方主体的目标需求，同时保证制度创新的效率，发挥制度安排对经济主体行为的激励与约束作用，使经济主体在追求经济效益最大化的过程中，注重对生态效益和社会效益的投入，促进经济增长质量得到有效提高。

7.4.3 制度创新思路要体现完备性

制度创新思路的完备性要求创新主体要提升对制度创新过程的认识，不能把制度创新仅仅理解为在既定目标框架下对现有制度安排进行调整或者重构的一种行为，而是把制度创新看成是一个连续的过程，即根据创新主体的目标期望对现有制度安排进行调整或者重新设计、评价与分析制度创新结果、反馈评价与分析信息结果、调整与完善制度创新过程的循环过程。我国在过去经济体制改革的过程中，一方面参照发达国家市场经济制度，另一方面立足经济发展的初级阶段，通过自上而下的渐进式方式推进制度创新，逐步完善市场化改革进程，最终实现了经济体制从计划经济向市场经济的快速转变。但政府管理部门将制度创新的过程主要局限于建立与西方成熟经济体相一致的市场经济基本制度，却忽视了制度创新结果的评价、信息反馈以及调整完善等环节，导致目前的市场经济制度对分配和消费领域的调节作用明显滞后于对生产领域的调节，造成经济增长数量与质量的严重背离，尤其是在制度创新过程中缺乏对制度创新结果信息反馈机制，使经济增长过程中生态环境代价上升、经济结构严重失衡等信息不能及时反馈到制度设计者手中，导致政府对市场经济制度的调整和修正明显滞后，加剧了经济增长质量水平的下降。所以，确立以提高经济增长质量为制度创新目标后，要准确把握制度创新的完整思路，注重制度创新设计、评价以及反馈的每一个环节，通过适时的评价与信息反馈机制，及时对制度创新目标和设计过程中存在的问题进行纠正，确保经济制度的创新始终沿着提高经济增长质量的方向推进。

7.5 提高经济增长质量的制度创新路径

制度创新作为创新驱动发展战略的重要组成部分，是影响中国经济增长质量和效益的重要因素。在当前经济结构失衡、收入差距过大、环境污染严重的背景下，需要从目标设定、人力资本、创新动力等方面为制度创新提供支撑，促进中国经济增长质量的提高。

7.5.1 依据经济发展阶段的要求，拓展制度创新的目标

如前所述，提高经济增长质量除了包含经济数量上的增长外，还要求资源环境得到保护和可持续开发、收入分配差距不断缩小、经济结构逐渐升级。所以，除了把促进经济增长作为制度创新目标之外，还应该突出资源环境保护、收入分配改善、经济结构优化等内容，一方面要对资源环境方面的立法进行调整和完善，强化其对经济主体行为的约束，通过约束与激励机制控制环境污染、提高资源利用效率，以法律制度创新实现降低经济增长资源环境成本的目标；另一方面，加快收入分配体制建设，在兼顾分配效率的同时，把促进收入分配的公平作为收入分配体制创新的核心，强化税收、转移支付、社会保障等二次分配调节收入分配的作用，保障全体居民能够充分享受经济增长的成果；再者，结合当前经济发展阶段，依据资源禀赋变化趋势、创新经济和产业发展战略与政策，通过激励与约束机制调节要素分配，促进经济结构的优化升级，为经济增长质量的提高创造条件。

7.5.2 转变创新主体观念、提升人力资本，完善制度创新的方法和思路

在新制度经济学家看来，观念作为文化的重要组成部分，是制度创新的源泉之一，而人力资本水平的高低直接关系到制度创新思路和方法的选择，影响制度创新层次以及实施的结果。从追求经济数量增长到追求经济增长质量提高，体现的是发展观念和思路的转变，这决定了制度创新主体的观念也应随之调整，从单纯追求经济数量增长的制度创新向追求经济、生态、社会全面协调发展的制度创新转变，通过制度激励和约束机制影响经济主体行为，把经济活动中的生态成本和社会成本限制在维持经济、生态、社会三者可持续发展的水平。同时，积极采取教育、培训等方式，强化对制度创新主体人力资本的提升，特别是强化创新主体对制度设计理论和方法的学习，包括掌握获取相关利益主体信息集的方法，以及构建全面评价制度创新绩效的方法等，从而保证创新的制度能够发挥最有效的激励和约束作用，引导经济主体的行为沿着提高经济增长质量的方向不发生变

化。另外，积极拓展创新主体对制度创新流程的认识，鼓励创新主体对制度创新理论进行研究，为修正和完善现有制度安排和制度创新过程提供理论指导，为中国经济增长质量的提高提供最有效率的制度保障。

7.5.3 加快政府职能的转变，优化制度创新主体结构，拓展制度创新的动力空间

以政府为主导的强制性制度创新模式为中国经济制度的成功转型提供了保障，政府作为制度创新的主体发挥着主要作用。但是随着市场经济制度的确立和发展的深化，企业和居民在市场经济中的地位也迅速提升，依靠政府主导的制度创新模式已经无法适应提高经济增长质量的诉求，要保护生态环境、降低社会成本，已离不开企业和居民的积极参与，所以在制度创新的过程中要把政府、企业、居民的作用有机结合起来：一是政府在制度创新过程中要依据经济发展趋势和发展阶段基本特征，从“强制性”制度创新向“辅助性”制度创新过渡，在经济发展阶段变化的过程中，市场信息越来越难于以被政府掌握，在信息不充分的条件下，强制性的制度创新对经济增长质量的影响越来越大，过去一段时间政府主导的房地产、新能源行业不仅加剧了经济结构的失衡，也使资产价格出现大幅波动，严重影响经济增长质量的提高，所以应改变政府主导型的强制性制度创新模式，通过提供信息、搭建平台、保障权益等方式辅助并鼓励企业和居民参与制度创新的整个过程；二是企业和居民要主动参与制度创新过程，成为制度创新的主要动力。制度影响的是市场主体的行为，企业和居民作为制度激励与约束机制的承受者，对制度安排存在的问题认识最清楚、最深刻，而提高经济增长质量的制度创新的最终受益者也是企业和居民，他们应该最有“意愿”通过制度创新实现自己的预期收益。企业、居民参与制度创新过程之后，将充分显示资源环境保护、收入分配调整以及生产和消费结构转换过程中的相关信息，这些信息经过搜集、统计与处理，就为制度创新提供了依据。当然在制度创新过程中，政府要发挥积极的引导作用，保证制度创新的过程始终沿着提高经济增长质量的方向推进，确保政府、企业、居民在制度创新过程中形成良性互动，充分实现信息共享，为制度创新的成功提供人力、物力、财力保障，为落实创新驱动战略、提高经济增长质量提供有力支撑。

8 组织能力创新与中国经济增长质量

组织创新是组织保持活力的一个重要手段。组织创新行为通过经济增长的效率、经济增长的稳定性、资源利用和生态环境代价三个维度驱动经济增长质量的提高。由于组织创新是一个打破旧的组织系统、建立新的组织系统的过程，在旧系统被新系统替代的过程中，必然出现无序状态，制约中国经济增长质量的提高。本章在对组织创新驱动经济增长质量提高的机理进行分析的基础上，分析组织创新无序状态对中国经济增长质量提高的约束，并提出组织创新驱动中国经济增长质量提高的路径。

8.1 组织和创新

组织的概念最早是由英国著名经济学家马歇尔提出的。马歇尔在其1890年出版的《经济学原理》一书中，把组织列为一种能够强化知识作用的新的生产要素，其内容包括企业内部组织、同一产业中各种企业间的组织、不同产业间的组织形态，以及政府组织等。随着组织概念的提出，相关研究不断展开，其中新制度学派对该问题的研究是最具有代表性的。新制度学派的代表人物科斯曾提出“组织为什么存在”的问题。科斯指出：“市场的运行是有成本的，通过形成一个组织，并允许某个权威（一个‘企业家’）来支配资源，就能节约某些市场运行成本。”企业组织的规模会稳定在交易成本与组织成本达到均衡的水平上。科斯解释了组织出现的原因，但并没有给组织下过定义。新制度经济学派的另一位代表人物诺斯给组织下了明确的定义：“组织包括政治团体（政党、参议院、市议会、行政机构）、经济团体（厂商、工会、家庭农场、合作社）、社会团体（教堂、俱乐部、体育协会）和教育团体（学院、大学、职业培训中心）。这些是为达到目标并受某些共同目的约束的个人团队。”

8.1.1 组织的产生与存在具有内在的合理性

如上所述，组织的出现是由于组织相对于市场而言，可以在更低的交易费用下运行；但是除了市场和组织以外，还存在非组织活动、个体活动、无组织的群体活动，以及松散、流动的人际关系等交易实现形式，相对于其他交易实现形式而言，组织也有其产生和存在的合理性与优越性。

与非组织相比，组织在进行社会生产与生活等事务方面表现出了明显的优势。现代社会呈现出高度组织化的趋势，社会化的重要特征是组织化，人类社会已成为一个组织的社会。人的学习、工作活动是在学校、企业、机构等组织中完成的。即使是休闲活动，也是通过组织提供的服务，借助组织的中介实现的。组织的普遍化反映出了组织的真实效用与生命力。

与个体活动相比，组织创造了作为“集体力”的新的扩大了的生产力。组织内部的分工与协作将分散的生产要素整合为社会化的生产要素，形成了专用的固定资本与人力资本，产生了大于个别生产要素总和的系统生产力，强化了社会分工与交换的体系。

与无组织的群体相比，组织较容易克服集体行动的“搭便车”问题，具有共同行动的动力机制。奥尔森认为，在争取集体利益的活动中容易出现因“搭便车”心理而无人行动的局面。比较而言，在正式组织中，特别是在小规模组织中，有效的监督与激励机制对于齐心协力、共同奋斗是一种有利的制度安排。

与松散、流动的人际关系相比，组织内部能够比较好地建立与巩固信用关系，提高交换与交往的信誉、地位。信用是交换与交往的基础，它保证了社会生活的正常秩序。一般来说，信用在较为稳定、长久的人际关系中更容易培养与建立起来。个体在组织中要遵守契约约定，成员相互接触频繁，并且关系相对固定与持久，这都有利于发挥信用的约束力，增加组织的凝聚力与活动效率。

8.1.2 创新的开展与实现离不开组织的参与

组织是建构社会的重要因素，也是改造社会的重要力量。创新属于创造性的社会实践，是改造社会的主要形式，组织对于创新的开展与实现起着基础性的作用，创新需要组织的参与，组织是创新的制度保证。组织对于创新的意义主要体现在以下三点：

(1) 组织具有创新所需要的资源能力。创新是需要资源投入的活动，随着现代创新的科技含量越来越高，难度越来越大，对资源投入的要求也越来越高，组织的资源实力和融资能力使其占据创新主体的绝大部分。创新是一项高度复杂的活动，需要依靠严密的分工、群体的力量，在现代创新中，即使是前期的研究工作，很多也不是仅仅依靠个人能够完成的。组织是具有一定规模的活动实体，组织本身就是为实现一定目标设计的，组织的规模和能力使其能够进行分工与协作，满足实现创新目标的要求。在追求速度的环境中，创新的策划、生产、推广等过程必须同时启动、分头展开，只有组织才能够把一项任务分解为若干单元同时展开。

(2) 组织具有抗衡创新风险的承受能力。创新是有着高度不确定性的活动，投入与产出是不对称的，高投入未必有高产出。个人不仅难以支付创新的投入，也难以经受创新的挫折。组织是具有一定实力的实体，它可以把自己的资源分散用于不同内容与风险程度的项目，以此来分散风险。

(3) 组织具有创新扩散的品牌效应。创新只有通过扩散才能产生社会效益。消费者对新产品都有一个信任的过程，这种信任既来自新产品本身的性能与质量，也来自生产者的信誉。新产品的信息只有在使用后才能确知，而生产者如果形成了品牌，它的信息已经被消费者掌握，也就是说品牌效应对于扩散有着重要的意义。品牌的培育需要很长的时间，而个人的生命周期与生产周期是相对短暂的，这就要求品牌必须依附于组织。组织并不因创始人或领导人的生命消逝而消逝，也并不因人员的流动与退出而终结。组织是品牌的载体，对于创新扩散具有很大的影响力。

8.2 组织创新驱动经济增长质量提高的机理分析

8.2.1 经济增长质量的理论界定

经济增长质量是一种规范性的价值判断，对其内涵的界定也是见仁见智。本章对经济增长质量的界定采用任保平（2012）的观点，认为经济增长质量是经济的数量增长到一定阶段的背景下，经济增长的稳定性提高、效率提高、结构优化、创新能力提高、福利分配改善，从而使经济水平能够长期得以提高的结果。质量型增长反映的是经济增长的优劣程度，其特征有：提高经济增长过程中投入与产出的质量、提高人民的生活水平、合理利用资源和保护环境、公平利用资源。对经济增长质量的衡量可以从经济增长的结构、经济增长的效率、经济增长的稳定性、资源利用和生态环境代价、福利变化与成果分配，以及国民经济素质六个维度进行。

8.2.2 组织创新驱动经济增长质量提高的机理分析

组织的创新在于更新组织系统，使之制度化，从而提高交易框架的有效性，即交易规则的稳定性和实现交易的完整性。组织创新是保持组织活力的一个重要手段，在组织是开放有机体的前提下，组织必须随着内在及外在环境的变化进行调整与改变。对内的调整目标为改善组织成员的态度与行为、提升组织文化，实现组织系统的制度化；对外的调整目标为使内部组织的优势更好地在外部环境中体现出来，使组织稳定成长。

组织的创新行为不仅使组织保持活力，最终还将通过一定的传导机制作用于整体经济质量的提高。下面以组织中最具代表性的企业为例，分析企业创新对经济增长的效率、经济增长的稳定性、资源利用和生态环境代价三个维度的影响，阐释组织创新推动经济增长质量提高的机理。

(1) 组织创新驱动经济增长效率的提高。组织创新有利于高效率整合生产要素，改善资源配置状况，降低国民经济中间消耗，从而提高经济增长效率。一方面，从资源配置来看，经济增长中不同要素之间存在生产率的差异，如果生产率较低的部门占据了过多的资源，那么整个经济运行的效率就不会太高。企业通过创新，使资源从生产率增长较慢的部门向生产率增长较快的部门转移，提高资源在部门间的配置效率，能够促进整体经济增长效率的提高。另一方面，从国民经济中间消耗来看，不同要素所使用的中间投入是不同的，如果中间消耗很高的要素占据了过高的比例，那么整个经济运行需要的资源投入就会过高。企业通过创新，采用新技术，更新生产流程，调整要素构成，降低国民经济的中间消耗率，能够提高经济增长的效率。

此外，组织创新还可以提高组织内部运行的效率，实现外部经济效应的内部化，从而提高经济增长的整体效率。企业通过创新，对内形成有效的激励机制，改变组织成员的态度与行为，提升企业文化，实现企业系统的制度化，提高企业内部运行的效率；对外使内部组织的优势更好地在外部环境中体现出来，降低经济活动中的不确定性，形成对外部经济效应的稳定预期，推动外部经济效应的内部化，减少经济增长的负面影响，促进经济增长效率的提高。浪费和过度消耗资源、污染环境、破坏生态平衡等有违经济增长质量提高的现象，往往都是经济活动中外部经济的表现，企业通过创新制度安排，使外部经济效应内部化，能够促使经济主体的行为符合提高经济增长效率的要求，降低为实现经济增长所付出的交易费用，提高经济增长的整体质量。

(2) 组织创新驱动经济增长稳定性的增强。组织创新有助于抑制经济增长的大幅波动，保持经济增长的稳定性，从而提高经济增长的质量。企业发展的状况在很大程度上决定着经济增长数量的波动状况，如果企业发展的结构失衡比较严重，就会引发和强化供求总量方面的矛盾，从而形成大幅度的经济波动。企业通过创新，不断协调各要素之间的比例，供求失衡的状况就会改善，造成经济增长数量剧烈波动的结构性矛盾就会弱化，经济增长的稳定性就会增强，经济增长质量从而获得提高。中国经济持续高速增长过程中出现的剧烈波动，非常重要的一个内在原因就是产业结构的失衡。当产业结构性矛盾发展到一定程度时，长期积累的供求矛盾就会爆发，经济形势就会持续走低，此时政府不得不从宏观上放松对经济的控制，而经济系统内部存在的强烈扩张冲动和投资倾向又可能造成投资需求迅速增长，出现经济过热和通货膨胀，此时政府又不得不采取紧缩政策，由此导致经济的大起大落。如果企业的发展得以优化，那么产业结构的失衡状态就会得到改善，经济增长各要素之间的矛盾就会弱化，相互之间的关联程度和结构聚合质量会提高，从而供求总量关系实现相对的平衡，经济的大幅度波动受到抑制，经济增长的稳定性增强，经济增长的质量提高。

（3）组织创新驱动资源利用和生态环境代价的合理化。组织通过创新对经济增长质量的提高施加约束条件，抑制经济主体破坏生态环境的机会主义行为，从而降低经济增长的代价、提高经济增长的质量。首先，企业通过创新，按照提高经济增长质量的规范形成新制度，把对自身利益最大化的追求限制在一定范围内，从而避免浪费资源、污染环境、破坏生态等机会主义倾向，降低经济增长的代价。其次，企业通过创新，形成提高经济增长质量所要求的技术规范、框架以及行为准则等制度，从而使经济增长质量的提高具有度量标准。再次，企业通过创新，减少信息成本，规范行为主体的关系，降低经济活动中不确定性，减少阻碍行为主体合作的因素，使行为主体个体的环境理性转化为集体的环境理性，通过合作优化资源配置、降低生态环境代价。最后，企业通过创新，建立有效的监督与激励机制，避免“搭便车”问题和外部不经济问题，使企业更加注重资源的节约和生态环境的改善，从而降低经济增长的成本，提高经济增长的质量。

8.3 组织创新对中国经济增长质量提高的约束

组织创新是一个打破旧的组织系统、建立新的组织系统的过程。旧系统的打破是一个放热过程，而新系统的形成是一个吸热过程，所以组织创新的过程必然是一个艰难的过程。所有旧系统的打破、新系统的形成必然经历一个无序状态，这种无序状态在不同的约束条件下持续的时间、无序的度、无序所产生的成本是不同的。这种无序状态不仅表现在微观层面上，也表现在中观和宏观层面上，不仅表现在企业内部组织层面、同一产业中各企业间的组织层面、不同产业间的组织形态层面，而且也表现在政府组织层面。下面在分析这种无序状态诱因的基础上，研究组织创新无序状态对中国经济增长质量提高的约束。

8.3.1 组织创新无序状态的诱因分析

(1) 行政垄断形成组织创新的体制性障碍。在中国体制转轨的过程中，政府不断退却，市场不断前进，但在国有企业改革、国有资产管理体制等层面上，政府职能的转变滞后于市场化进程，形成了比较严重的行政垄断，主要表现为所有制垄断、地区封锁和部门分割。一方面，政府通过行政手段或者具有严格等级制的行政组织进行排他性控制，限制公平竞争，以维持国有企业的垄断地位；另一方面，政府通过对市场结构和市场行为的影响，严重制约着组织的创新行为乃至中国经济结构的调整。行政垄断成为损害消费者权益，损害竞争，损害市场绩效，降低资源配置效率，阻碍技术进步和组织创新行为，制约中国经济增长质量提高的体制性障碍。

(2) 地方政府行为导致组织发展不合理。“放权让利”是中国转轨时期在制度安排方面的一个重要特征，这在相当大程度上激发了地方政府和企业的积极性，促进了中国经济的发展。在“放权让利”的过程中，投资审批权不断下放，地方政府有了自主投资权；同时，随着财政体制的改革、财政包干的实行，地方政府拥有了可以自主支配的资金。此外，地方政府还通过各种办法集资、引进外资、从银行融资，加上地方政府在进出口、税收、价格、外汇等方面权力的增大，地方政府的投资能力在迅速增加。但是，"放权"并没有将权力下放给企业、下放给市场，而是由中央政府下放给了地方政府。地方政府作为投资主体并不支付资本使用成本，也不承担投资风险，其投资冲动随着投资能力的增加而膨胀。在投资决策中，地方政府官员在现行的政府考核机制下又是以短期"政绩导向"取代"市场导向"和"优势导向"，一些"短、平、快"和价高利大的产业便出现了重复建设，在不合理的政府考核机制下，地方政府官员进行区域攀比，形成短期的繁荣假象。由此，地方政府作为"经济人"，在追求个体利益最大化的过程中造成组织发展的不合理，影响中国经济增长质量的提高。

(3) 多元化扩张和低级纵向一体化的成长模式阻碍组织创新。在中国目前的市场环境下，企业形成了快速填满市场的多元化扩张模式，这是导致中国组织不合理的微观诱因。从纵向扩张的角度来看，由于总体经济规模和市场容量的限制，许多企业在成长初期一体化程度就很高，规模经济效应不能发挥作用，产业的专业化分工不发达，出现了很多全能企业，但这种全能企业在每个生产阶段的规模经济实现程度却很低。这种具有自给自足倾向、排斥分工、排斥竞争的纵向一体化是"逆商品化"、"逆市场化"、"逆产业化"的低级纵向一体化，严重影响着中国组织创新的深化。

(4) 市场经济的过度进入和中国目前的高退出壁垒制约组织整合。假定产业具有"虚拟产权"，那么在市场经济条件下，这种产业的"产权"是"公有"的，任何市场主体都可以进入任何一个产业，以拥有对产业的部分"所有权"，谁的效率高，谁对产业的"所有权"范围（市场份额）就大。这里的竞争规则是优胜劣汰，在对产业"所有权"的竞争中，资源的使用效率得以不断提高。但是像"公共地悲剧"一样，由于产业的产权"公有"，所以极易出现过度的进入。在成熟的市场经济条件下，因为市场主体更加成熟、更加理性，所以这种过度进入的程度很低，并且矫正非常快。但是在中国，市场体系不完善，市场主体不成熟，所以过度进入的程度很高，并且校正缓慢，所以组织不合理、低级化的问题较为严重。

此外，受资产专用性、社会保障制度改革滞后、条块分割等因素的影响，中国目前产业退出壁垒相较于进入壁垒显得过高，这样，低效率的市场主体即使在利润率很低，甚至发生行业性亏损的情况下也不能从产业顺利退出。在中国目前的市场条件下，为了社会的安定，国家反而会对这些低利润率乃至发生行业性亏损的企业发放补贴、贷款或减免税收，这严重阻碍了市场对组织的整合。

8.3.2 组织创新无序状态对中国经济增长质量提高的约束

（1）组织创新无序状态抑制经济增长效率的提高。组织创新无序状态不利于生产要素的高效率整合、资源配置状况的改善和国民经济中间消耗的降低，抑制了经济增长效率的提高。一方面，由于行政垄断的存在，排他性控制和限制公平竞争的行为会导致生产率较低的部门占用过多的资源；另一方面，在生产率增长较慢的部门中，中间消耗很高的投入要素往往占据了过高比例，并且要素比例的调整较为缓慢，导致经济运行的中间消耗过高，影响了整体经济运行效率的提高。

此外，组织创新无序状态无法实现外部效应的内部化和减少经济增长中的负面影响，不利于经济增长整体效率的提高。组织创新无序状态制约组织建立并完善一定的制度，无法降低经济活动中的不确定性，无法有效监督并激励经济主体的行为符合提高经济增长质量的要求，难以抑制“经济人”的机会主义倾向，无法降低为实现经济增长所付出的交易费用，不利于中国经济增长整体效率的提高。

（2）组织创新无序状态抑制经济增长稳定性的增强。组织创新无序状态不利于抑制经济增长的波动，限制了经济增长质量的提高。组织发展的状况在很大程度上决定着经济增长数量的波动状况，组织发展的结构失衡问题会引发并强化供求总量方面的矛盾，从而形成大幅度的经济波动。在中国，市场体系不完善，市场主体的行为不成熟，过度进入的程度很高，并且矫正缓慢，加之较高的退出壁垒，组织发展结构失衡问题较为严重。组织创新无序状态下，各要素之间的配置很难优化，组织发展的结构失衡问题无法改善，经济增长数量剧烈波动制约了中国经济增长质量的提高。

（3）组织创新无序状态抑制资源利用和生态环境代价的合理化。组织创新无序状态很难对中国经济增长质量的提高施加约束，从而抑制经济增长中经济主体破坏生态环境的机会主义行为，降低经济增长的代价。首先，组织创新无序状态不利于组织按照提高经济增长质量的规范，把对自身利益最大化的追求限制在一定范围内，并相应抑制经济增长中经济主体可能出现的浪费资源、污染环境、破坏生态等机会主义倾向，降低经济增长的代价；其次，组织创新无序状态不利于组织形成新制度，为提高经济增长质量提供所要求的技术规范、框架以及行为与活动的准则；再次，组织创新无序状态不利于规范行为主体的关系，不能减少阻碍合作的因素，无法为行为主体达成合作、达到人与自然的和谐创造条件；最后，组织创新无序状态不利于组织形成有效的监督和激励机制，无法对组织形成资源和生态方面的约束，不利于解决组织在发展过程中的“搭便车”和外部不经济问题。

8.4 组织创新驱动中国经济增长质量提高的实现路径

组织通过创新调整组织系统、保持组织活力，并通过经济增长的效率、经济增长的稳定性、资源利用和生态环境代价三个维度驱动经济增长质量的提高。但是，组织创新是一个打破旧的组织系统、建立新的组织系统的过程，这个过程一般必然经历一个无序状态，这种无序状态制约着中国经济增长质量的提高。下面从造成组织创新无序状态的诱因出发，提出组织创新驱动中国经济增长质量的实现路径。

8.4.1 通过政府职能的转变打破组织演进中的行政垄断

政府的经济职能要顺应市场经济的要求，从直接调控、微观管理和部门管理转向间接调控、宏观管理和行业管理，调控手段从以行政手段为主转向以经济手段、经济政策和法律手段为主，强化中央权威和财力，弱化地方利益和部门利益。通过完善国有资产管理体制，将政府国有资产所有者、社会管理者和宏观经济调控者的三种职能明确区分，并按照客观经济发展的需要，合理行使这三种职能，打破行政垄断。

在政企职能分开、建立现代企业制度的基础上，建立和完善产权市场。通过产权主体的多元化，形成集体、国有、民营等不同产权主体的利益差别，增强产权间的流动性；通过兼并使资源向高效产业、高效企业流动，建立跨部门、跨地区、跨所有制的企业集团，打破行政垄断，为组织创新提供宽松的政策环境，从而驱动中国经济增长质量的提高。

8.4.2 通过市场性自矫正协调地方政府的行为

在地方利益最大化的个体理性和全国利益最大化的集体理性的冲突中，包含着帕累托改进的潜在可能，即在承认地方利益的前提下，通过地方政府行为的市场性自校正，在不断推进市场化进程的过程中实现。通过对地方政府行为的协调，打破“条块分割”的传统行政管理体制，取消地方市场分割，消除地方行政性垄断。通过产权改革切断地方政府与企业的直接联系，限制地方政府对经济活动的直接干预，为组织创新提供公平的市场环境，从而驱动中国经济增长质量的提高。

8.4.3 通过规范市场进入与退出机制推进组织整合

要解决中国市场经济发展初期产业“公有虚拟产权”导致的过度进入这一问题，应主要依赖完善市场准入机制。通过不断向纵深推进市场化进程、培育真正的市场主体和改革投资体制，才能治本；同时通过加强立项审批，强制淘汰落后生产能力的企业，引进高生产能力的企业，进行准入规制以治标。要降低过高的退出壁垒，主要依赖规范退出机制来引导衰退产业的低成本退出，防止过度竞争，促进兼并联合。

此外，金融市场体系、社会保障体系和市场法律体系的发展也会影响市场准入和退出难度。金融市场的完善为企业兼并提供资金，节约交易成本，有利于企业实现规模经济。社会保障体系的完善弱化过度竞争行业中企业的退出障碍，降低退出成本，有利于资源的自由流动。市场经济是法制经济，法律的完善程度直接影响交易成本的高低，进一步完善法律体系是企业决定是否兼并和一体化的内在要求。完善的市场进入与退出机制有利于推进组织的整合，从而为组织创新活动的开展提供稳定的市场环境，驱动中国经济增长质量的提高。

8.4.4 通过宽松的市场政策和企业间的协同机制形成有效竞争的态势

组织的创新行为是微观经济主体竞争的结果，中国组织创新过程中应实行以效率为衡量标准的宽松的市场行为政策。目前，中国的组织正在朝适度集中、有效竞争的高级状态演进，市场结构正处于动态整合之中，在这个过程中，宽松的市场行为政策有利于组织竞争行为的展开和市场结构的完善。不同规模企业间的协同机制，本质上是利益协调机制，企业集团正是大、中、小企业间利益关系有效协同的组织形式。企业集团的有效性主要表现为塑造了“大企业利用中小企业”的有效竞争态势。大企业利用中小企业资本存量，迅速扩大生产规模，实现规模经济。中小企业得到大企业在技术、信息上的支持，从而实现现代化。这有利于形成集团竞争与分层竞争的有效竞争态势，前者是产业内几个大企业集团的竞争，后者是同一企业集团内部不同中、小企业间的竞争。有效竞争态势的形成为组织创新创造了积极的市场氛围，从而驱动中国经济增长质量的提高。

第三篇

创新驱动的过程

9 知识创新与中国经济增长质量

知识经济时代最显著的特征就是知识创新，知识创新是知识创造主体依靠知识进步来改变经济生产效率和经济行为方式的创造性活动。知识的价值在于不断地为人类提供新工具和新方法来改造自然，马克思充分肯定了知识对于资本主义生产的重大推动作用，他把知识的力量直接表述为生产的能力，认为生产力也包括科学，科学不是普通的生产要素，是包含着巨大潜力的生产要素。熊彼特认为知识创新就是把从来没有过的新的知识生产要素与生产条件进行新的组合，转化为新的产品和服务。1997 年经合组织发表的题为《国家创新体系》的报告提出“面向知识经济时代的国家创新体系”，具体包括知识创新系统、技术创新系统、知识传播系统和知识应用系统，其活动是为了创造、扩散、使用新知识和新技术，而政府、企业、科研机构和高校是最重要的因素。在这一阶段，知识创新已经不仅仅是一种经济要求，更是国家至关重要的战略规划。与此同时，对于创新的研究进入了广义的空间，各种形式的创新不断涌现，包括知识创新、观念创新、制度创新、技术创新、产品创新、产业创新和战略创新等。在这一阶段，知识创新的概念和应用逐渐突出。

9.1 知识创新与经济增长质量的关系

9.1.1 知识创新的内涵

知识是一个广泛、复杂、模糊的概念。《辞海》对知识的定义是“人们在社会实践中积累起来的经验”。《现代汉语词典》对知识的定义是“知识是人们认识和经验的集合，而其产生于人们对外部世界的改造过程”。从认识论的角度看，知识包括三个重要部分：知之（knowing what）、知如何（knowing how）和知为何（knowing why）。知识创新就体现为对这三种类型知识的创新。知识创新的概念最早是由美国学者 Amidon（1913）提出，他所讲的知识创新，一是通过研究和发展活动进行知识创新，二是在知识的生产、传播、交换和应用过程中发生的知识创新，三是新思想的首次扩散和应用。可见知识创新的本质特征是不仅具有一定的创新性，而且还具有经济上的应用价值。

知识创新是指通过科学研究获得新的自然科学和技术科学知识的过程。知识创新的目的是追求新发现、探索新规律、创立新学说、创造新方法、积累新知识，是不断增进技术创新和制度创新所需知识的过程。知识创新是技术创新的基础，是新技术和新发明的源泉，是促进经济增长的革命性力量。知识创新为人类认识世界、改造世界提供新理论和新方法，为人类文明进步和社会发展提供不竭动力。

在经济增长理论中，无论是外生的知识进步，还是内生的知识变化，都可以看到知识创新是推动经济增长的主导力量，古典经济增长理论提出经济增长取决于资本和劳动要素的投入，认为知识和技术是影响经济增长的外部要素，生产要素的收益是递减的；新增长理论则认为知识投资可以提高其他生产要素的生产能力，并将这些生产能力转化为新的产品和工艺，知识投资具有递增的边际生产率，是经济长期增长的关键因素。

知识创新的重要功能是增加创新系统的基础知识存量，这里的基础知识存量确切地说应是新发现和创造的知识量，但是知识的不可加性说明新知识的不断涌现才是知识存量扩张的实质。知识创新是经济增长的核心要素，知识增长同经济增长率紧密相连。

9.1.2 知识创新与经济增长的研究脉络

经济增长是经济学研究的核心命题。经济增长研究以经济实践进程中不同经济要素的地位涨落为线索演化推进，以构建不断贴近现实经济运行的模型为手段，以辨识不同经济要素形成的经济增长机制为目的，经历了从要素驱动经济增长时代关注物质资本积累到创新驱动经济增长时代关注人力资本提升的变迁。经济学家关于知识积累对经济总量增长的研究以知识创新机制为线索，沿着知识创新对经济增长的作用机理轨迹而演进。

新古典主义扩展的索罗—斯旺模型的知识创新机制是外生给定的常数化表达，知识创新对经济增长的作用机理是通过外生固定的知识存量增长率提高资本的平均产品，提升人均产出，即知识创新越多，经济增长率越高。该模型的局限是，如果不存在外生的知识增长，经济将会收敛于一个人均水平不变的稳定状态，这样就导致除非有正的人口增长率或外生给定的知识增长，一国经济将进入零增长状态。阿罗（Arrow，1962）在“干中学”模型中提出了一个知识变化的理论，指出知识的增长是“干中学”的结果，是由经济系统所决定的，使得人们对知识及其与经济增长关系的认识前进了一步。“干中学”模型的知识创新机制通过投资增加引致的资本存量增加以及知识非竞争特性下个体的学习效应来实现，而知识创新对经济增长的作用机理是投资的外溢性保证了知识存量的增加，作为具有溢出效应的生产要素，知识存量增加将提升整个经济中的“干中学”水平，进而单个厂商通过学习提升其技术层次，从而使整个经济在增长率上产生规模效应，推动经济增长。“干中学”模型的局限在于，均衡经济增长率虽取决于学习效应的大小，但决定因素仍然是人口或劳动力的自然增长率。如果人口或劳动力的自然增长率不为正数，就没有长期经济增长的可能，仍然没有彻底摆脱新古典增长模型的困境。

Romer（1990）、Grossman & Helpman（1991）创建的内生熊彼特增长模型强调内生研发推动的知识积累和创新是经济增长的源泉，模型的知识创新机制是假定经济中存在独立的知识产生部门，在知识生产效率大于零且存在规模经济的前提下，总劳动力数量增加带来的研发部门劳动力人数增加引致知识生产递增，从而知识创新的概率就上升；知识创新对经济增长的作用机理是，知识的增加与人们对其贡献的资源成比例，当知识创新成为利润极大化厂商发展研究活动的产物，获得的垄断利润越高，越会刺激厂商加大研发投入，这样就会得到更高的经济增长率。早期内生熊彼特增长模型的局限是对模型中规模效应的提法存在一定的争议。Jones（1995）认为该模型的知识增长方程违背了时间序列检验的原则。另一个争议是模型中知识函数中知识存量的指数必须为1，这一假设很难与实际经济相符。

Jones（1995）、Kortum（1997）、Segerstrom（1998）对早期内生熊彼特增长模型的知识生产函数进行了校正，放松了知识存量的指数必须为1的假定，提出了半内生化熊彼特增长模型，其知识创新机制是在技术机会递减的假定下，科研人员数量由于重复效应的存在而实际降低，使得知识存量的边际生产率越来越低，只有追加研发投入才能确保知识创新的持续；知识创新对经济增长的作用机理是研发部门劳动力重复劳动越少，知识生产的正外部性越趋近于1，知识创新概率越大，数量越多，从而刺激厂商加大投入研发，获得垄断利润，推动经济增长。半内生化熊彼特增长模型存在争议的地方在于：其一，一些跨国经验数据证明人口增长率和经济增长率没有相关性，甚至是负相关的。其二，政府政策并不对经济增长产生影响也与现实经济运行不相吻合。

可以看出，西方经济学家在研究知识创新与经济增长的关系时，多从知识创新对经济增长数量扩张的影响着手，因而总是无法解决经济持续增长与人口增长呈正相关的悖论。因此，在新古典模型基础上不断改进的经济模型与经济增长的实际相距甚远，不能为国家制定经济增长政策提供完备精确的理论基础与政策工具，从而导致国家对经济干预作用越来越微弱，经济周期波动越来越难以被准确识别。

改革开放以来中国以制度红利、人口红利、资源红利、外贸红利为代表的要素驱动经济发展模式面临着红利空间萎缩、城乡收入差距拉大、经济发展失衡等一系列重大挑战，引起了广泛的关注。学术界比较集中地从人力资本、知识创新、学习效应等角度展开了创新型经济发展模式的研究。王缉慈（1999）以知识创新和提高国力为目标，从知识与创新、技术进步与应变的区域政策、全球化和本地化、新的产业空间，以及创新环境概念五个方面探讨了改进我国区域政策目标，推进区域创新环境建设的问题。胡鞍钢、熊义志（2002）构建相关指标体系测度了我国不同区域的知识发展水平，分析了知识发展的地区差距。杨立岩、潘慧峰（2003）在模型设定中区别了基础研究与应用研究，发现取决于人力资本存量的基础科学知识增长率与经济增长率成正比，且政府能够通过影响非排他性的基础科学知识增长影响经济增长。朱平芳、徐伟民（2003）从动态角度出发，运用面板数据分析中的随机效应模型实证研究了上海市政府的科技激励政策对大中型工业企业自筹 R&D 投入及其专利产出的影响。刘海英等（2004）将知识、技能在经济系统中的分配定义为人力资本的均化，借鉴基尼系数反映收入差距的经典理论，从定量角度分析了人力资本均化对经济增长质量的促进机制。云鹤等（2004）建立了协调改善、知识增进的经济增长模型，在用计量模拟方式进行比较静态分析的基础上，得出了知识增进（特别是协调知识的增进，即协调改善）所引致的生产要素之间的互补效应是经济持续增长的动力之源的结论。严成樑、龚六堂（2009）在综述熊彼特增长模型时，通过将人力资本内生化于知识生产函数中，发现人力资本积累是经济增长的重要因素，政府政策可以通过影响个体选择的学习时间而影响经济增长，但模型仍认为人口增长与经济增长正相关，与现实经济有较大出入。马骥（2009、2011）在空间经济学的框架下深入分析知识创新本身的内涵、行为特征及其对经济系统的决定性影响，探索区域经济增长及其特征的本质含义；在此基础上，通过空间经济计量模型，发现知识创新对各区域的经济增长有着显著的正相关作用，各区域经济增长水平与该区域的知识创新能力有着互为推动的作用。一些学者（吴延兵，2006、2008；邓明等，2009;）测度了国家及省级生产函数与生产效率，还有一些学者（李平，2007；严成樑，2010）估算了中国研发投资的回报率与最优研发投资规模。在企业层面，知识与技术创新通过人力资本的学习效应影响组织发展，学者们从实证的角度对此给予了论证（吴延兵、刘霞辉，2009；曾萍、蓝海林，2009）。

知识创新与经济增长质量存在着深刻的内在关联。知识创新是创新型经济的显著特征，知识创新能够有效地提升经济的抗风险性，降低经济周期性波动的冲击，提高经济增长质量。对于知识创新与经济增长质量的逻辑关系，前述研究大多集中于人力资本积累、技术进步效应、企业内部学习效应等中介机制，而没有能够将知识创新和经济增长质量直接连接起来，因此便出现了增长模型并不能很好拟合经济现实的困境。经济系统是一个离散的动态系统，是不稳定的开放式系统，各国政府都不同程度地对本国经济进行干预，但干预的有效性非常有限，这使得经济系统内的情况变得更加复杂。混沌经济理论认为，知识增长和经济增长是动态经济系统中的非均衡现象，知识增长和经济增长过程具有混沌的特性。知识创新的累积效应涉及众多动态、不确定性因素，且与经济系统内各要素之间存在着复杂的互动、反馈等非线性关系，为知识创新累积效应的复杂变化提供了理论和方法。因此利用经济混沌理论能够恰当地解释复杂经济现象的许多重要特性，能够建立准确描述知识创新积累变量对经济增长作用的混沌经济模型。

9.2 知识创新累积效应的混沌模型

9.2.1 知识创新累积效应混沌模型的建立

设 X_t是某一时刻经济创新累积对经济总量增长率的贡献，即当知识创新累积增长1%时，经济总量增长 X_t%，称 X_t 为知识创新累积效应，不同时刻的知识创新积累效应是不同的。Logistic 方程能够较好地用于研究长期经济增长的混沌问题，Logistic 方程的标准形式是：

$$X_t = \mu X_{t-1} \ (1 - X_{t-1}) \qquad (9-1)$$

μ 表示知识创新系统内部结构和外部环境的改善率，其的取值范围与变量 X_t的周期形态之间存在直接关系。

第一，对方程求定点解。当 $0 < \mu < 1$ 时，X_t无解，方程的定点为0，说明知识创新系统内部结构和外部环境匮乏，知识创新的累积效应为0，知识创新累积对经济增长的贡献为0。

第二，当 $1 < \mu < 3$ 时，X_t 局部稳定，周期为1，X_t 的取值范围为（0，0.664），随着 μ 的增大，定点值也在增大，反映了随着知识创新系统内部结构和外部环境的改善，知识创新累积效应稳定增长。这一阶段经济实现稳定周期增长，知识创新系统具有高度的秩序性。

第三，当 $\mu > 3$ 时，方程的定点数开始出现倍增的情况，当 $3.45 > \mu >$

3 时，X_t 具有局部稳定结构，出现两定点序列，取值范围分别为（0.664，0.85）和（0.44，0.664）。当 $3.55>\mu>3$ 时，存在四组数值序列：(0.3367，0.44)、(0.44，0.52)、(0.82，0.85)、(0.85，0.883)。这表明，随着知识创新各因素水平的提高，知识创新主体的创新积极性高涨，创新形式出现多元化，经济增长率倍增。当 $\mu>3.569$ 时，X_t 的周期趋于无穷大，系统呈现混沌状态。知识创新系统进入混沌期，各种各样的创新意识、创新组织形成，创新速度加快，系统内部与外部环境复杂，会面临许多问题，经济风险大，任何一种决策的微小失误都会导致经济系统失衡。

9.2.2 知识创新累积效应混沌模型的扩展

经济增长系统是一个动态系统，其演化除了受到系统的内力，即内在结构关系的作用外，还要受到创新政策等外在因素的影响。具体来看，μ 的组成因子的变化会导致 μ 的复杂变化，进而导致知识创新累积效应产生倍周期分叉继而通向混沌。我们对方程（9－1）中的参数 μ 进行新的设置，令 $\mu=\frac{A\ (\alpha+\beta)}{1+r}$，则方程（9－1）变为

$$X_t=\frac{A\ (\alpha+\beta)}{1+r}X_{t-1}\ (1-X_{t-1}) \qquad (9-2)$$

其中，A 表示政府知识创新政策，反映政府部门对知识创新的控制能力，α 表示基础研究知识积累增长率，β 表示应用研究知识增长率，r 表示人口增长率。式中 $\alpha\in[0,1]$，$\beta\in[0,1]$，$A\in[0,10]$，$r\in[0,1]$。以下分别取 α、β 和 r 的上限、下限和中间值进行计算和讨论：

第一，取 $\alpha+\beta=0.2$，$r=0.05$，$A=5.25\mu$；当 $\mu=1$ 时，$A=5.25$，$X_t=0$；当 $\mu=1.9$ 时，$A=10$ 达到最大值。此时 X_t 局部稳定，周期为 1，表明经济系统内部知识创新投入不足，缺乏创新动力，即使政府部门对知识创新的控制能力指数取较大的值，经济系统内部知识创新的改善水平对知识创新累积效应的影响也很小，知识创新对经济增长的贡献为 0。只有当 A 达到最大值，即政府部门极大程度地鼓励创新，知识创新的累积效应才会略有改善，知识创新对经济增长的贡献才会大于 0，略有增长。

第二，取 $\alpha+\beta=0.5$，$r=0.035$，$A=2.07\mu$；当 $\mu=1$ 时，$A=2.07$，

$X_t=0$；当 $\mu=3.57$ 时，$A=7.39$；当 $\mu=4.0$ 时，$A=8.28$，取值较大。模型显示，经济系统内部结构和外部环境改善状况一般，政府部门对知识创新的管理程度 $A<6.21$（$\mu=3$，$A=6.21$）时，知识创新累积效应有稳定的周期，经济系统处于稳定状态；当 $A=7.39$ 时，知识创新累积效应的周期趋于无穷大，经济系统失去稳定性，处于混沌状态。

第三，$\alpha+\beta=0.8$，$r=0.02$，$A=1.275\mu$；当 $\mu=1$ 时，$A=1.275$，当 $\mu=3$ 时，$A=3.825$，当 $\mu>3.57$ 时，$A>4.55$。此时经济系统的知识创新投入充分，内部结构合理，不需要政府部门过多的政策支持，也能保证经济稳定增长；但是如果政府的政策支持力度过大，$A>4.55$ 时，经济系统就会失衡，出现混沌状态。

9.2.3 知识创新累积效应混沌模型分析

经济增长系统不总是处于平稳的周期增长状态，各要素的变化会使系统沿着均衡—失衡—均衡的趋势发展。知识创新累积效应的变化状态取决于知识创新的内部结构、投入规模以及政府创新政策。

第一，知识创新的规模和结构是影响经济增长的重要原因。从我国经济增长的进程来看，我国经济增长的源泉是知识创新和技术进步。我国不同研究类型的投入呈逐年递增趋势，基础研究经费从 1998 年的 28.9 亿元增加到 2011 年的 411.8 亿元，应用研究经费从 124.6 亿元增加到 1028.4 亿元。随着知识创新规模扩大，经济系统呈现稳定增长或成倍增长的状态。不同类型的活动对经济的影响差别较大，知识创新的不同结构所产生的经济增长效应不同。严成樑和龚六堂（2009）的研究成果表明，基础研究对我国经济增长具有显著的促进作用，基础研究支出的比例每提高 1 个百分点，经济增长率可以上升 0.056 个百分点。应用研究支出每提高 1 个百分点，经济增长率下降 0.008 个百分点，可见应用研究对我国经济增长的影响不显著，尽管基础研究不能直接转化为现实生产力，但可以产生基本技术，这有利于促进应用研究，进而对我国经济增长产生间接的促进作用。此外，基础研究的使用效率可能更高。因此，需要增加对基础研究的投入力度，同时提高应用研究支出的使用效率。

第二，创新政策的对知识创新累积效应动态系统的作用存在差异，这种差异取决于知识创新系统的规模和结构效应。也就是说，政府部门的创新管理措施要适度，这个度和创新系统的结构有密切联系。当经济系统内部知识创新动力不足时，即使政府部门做出鼓励创新的努力，也不会产生较好的创新累积效应；当知识创新投入水平较高时，政府部门的创新政策力度达到2.07之上时才能保证一定的经济增长效应；此后，随着政府部门监管能力的加强，知识创新累积效应持续增加。当政府创新政策的力度过大时，知识创新系统将会陷入混沌状态。

第三，经济系统是一个错综复杂的动态系统，包含很多随机因素，新经济增长理论的经济增长模型忽略了经济系统的复杂性，导致增长模型与现实相距甚远。其实际运行过程中，由于外部环境和内部矛盾的作用，经济系统结构在不断发生变化，也就是说它的均衡状态是短期的、暂时的，均衡状态孕育着许多潜在的变动因素，使系统总是从均衡走向失衡，从失衡再走向均衡，不会在一个状态徘徊太久。这种变化会直接导致具体经济指标发生较大变化，这时用定量的方法难以说明系统结构发生变化的原因，而用混沌的思想方法从系统结构出发进行定性说明，能较好地拟合经济现实。

9.3 知识创新提高经济增长质量的作用机制

9.3.1 知识创新的生发机制

知识创新是知识经济的核心内容。知识经济是人类经济社会从以资本、土地、资金、人力资源等要素为驱动力的外延式发展阶段过渡到依靠知识创新、技术进步、产品与服务内分工等为驱动力的内涵式发展阶段的必然选择。与资本积累与增值是传统经济发展的内在动力相似，知识创新与累积是知识经济运转的内在机理。大量的研究（Romer，1990；Grossman & Helpman，1991；Jones，1995；Kortum，1997；Segerstrom，1998；杨立岩、潘慧峰，2003；朱平芳、徐伟民，2003；云鹤等，2004）表明，知识创新效率与知识创新投入规模、知识创新内部结构和政府的创新政策密切相关，而知识创新效率则是影响知识积累的核心要素。下文将从这三方面入手展开精要论述，图9-1为知识创新生发机制框架示意图。

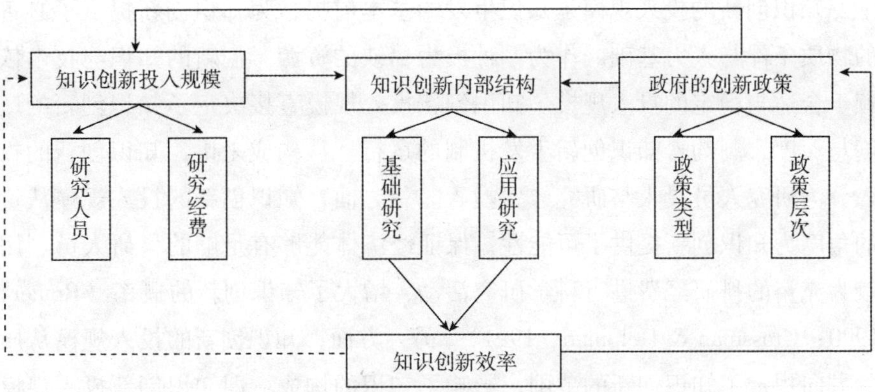

图 9-1 知识创新生发机制框架图

知识创新的发生来直接源自知识创新内部结构的优化。作为表征知识创新内部结构的基础研究与应用研究，是创造与生产知识的核心部门，即知识通过基础研究与应用研究而得到生发与创新，因此基础研究与应用研究的相互关系决定了知识创新发生的效率高低。一般来说，当经济处于起飞阶段时，能够迅速投入实际经济生产实践并创造可观经济利润的应用型知识会受到企业与国家的双重重视，不论从知识投入规模还是知识创新政策支持来衡量，应用研究相对来说更受追捧。然而，当经济体从模仿与消化先进技术向创造具有自主知识产权的新发明、新技术、新产品转变时，基础研究的源泉性作用便突显出来。基础研究所具有的前瞻性、尖端性与内生性，决定了基础研究的知识创新必然是推动应用研究与自主创新的源泉与根本。尽管基础研究不能直接转化为现实生产力，但基础研究可以提供基本的应用范式与生产技术，非常有利于促进应用研究。严成樑和龚六堂（2009）的研究成果表明，基础研究对我国经济增长具有显著的促进作用，基础研究支出的比例每提高 1 个百分点，经济增长率可以上升 0.056 个百分点；应用研究对我国经济增长的影响不显著。这表明，从整体上来看，我国已经逐渐摆脱了模仿与消化吸收先进国家知识与技术的阶段，进入了自主创新推动经济发展的新阶段。然而，我国区域间分异巨大的现实，使得知识创新投入规模与政府创新政策不能一刀切，必须要根据区域发展现状，合理研判区域经济技术所处的发展阶段，这就对知识创新内部结构的优化提出了更高的要求。

知识创新的投入规模是知识生发的基本前提，为知识创新提供了必备的物质条件与人力基础。作为一种极为稀缺的资源，创新的知识与技术依赖于合适与稳定的投入规模。知识创新投入规模直接决定了知识创新的广度与深度，制约着知识创新生发机制的运行。从构成来讲，知识创新的投入分为研究人员投入与研究经费投入。一方面，知识创新的投入规模从量的角度为知识创新提供了可能性，保证经济体能够有足够的科研人员利用较为充裕的科研经费进行科学研究活动，增大了知识创新的概率（Romer，1990；Grossman & Helpman，1991）。另一方面，知识创新的投入规模从质的方向规定了知识创新的范围，影响了知识的构成，即知识创新投入规模在基础研究与应用研究上的配比，是知识创新结构优化的先决条件。

政府知识创新政策通过不同的政策类型与政策层次影响知识创新的内部结构与投入规模，从而为知识创新的生发机制提供了稳定的制度环境与政策氛围。政府的知识创新政策大体上来看分为财税政策、体制政策、法律政策等，其中财税政策是促进知识创新的主要因素。政府通过免除或小额征收高新技术产业的税收，为各类科研机构提供较为充足的财政支持，扩大知识创新的投入规模，激活知识创新投入的资金存量，加大知识创新投入的资金流量，从而鼓励各种知识创新与技术创新的进行。政府知识创新的体制与法律政策则以为知识创新主体提供界定清晰的知识产权与技术专利的形式保护知识创新主体的收益权，为知识创新成果提供良好的产权保护，激励知识创新主体投入更大规模与更高效率的知识创新进程中，从而形成知识创新生发机制的良性循环。另一方面，知识创新政策的层次分为中央政府层面的国家创新政策与地方政府层面的区域创新政策。不同层次的创新政策提供了不同的政策空间，能够从多角度多层次为知识创新提供良好的创新环境，其中区域创新政策作为具有地方特色的政策构架，能够更有力地促进知识创新的生发。然而，知识创新累积效应的动态系统也受到创新政策的作用，而且效果存在差异，这种差异取决于知识创新系统的规模和结构效应。也就是说政府部门的创新管理措施要适度，这个度和创新系统的结构有密切联系。当经济系统内部知识创新动力不足时，即使政府部门做出鼓励创新的努力，也不会产生较好的创新累积效应；当知识创新投入水平较高时，政府部门的创新政策力度达到 2.07 之上才会保证一定的经济增长效应；此后随着政府部门监管能力的加强，知识创新累积效应持续增加。当政府创新政策的力度过大时，知识创新系统将会陷入混沌状态。

综上所述，知识创新的投入规模是知识创新内部结构优化的前提条件。知识创新政策不仅影响知识创新内部结构的优化，还能通过政策的方向与类型影响知识创新的投入规模，因此知识创新政策与知识创新规模都通过知识创新结构优化来促成知识创新生发机制的顺利实现；而知识创新一旦生发，则又会反向激励知识创新规模与知识创新政策持续追加，从而实现了知识创新生发机制的持久运行。

9.3.2 知识创新提升经济增长质量的作用机制

知识创新的目的在于优化资源配置，提升经济增长质量。了解知识创新通过何种传导机制影响经济增长质量，从而制约经济社会发展水平，是破解知识经济社会运转难题的关键，同时也是构建创新型社会的基石。承接对知识创新的生发机制的分析，本部分重点关注知识创新提升经济增长质量的机制。根据钞小静、任保平（2011）提出的经济增长质量度量的四个维度，即经济增长的结构、经济增长的稳定性、福利变化与成果分配以及资源利用和生态环境代价，我们构建了知识创新提升经济增长质量的作用机制的分析框架，并作简要论述与说明。

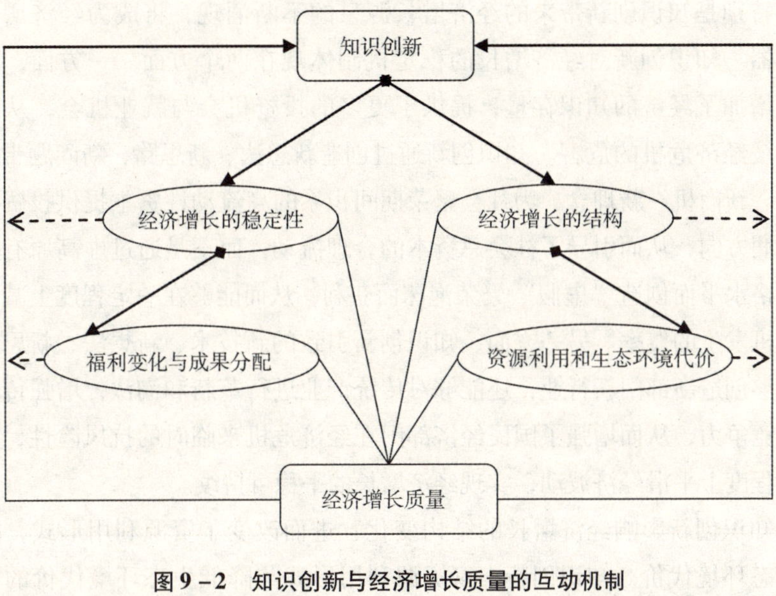

图 9－2 知识创新与经济增长质量的互动机制

知识创新是优化经济增长结构的核心手段。知识经济条件下，知识创新在不同经济部门间的溢出效应外化为经济增长的结构变化，内生于核心部门知识存量的突破性进展或生产技术的关键性突破。知识创新优化经济增长结构的作用机制体现在两个方面：第一，依赖于知识溢出机制的作用，创新知识在不同产业部门的扩散能够提升产业部门的生产技术水平，进而从整体上改变国民经济部门的面貌。在交通通信手段极为便利的当代，编码化的创新知识与先进技术能够以较低的成本和较快的速度在不同区域、不同产业部门与不同人群中进行大规模的重复传播，从而为国民经济部门加速更新换代提供了必要条件，进而改变了经济增长的结构变化形式。第二，依赖于学习效应与知识存量积累，知识创新与技术变革能够加深产业部门的互相学习程度，加速知识与技术存量的更新速度，淘汰陈旧的学习方式、知识与技术创新机制，从而在不同的产业部门内生出知识创新的机制，进而形成国民经济部门知识创新的聚集效应，提升国民经济部门整体的竞争力。

知识创新是经济增长的稳定器。经济危机作为社会化大生产与生产资料私人占用矛盾的必然产物，困扰着经济社会的健康稳定发展，损害了经济社会的发展效率，加剧了经济社会发展的不公平性。然而，知识经济时代的来临能够一定程度上减缓甚至避免经济危机对经济社会发展的不良影响，特别是知识创新带来的经济增长源泉的不断涌现，将成为经济增长的稳定器。知识创新对经济增长的稳定机制体现在两个方面。一方面，知识创新增加了经济的知识存量，提供了更多的投资机会与就业机会，从而能够减缓经济危机的危害。知识创新通过创造新想法、新思路、新问题带来新机遇、新商机、新理念，为社会繁荣期间积累的高流动性资本提供投资空间与利润方向，从而引导了社会总资本的合理流动，而不是通过虚高原有资产的价格水平而创造“虚假”繁荣泡沫而获利，从而能够在一定程度上减少经济危机发生的概率。另一方面，知识创新引致的新技术、新想法、新思维不仅能够创造新部门新行业，还能够对传统产业进行革新和淘汰，增强传统产业的竞争力，从而增强了国民经济部门在经济危机来临时的抗风险性，能够一定程度上平滑经济波动，实现经济增长的平稳可持续。

知识创新影响经济增长的结构变化，进而改变了资源利用形式，降低了生态环境代价。知识创新丰富资源利用形式与降低生态环境代价的作用机制是它引致的技术革新、工艺再造、产品创新能够丰富资源的利用形式、提升资源的利用效率、拓展资源的利用广度、挖掘资源的利用深度，从而在此基础上最大程度地减少对生态环境的破坏，降低经济增长的生态环境代价，提升经济增长质量。经济增长的结构优化作为实现知识创新提高资源利用效率和降低生态环境代价的关键因素，其作用体现在两个方面。第一，经济增长进程中，经济结构的优化过程就是资源利用效率提升的过程。通过知识创新引致的技术与工艺革新，原有资源的配置效率必将提升，甚至有可能通过引进新资源的方式实现资源利用形式的多样化，从而减少对不可再生资源的大规模高强度开发，实现可持续发展。第二，经济增长进程中，经济结构的优化过程就是人们重新认识到人与自然要和谐相处的历程。工业社会对自然的无限度索取与无限制排污导致了一系列危害深远的生态环境灾难。知识创新所带来的新技术与新方法不仅能够丰富环境友好型产业形式，还能通过革新传统的生产方式来改造原有产业的自然生态环境属性，使得国民经济部门逐渐向绿色、环保、低碳、智能方向发展。

知识创新通过经济增长的稳定性影响福利变化与成果分配。福利变化与成果分配关系到经济行为人的切身利益，是经济主体最为关切的核心问题。知识创新通过影响经济增长的稳定性，进而制约福利变化与成果分配的作用机制表现在两个方面：第一，知识创新能够通过创造新商机与新机遇增加资本与人力的使用范围与投资空间，从而扩大社会财富总量，提升经济增长的福利水平。知识经济条件下，知识创新通过提供新机会、新红利空间、拓展利润维度与广度，无疑能够在一定程度上实现经济运行的帕累托改进，提升经济增长的福利水平。第二，知识创新的成果能够以专利的形式确定产权，明确界定知识创新的受益人，这是传统经济运行各生产要素所无法比拟的优势。通过明晰产权，知识创新的成果分配清楚明了，基本排除了贡献与收益严重不对等的情形，能够极大地激励知识创新主体的投入力度与创新深度，从而创造更大的正外部性，提升整个社会的福利水平。

综上，我们从经济增长质量的四个维度解析了知识创新对经济增长质量的作用机制，分析知识创新通过何种途径影响经济增长质量的不同维度，进而能够影响经济增长质量的提升。反过来说，经济增长质量的跃升又能够扩大知识创新的投入规模，优化知识创新的内部结构，从而形成经济增长质量提升与知识创新深入的互动循环机制。

10 技术创新与中国经济增长质量

21世纪的人类社会以知识经济为标志，科学技术日益显示出其对社会进步和经济发展的强大作用，技术创新成为经济增长的决定因素，这已为世界各国经济发展的实践所证明。改革开放以来，中国经济得到了迅猛的发展，然而中国的经济增长是注重数量的高投入、高消耗的粗放式增长，引起了一系列相关的政治、资源、环境、社会等问题。随着我国经济的进一步发展，越来越多的人认识到提高经济增长质量的重要性。清华大学经济管理研究所（2000）的研究表明：技术创新的持续活跃是一国经济高质量增长的根本源泉，要提高资源利用效率，只能靠持续活跃的技术创新。本章通过对技术创新与经济增长质量指数的实证分析，说明技术创新对经济增长质量的促进作用。

10.1 理论阐述与文献综述

10.1.1 技术创新与经济增长

关于技术创新与经济增长的研究，有四个重要的里程碑或发展阶段：

一是"创造性破坏"理论的提出。熊彼特（1934）提出经济发展的动力来源于创新，特别是技术创新。在他看来，经济发展就是一个"创造性破坏"的内生动态过程。与熊彼特同一时代的艾林·杨格（1928）把斯密对专业化分工、技术创新与经济增长的思想又向前大大推进了一步。杨格强调，产业间劳动分工的最大优势是可以更充分地实现资本化或迂回生产的经济。经济发展过程就是在初始生产要素和最终消费之间插入越来越多、越来越复杂的生产工具、半成品和专业化部门，使分工越来越深化的过程。资本化过程不但是投入的增加及技术的进步，而且是生产组织方式的演进。

二是外生技术进步与索洛余值的发现。索洛（1956）研究发现，美国1909—1949年的经济增长中，只有12.5%源于资本和劳动投入的贡献，而87.5%的"增长剩余"都归因于其他因素。索洛将剩余的增长放入他称之为"技术变化"的转换函数里。原则上，这一剩余包括很多因素，但索洛注意到技术的改进肯定起了主要作用。这一发现极富挑战性，批评了经济增长理论中对资本积累作用的过分重视，提出了技术进步是经济增长的决定性因素的观点。然而人们又看到，在索洛—斯旺增长模型中，长期人均增长率完全依赖于外生的技术进步率。而对什么是技术进步，以及技术进步的源泉一无所知，技术进步本身被假定为外生决定，索洛—斯旺增长模型因此被戏称为"解释一切却不能解释长期增长"的模型。

三是知识溢出与阿罗的"干中学"理论。阿罗（1962）提出了"干中学"的概念。干中学是经验（隐性知识）的产品，只发生于解决问题的尝试中，经验具有递增的生产力。随着经验知识的积累，单位产品成本随着生产总量递减；与此同时，随着投资和生产的进行，新知识将被发现，并由此形成递增收益。阿罗模型有两个基本假定：第一，干中学或知识是投资的副产品，提高一个厂商的资本存量会导致其知识存量相应增加。第二，知识是公共产品，具有“外溢效应”。这一假定基本意味着，每一厂商的技术变化是整个经济中的干中学进而是经济的总资本存量的函数。因此，任一给定厂商的生产力是全行业积累总投资的递增函数，随着投资和生产的进行，新知识将被发现，并由此形成递增收益。

四是技术创新与新增长理论的兴起。卢卡斯（1989）提出，在人力资本中，只有生产某一商品所需要的特殊的或者专业化的人力资本（指受过专业知识的培训，包括正规和非正规教育、脱产与在岗教育）才是产出增长的决定因素。卢卡斯将人力资本作为一个独立因素纳入经济增长模型，建立了人力资本溢出模型，运用更加微观的方法把舒尔茨的人力资本概念和索洛的技术进步概念具体化。美国经济学家保罗·罗默（1990）继承了前人的研究成果，把增长建立在内生技术进步基础上，建立了知识溢出模型，把知识作为独立的因素纳入经济增长模型，在理论上第一次给出了技术进步的内生增长模型。罗默认为，在世界范围内，经济增长是“差异性增长”。发达国家的高知识积累率使要素收益率出现递增，即资本收益率提高和劳动工资率上升。知识积累率的高低和由此带来的要素收益率的差别，是发达国家与不发达国家收入水平巨大差异的主要原因。

10.1.2 经济增长质量测度

经济增长质量属于一种规范性的价值判断，而且由于人类社会一直处于不断地变化发展之中，这一范畴成为了一个动态概念。因此，经济增长质量的内涵难以准确界定，现有文献对它的定义比较模糊，而且往往具有很大的随意性，主要有两类观点：一种观点从狭义上来定义经济增长质量，将其理解为效率的同义语；另一种观点从广义上来界定经济增长质量，认为它是一个社会经济范畴的综合理论概念，有着丰富的内涵。

测度和评价经济增长质量的研究中，在界定经济增长质量内涵的基础上，与现有研究中的两种观点相对应，形成了两种测度思路：全要素生产率与综合评价指标体系（郭庆旺、贾俊雪，2005）。从狭义效率视角来理解经济增长质量的学者，大多都采用全要素生产率的变化来度量经济增长质量，而全要素生产率的提高又常常被主要归因于技术进步。现有研究基本表明，改革开放以来中国的全要素生产率曾经存在一个基本上升的时期，20 世纪 90 年代中期以后呈下降的趋势。但郑玉歆（2007）却认为这一方法存在着若干局限。用全要素生产率评价经济增长质量时，由于没有考虑要素的长期影响以及数据的局限性，可能会产生较大的偏差；而且提高经济增长质量的一个核心问题是实现资源的有效配置，而全要素生产率的增长并不能保证资源的有效配置。如果从广义视角来理解经济增长质量，则对经济增长质量的测度要通过一个综合的评价指标体系来实现，这主要涉及两个问题：其一是构成指标体系的各维度的选择与确定，这取决于对经济增长质量内涵的界定；其二是各分类指标的合成，国内相关研究文献主要采用相对指数法、因子分析法和熵值法。

杨长友（2000）认为测度经济增长质量有六大向度：①经济福利，包括人均 GDP、人均国民收入；②激励机制，包括意识形态、经济制度、经济要素数量的增加和效率的提高；③技术创新，主要看在经济增长过程中有无技术创新、技术创新的动力源如何，以及技术创新的种类；④供求结构，可从总供给结构和总需求结构两方面进行考察；⑤增长率、利润率和生产效率；⑥稳定性，现实增长率等于潜在增长率是经济增长保持稳定的根本条件。钟学义（2001）把衡量经济增长质量的指标概括为以下三个方面：反映经济增长效率的指标，反映经济增长是否稳定、健康的指标，反映经济结构及其变动的指标。李岳平（2001）认为，经济增长质量可用六大类 25 项指标衡量：一是增长源泉，二是稳定性，三是经济结构，四是经济效益，五是社会效益，六是增长代价。任保平等（2012）构建了经济增长质量指数，包括六大方面指数：经济增长的效率、经济增长的结构、经济增长的稳定性、福利变化与成果分配、资源利用和生态环境代价、国民经济素质；这一指标体系更加全面地评析了经济增长的质量，而且选取了偏差较小的主成分分析法进行计算。

10.1.3 技术创新与经济增长质量

我国对技术创新与经济增长质量的研究中，最有价值的就是“创新植入增长”概念的提出。以柳卸林、傅家骥为代表的清华大学经济管理研究所在 1997 年完成了国家自然科学基金重大项目“中国技术创新理论研究”，讨论了技术创新与高质量经济增长之间的关系，揭示了“科技长入经济、创新植入增长”是高质量经济增长最为根本的实现途径，解释了“科技长入经济、创新植入增长”的一般过程。

胡树林（2002）认为，要实现高质量的经济增长就必须进行技术创新，技术创新是经济增长在理想平台上运行的重要前提；而经济的高质量增长又反过来为进一步实现技术创新创造条件，技术创新是手段，经济高质量增长进而增加人民福利、提高人民生活水平是目的，手段与目的需要有机结合，有机统一，两者互动起来才能实现经济社会持续演进的初衷。

实证研究方面，朱勇和张宗益（2005）选取了我国31个省、自治区、直辖市2000—2003年的数据，通过对地区GDP、人均地区GDP、工业增加值、全员劳动生产率与技术创新指标的实证分析，发现技术创新能力对经济发展水平有较高的解释水平，我国欠发达地区的技术创新水平及其对经济增长的贡献度均低于发达地区，由此造成二者之间经济发展差距越来越大。张耿庆（2007）选取了1990—2002年的GDP与技术创新指标，采用协整理论与格兰杰因果检验来剖析技术创新与经济增长之间的关系，发现技术利益与经济增长之间确实存在明显的正向联系，而且技术创新是促使经济增长的动因，而非相反。黄智淋和俞培果（2007）利用1997—2004年31个省（市、区）的专利数据和国内生产总值数据，运用面板数据模型对我国31个省（市、区）技术创新活动与经济增长的关系进行实证检验，分析表明，技术创新对经济增长的作用由东部至中部至西部依次减弱，引入时间变量后的分析结果表明，技术创新对增长的作用逐年增强，技术创新正逐步成为我国经济增长的重要源泉。

综上所述，技术创新是经济增长的主要源泉，更是经济高质量增长的主要因素。然而目前缺乏对技术创新与经济增长质量之间关系的实证分析，没有从数据实证角度分析技术创新与经济增长质量的关联度。因此本章从实证角度，利用任保平等建立的评价体系计算中国经济增长质量指数，测度技术创新对中国经济增长质量的影响。

10.2 技术创新对经济增长质量的影响机制

经济持续增长的机制是技术创新与制度创新的不断跟进。在资源、制度供给充分的条件下，技术创新是提高经济增长质量的最重要因素。

技术创新是指新产品、新工艺、新组织管理技术等从设想产生到市场应用的完整过程，它包括新设想产品、研究、开发、商业化生产到扩散等一系列过程，同时也是科技与经济一体化的过程。技术创新对经济增长质量的影响机制主要表现在以下三个方面。

（1）技术创新本身使生产技术和生产方式发生变化。技术创新使社会生产过程的规模由小变大，生产结构由简单到复杂，生产水平由低级到高级。这种变化提高了微观企业的产出效率，最终表现为产业效益的提高。同时，创新技术在社会生产中不断改善和优化产业结构，提高产出质量，促进企业和产业生产率的增长，从而导致劳动生产率和经济效率越来越高。

（2）技术创新对经济增长质量的提高源自技术创新的“扩散效应”。新技术的传播和扩散将对经济增长形成巨大的推动力，因为技术创新使创新技术及其产品向国际市场扩散，新的发明和技术从拥有国向外国扩散过程中本身就会享受到新技术带来的价值，促进了本国经济增长的质量。不仅如此，这种技术的扩散还将给技术引进国带来生产效率的提高，并且这种技术扩散后形成的益处将远远超过新技术拥有国自身所得到的收益，这无疑将大大促进整个经济系统的经济增长质量。另外，技术创新引起的生产方式和经济管理模式的变革也使得企业的重组和兼并不断向效率更高的方向演进。在一定程度上说，技术创新的扩散和传播效应的经济意义不亚于生产技术和生产方式本身的变化，甚至还超过技术创新和新组合的作用。也就是说，技术创新的扩散对经济增长的贡献比创新本身大。可以这样说，经济发达的国家通过“有偿”技术转让从技术创新本身受益，有时这种“有偿”转让往往附带超额利润的垄断效果，在获取超额转让利润的过程中，该国的经济增长质量得到了提升。而经济发展一般的国家则利用了技术创新的模式和扩散特点，直接引进、模仿技术先进国家的成熟技术，解决了自身技术落后的状态，大幅提高了劳动生产率，并且增长收益高于引进技术的成本。从这个角度来看，后发的工业化国家通过引进技术创新也能够提高经济增长质量。

（3）引进技术创新是自主创新的基础。技术创新是经济增长质量的决定因素。引进技术创新能够提高产出投入比和产出质量，减少对自然资源的依赖，促进产业结构优化，有利于提高产业素质和生产率。但经济落后的发展中国家若要赶超发达国家，不能一味地靠引进技术创新，而应该靠自主研发的技术创新取得经济上的主动。但达到这种状态相当困难。虽然可以不必重复发达国家的老路，但初期只能靠技术创新的扩散效应来缩小差距。至于这个阶段要经历多长时间，则要看该国对引进新技术的融入情况和掌握能力。技术掌握能力强弱决定了自主创新的能力。一个国家若真正能够通过自主研发并掌握某些技术，这些技术符合国际通用技术标准并可以有偿向外转让，那么与通过引进技术创新提高增长质量相比较，自主研发的技术创新对经济增长质量的提高不仅幅度大，而且这种高质量的增长更加稳定。

10.3 技术创新与中国经济增长的现状分析

我国技术创新对经济增长的贡献还比较低。自1978年中国实行改革开放以来，中国的经济增长以9.7%的年均速度增长，林毅夫称之为“中国奇迹”。按不变价格计算，1979—2008年年平均经济增长率为9.73%，但平均技术进步率为2.78%；技术进步对经济增长的平均贡献份额为28.57%。显然，与经济发达国家相比，我国技术进步对经济增长的贡献份额有相当大的差距，甚至不足它们的1/2。即使与发展中国家相比，我国也处于劣势。20世纪80年代以来，发展中国家技术进步对经济增长的贡献率已超过35%。中国的高速增长基本上是以投入驱动和资源高消耗为主的粗放式增长。中国经济能否在21世纪实现持续稳定的增长，是人们所普遍关注的问题。

不断提高技术创新能力是建设创新型国家的需要。一直以来，我国经济基本上属于要素和投资驱动型，仅在经济比较发达的东部沿海地区出现了创新驱动型经济发展的态势。从国民经济持续稳定增长的背景来看，我国正处于经济转型时期，技术创新对于经济增长方式的转变、经济结构的调整和地区经济的协调均具有重要作用。党的十六届五中全会在科学分析国际竞争形势和国内发展阶段的基础上提出，“要把增强自主创新能力作为调整产业结构、转变经济增长方式的中心环节”。党的十七大报告明确提出要增强我国的自主创新能力，建设创新型国家。2005年12月国务院发布的《国家中长期科学和技术发展规划纲要（2006—2020年）》确定要投入6000亿元推进科技创新，指出到2020年我国的研究开发投入要占国内生产总值的2.5%以上，科技进步贡献率达到60%以上，远期目标是在整体国民经济发展中科学技术的贡献率要达到70%~75%。要建设更具特色和优势的区域创新体系，促进区域内科技资源的合理配置和高效利用。随着社会主义市场经济体制日臻完善，科学技术必将在我国经济社会全面协调可持续发展中发挥更为重要的基础性、战略性和主导性的作用。

中国当前经济增长方式有许多不利于技术创新的因素，通过影响技术创新的产生机制，制约了技术创新的开展。这些因素与中国当前经济发展方式的特点紧密相联，作用于技术创新发生机制的各个方面，它们的存在一定程度上排斥了创新，其中比较重要的方面包括：

(1) 经济发展过程中对知识产权保护的忽视。由于中国当前的经济发展方式是以出口导向和投资拉动为特征的，对知识产权保护的需求并不迫切，从而造成了技术创新的环境较差，技术创新的收益无法得到法律保障，削弱了企业开展技术创新的动力。

(2) 金融体系对技术创新的支持力度不足。在资本市场上，政府非常注意对金融风险的防范。这种政策措施的负面效应正日益显现：与技术创新密切相关的风险投资未能得到充分发展，在技术创新方面本应充满活力的中小企业得不到资金支持。

(3) 作为创新主体的企业缺乏创新能力。企业在技术创新方面的主体地位已经确立，但相对于改革开放30多年的时间来说，这种对技术创新的正确认识来得太晚，企业普遍缺乏创新能力，技术积累不够。

(4) 科研与企业脱节，无法为企业提供技术创新。“产学研”中的教育、科研与现实脱节，无法满足企业、社会的需求，不能很好地为企业提供技术创新成果。并且基础研究水平低，无法为技术创新提供知识基础。虽然我国在科学研究领域的成果数量较大，但实际水平不高，无法促进技术创新。

(5) 技术创新商业化体系不健全。在技术创新的过程中，技术商业化方面的失败造成某些技术发明并没有给企业带来成长的机遇。很多重要的发明无法得到扩展，就是技术创新商业化体系不健全的结果。

(6) 技术创新的目标被计划。中国各级政府习惯于对技术创新进行干预，政府在发展规划中设定具体的目标，通过行政手段影响资源配置和技术发展的方向，从而削弱了企业在技术创新过程中的自主权。

10.4 技术创新与经济增长质量指数的实证研究

10.4.1 经济增长质量指数

本章利用任保平等在《中国经济增长质量报告（2012）》一书中发布的中国经济增长质量指数的数值进行计算，数据见表10－1。

表10－1　2000—2010年中国经济增长质量指数测度结果汇总

年份	方面指数						经济增长质量指数
	经济增长的效率	经济增长的结构	经济增长的稳定性	福利变化与成果分配	资源利用和生态环境代价	国民经济素质	
2000	0.2076	1.0033	0.3075	0.7138	0.3179	0.7652	－0.6930
2001	0.0987	1.7385	2.2048	0.7786	0.3816	0.8282	－0.9618
2002	0.0023	9.1030	0.3591	0.8615	0.4269	0.8460	－5.9487
2003	－0.0994	0.8060	0.3255	0.9520	0.4756	0.8453	－0.1914
2004	－0.1963	0.4265	5.7648	1.0855	0.5459	0.8581	0.4740
2005	－0.3011	0.4522	0.2776	1.2192	0.5631	1.3250	0.3286
2006	－0.4191	0.3840	0.2790	1.3781	0.7068	1.3612	0.5381
2007	－0.5503	0.3725	0.2876	1.6105	0.8274	1.4500	0.7289
2008	－0.6674	0.2492	0.1023	1.8219	0.9469	1.5480	0.9702
2009	－0.7966	0.1819	0.7815	1.9677	1.0940	1.7422	1.2379
2010	－0.9394	0.1559	0.2531	2.2183	1.2483	1.8900	1.4349

10.4.2 技术创新对经济增长质量的影响

（1）数据选取与处理。关于技术创新指标的选取，学术界有很多讨论，总体上分为两大类：①建立指标体系。2000年的《中国科技发展研究报告》提出了中国地区科技竞争力指标体系，包括科技投入水平（科技人力投入水平、科技财力投入水平和科技基础设施水平）、科技产出水平（专利产出水平、科技论文水平和科技英才水平）、科技与经济和社会协调发展程度（科技促进经济增长的程度和环境保护水平）、科技潜力（教育潜力和科技素质基础)，以及制度因素（如科技管理水平、科技体制和科技环境水平、知识产权保护水平）五大类共 40 项指标。1998 年，傅家骥等学者在《技术创新学》中提出的技术创新能力评价指标体系包括创新资源投入、创新管理、创新倾向、研究开发、制造和营销六项指标。②利用单个或多个指标进行分析。赵彦云、刘思明（2011）运用我国 1988—2008 年省级面板数据，考察不同类型专利对经济增长方式的影响。米建华、谢富纪（2009）运用创业投资金额与专利申请授权数说明技术创新与经济增长的关系。林良华（2001）对 8 个主要技术创新指标进行说明、比较，得到适合对技术创新进行测度的指标。

技术创新对经济增长的作用只有在技术创新“植入”经济时才能发挥对经济增长质量的促进作用，所以作者认为“技术市场成交额”应该作为技术创新的测度指标之一。本章通过对专利受理数、研究与实验发展经费（R&D）支出、技术市场成交额分别与经济增长质量指标进行回归分析，反映技术创新对经济增长质量的作用。

在技术创新指标的设置上，本章选取了 2000—2010 年的专利受理数、研究与实验发展经费（R&D）支出、技术市场成交额，其中 R&D 支出和技术市场成交额的单位为亿元，数据均取自《新中国六十年统计资料汇编（1949—2008)》和《中国统计年鉴》（2009—2011)。将 R&D 支出和技术市场成交额按照居民消费价格指数折算成以 2000 年为基期的数值。为了计算结果的精确，本章对技术创新指标进行了指数化处理。

（2）实证分析。本章利用 Stata11.2 软件，首先用经济增长质量指数值与三种技术创新指标进行时间序列分析，然而回归结果并不显著，拟合优度并不高，结果见表 10 - 2“经济增长质量指数”一列。技术创新对经济增长的积极作用非常明显，为什么对经济增长质量方面的影响却不明显呢？本章用技术创新指标分别对经济增长质量指数中的 6 类细分指标进行实证分析，借此分析技术创新对经济增长质量的具体影响，寻找技术创新对经济增长质量影响不足的原因。

表 10-2　　回归结果

	经济增长质量指数	经济增长的效率	经济增长的结构	经济增长的稳定性	福利变化与成果分配	资源利用和生态环境代价	国民经济素质
专利受理数	8.36986 (0.38)	-2.97202 (-4.97***)	-8.5647 (-0.27)	-22.83521 (-1.11)	2.748072 (4.97***)	0.9616179 (2.51**)	3.942645 (4.78***)
R&D 支出	-22.8056 (-0.65)	1.991303 (2.12**)	29.989 (0.59)	-5.872203 (-0.18)	-1.217346 (-1.40*)	0.2122687 (0.35)	-5.861802 (-2.02*)
技术市场成交额	32.0727 (0.41)	0.8359276 (0.40)	-44.4719 (-0.39)	64.13187 (0.88)	-0.767812 (-0.39)	-0.589426 (-0.44)	-0.515387 (-0.40)
误差项	-3.45354 (-1.48)	0.4200357 (6.68***)	4.78383 (1.42)	2.138967 (0.99)	0.4088421 (7.03***)	0.2040051 (5.07***)	0.4709762 (5.42***)
R^2	0.3870	0.9868	0.2094	0.2183	0.9939	0.9919	0.9788
adjusted-R^2	0.1243	0.9811	-0.1294	-0.1167	0.9913	0.9884	0.9698
F Statistic	1.47 [0.3022]	174.38 [0.0000]	0.62 [0.6251]	0.65 [0.6067]	382.62 [0.0000]	285.47 [0.0000]	107.99 [0.0000]

注：( ) 内为 t 统计量；符号＊＊＊、＊＊和＊分别表示该变量通过 1%、5% 和 10% 的显著性检验；[ ] 内为统计量相应的概率值。

通过拟合优度、t 检验、F 检验，我们不难看出，技术创新对经济增长的效率、福利变化与成果分配、资源利用和生态环境代价、国民经济素质这 4 个方面有非常显著的影响。但是，技术创新对经济增长的结构、经济增长的稳定性却没有很大影响。而在经济增长质量中这两个指标是权重最大的，而且经济增长的结构对经济增长质量的反向影响更大（任保平等，2012），这就造成了最终技术创新对经济增长质量影响的不显著。

10.4.3　结果分析

经济增长的效率提高，技术创新为主要原动力。技术创新的存在就是企业为了提高收益而进行的生产技术上的创新，技术创新的直接作用就是生产效率的提高。微观上效率的提高，最终会促使宏观上效率的整体提高，也就提高了经济增长的效率。

技术创新对福利变化与成果分配、资源利用和生态环境代价、国民经济素质的影响是创新的扩散作用造成的。随着技术创新的不断应用，企业的生产效率得到提高，带动整个社会的效率提高，使企业收益得到增加，最终整个社会的收入增加、福利得到提高。当生活水平得到提高时，人们对生活质量的要求也就增加，并且会更多地考虑经济的可持续发展，也就开始重视对资源和环境的保护。这时，对资源利用、环境保护有作用的技术创新会得到大力的推广，人们也更加关注这方面的进展。随着技术创新对经济增长的作用的不断突显，政府会将更多注意力投入到对技术创新的推进，更多的资金投入、更大的宣传力度，最终都会带来国民经济素质的提高。

然而经济增长的结构和经济增长的稳定性就是我国现阶段技术创新发展不足的地方。我国的技术创新主要是第二产业方面的创新，第一产业的创新不足以及第三产业的发展缓慢，都造成了产业结构的低级化。由于技术创新在很大程度上使得企业生产机械化，在很大程度上减少了人工劳动，使得失业率不断提高，从而影响了经济增长的稳定性。

10.5 政策建议

在竞争日趋激烈的今天，一个国家经济是否能实现经济高质量增长，取决于它的技术创新能力的强弱。综观世界各国在提高自己技术创新能力促进经济高质量增长方面的方式方法，结合我国的客观实际国情，走技术创新之路，实现经济可持续发展。

（1）更新技术创新观念。在新世纪，技术发展的速度将更快，产品的生命周期将大为缩短，企业要保持技术创新活力，就必须有追求超越、打破旧体制、冲破体制限制和文化束缚的独创精神。在经济全球化的大趋势下，企业应认清形势，必须从全球的角度，善于学习借鉴利用别人的智慧结晶。为此企业需要建立新的技术创新管理体制，充分发挥后发优势，为技术创新者提供自由空间和各项支持，善于发掘新思路，确保新想法变成现实。

（2）加大对技术创新人才的培养。技术创新源于人的思想，人的创新思想源于其所掌握的知识，而要将技术创新思想转变为技术创新行动并产生技术创新结果，却取决于其素质。21 世纪的人才一方面应具备跨学科专业技术知识，正确解决问题的方法以及系统面向问题的思维方式；另一方面应具有善于沟通协调的团队工作能力、完善的领导艺术、对国外文化背景的理解能力以及勇于终身学习的充分心理准备。由此需要国家实施教育体制改革，扩大受教育对象范围；需要企业长期对其员工培训，对高技术人才进行政策激励；需要个人坚持终身学习。三者并举，才能造就技术创新的睿智人才。

（3）营造更加宽松的技术创新环境。在良好的技术创新环境中，人们能够顺利地进行新技术、新产品的研究与开发，并使之商业化。学习鼓励冒险并允许失败的硅谷精神，使技术创新人员得到足够的鼓励，建立风险资本机制孵化高新技术公司，政府基本不干预，使企业家能够放开手脚。这就为技术创新造就了一个无精神压力、研究开发资金相对充足、研究比较自由的环境。

（4）加大政府支持引导力度。创新是民族之魂，技术创新是振兴民族经济，实现经济高质量增长的关键所在。政府作为市场的宏观调控与管理者，对技术创新应起到推动作用：①增加基础研究投资，因为基础科学研究是新思想新方法新产品产生的基础。②创造适宜的商业创新环境，包括稳定的宏观经济环境，如良好的金融、劳动力、商品、技术市场，以及能够促进技术创新的调控机构，帮助人们获取教育与技能以适应高度发展的技术进步。③建立完善的技术创新机制，促使企业、高校、研究机构和管理机构全力合作，充分发挥率先创新的引擎效应、模仿创新的扩散效应、继起创新的持续效应和结构优化的集成效应，以推动国民经济的高质量增长。

11 产品创新与中国经济增长质量

进入21世纪，中国进入重大转型期，工业化加速发展，经济结构发生着深刻而急剧的变化，买方市场逐渐形成，市场竞争日益激烈。作为微观组织，企业只有不断培养自身的创新能力，引进新技术，实施产品创新，才能可持续发展，形成新的经济增长点，提高经济增长的质量。本章在界定企业产品创新内涵的基础上，探究了产品创新与经济增长质量之间的逻辑关系，并提出产品创新驱动经济增长质量提高的路径选择和政策建议，从微观层面为我国经济寻求新的增长点。

11.1 文献综述

产品创新是现代企业发展的核心，是技术进步的必然选择。自1912年熊彼特提出创新理论以来，学术界对于创新理论的研究经历了以下三个阶段：20世纪50年代创新理论的分解研究及技术创新理论的创立阶段、70年代对技术创新理论的系统开发阶段，以及80年代的技术创新理论的综合化、专门化研究阶段。而产品创新理论的研究正是技术创新专门化研究的必然结果。随着世界市场竞争的日益激烈，信息技术的高速发展，产品更新换代周期日趋缩短，产品创新已经越来越成为评判企业能力和企业绩效的标准之一。产品创新、新产品开发以及增强产品的自主研发能力已日渐成为提高企业绩效和拉动经济增长的重要路径。产品创新的动力从根本上来说是技术推进和需求拉引共同作用的结果，技术创新活动以市场需求为出发点，创造出适销产品，使市场需求得以满足，企业将市场需求与其技术能力相匹配，寻求风险收益的最佳集合点来进行产品创新，从而引领经济社会发展形成新的市场和经济增长点，提高经济增长的质量。①

关于产品创新的内涵，经济合作与发展组织（OECD）将其定义为"为给产品用户提供新的或更好的服务而发生的产品技术变化"。许庆瑞（1990）从技术的角度出发，认为凡是技术创新活动引起向新产品开发的，都可称为产品创新。傅家骥（1998）从创新的角度出发，认为产品创新就是得到新的或有某种改进、改善的产品。胡树华（1997）研究认为，现代企业产品创新是建立在产品整体概念的基础上，以市场为导向的系统工程，这是从系统的角度对产品创新的较为全面科学的定义。

到目前为止，国内外学界对产品创新的研究大多集中在产品创新管理方面。产品创新管理起源于新产品管理。阿格辛—霍维特（1992）继承熊彼特关于"创造性破坏"的基本思想，考察了以产品质量提高为主要内容

① 任保平，郭晗．经济发展方式转变的创新驱动机制［J］．学术研究，2013（2）．

的产品创新过程，提出源于竞争性厂商的垂直产品创新是经济增长的根本源泉。美国的 Booz - Allen 和 Hamilton（1957）首次在《新产品管理》一书中提出产品寿命周期理论。英国的 Gopert 等人建立了产品的生长曲线数学模型。1984 年在美国创办的《产品创新管理》杂志标志着产品创新管理系统化研究的开端，其研究重点主要集中在新产品战略与评价理论研究、新产品成败研究、产品开发绩效研究，以及创新组织理论研究这四个方面。Pessemier（1983）则强调市场与销量分析、利益机会搜寻分析，据此来比较各种产品战略的市场结构、效率和财务效果。Nonaka 和 Kenney（1991）研究了苹果和佳能两大公司的创新案例后，认为创新是使产品满足需要的信息加工过程，不仅有利于新产品开发，也有利于企业提高自我发展能力，创造良好的创新环境。许庆瑞（1986）的《研究与发展管理》是我国最早关于产品创新理论的著作之一，从科研过程、科研组织、科研计划等方面系统阐述了研究与发展管理的基本原理和方法。傅家骥（1992）在《技术创新》一书中深入系统地探讨了技术创新的扩散规律，论述了技术创新与组织创新、政策创新、经济良性循环的关联作用。万君康、胡树华（1993）的《产品工程学》是关于新产品管理的重要著作，首次建立了以产品为对象，由开发工程、战略工程、制造工程、营销工程组成的新产品管理体系。王海山（1993）在《技术进步经济学》一书中清晰地分析了技术创新的类型、动力以及运行机制，研究了技术创新对产业结构变革、宏观经济发展的推动作用。吴正龙（1996）认为现代产品开发速度越来越快、层次越来越深，应建立强有力的开发机构及相应的投入、决策机制，注重人才培养。沈洪（1995）认为要重视科技、生产、市场间的衔接，合作开发新产品。王允生、薛建云（1996）等认为调整产品结构是提高企业竞争力、实现企业发展的有效途径。

对文献进行梳理可以得出，国内外关于产品创新的研究大多侧重管理方面，包括产品创新的战略、组织、模式及路径等，少数文献涉及产品创新与企业绩效之间的关系。产品创新作为创新驱动体系的重要内容，与推动经济发展方式转变和提高经济增长质量之间的逻辑关系还是个研究盲点。因此，本章致力于探究产品创新的内涵及产品创新驱动经济增长质量提高的逻辑关系，分析我国进行企业产品创新的必要条件，从而提出产品创新驱动经济增长质量的路径，寻求我国经济新的增长点。

11.2　产品创新驱动中国经济增长质量的机理研究

11.2.1　产品创新的内涵界定

产品创新作为企业技术创新的重要组成部分，是现代企业发展的焦点，企业是产品创新的主体。产品创新至今没有一个严格统一的定义，本章比较倾向于接受美国西北大学科特勒博士对产品的定义：产品由核心、形式、附加这三个层次构成，企业的产品创新是建立在产品整体概念基础上的，以市场、质量为导向的系统工程，包括新产品的开发和老产品的改进，并贯穿于产品构思、设计、试制及营销的全过程。

产品创新是企业生产经营活动的核心和主要内容，企业在强大的利润动机和潜在利益的推动下，将产品生产要素合理整合，开发制造出不同于已有产品的新产品，最终实现市场销售活动。与此同时，其他创新活动都是围绕产品创新进行的，而且其成果最终也是在产品创新上得到体现。根据迈克尔·波特（Michael E. Porter）的观点，企业只有两大持久的优势：一是低成本，二是差异化，差异化来自于创新。企业要赢得市场，持续发展，就必须不断地创新，即时开发生产新产品来适应市场的变化，更好地满足用户需求，取得市场竞争的有利地位。因此，产品创新是企业的活力源泉与生存之本。

根据创新程度的不同，产品创新可划分为四种基本类型：①创造全新产品，即企业进入一个新的、人们不熟知的市场，创造完全不同质的新产品，这样有利于企业进入市场，获取高额垄断利润，但同时企业必须依赖在创新过程中所获取的知识，面临高难度、高风险。②创造新的产品平台，利用新的通用产品平台开发出一个新的产品家族，进入相关市场和产品领域。这是产品创新的重要形式，难度和风险相对较小。③创造已有产品平台的派生产品，是对已有的产品平台的扩展，即用一种或多种新产品更好地占有相关市场，是产品差别化的主要形式。④对原有产品的改进，在保留原有产品特点的基础上进行增加或改进，使生产线跟进潮流，提升竞争力。

每项产品创新的进行都有一定的方法和模式。目前工业企业界的产品创新存在三种主要模式：技术推动型创新模式、需求拉动型创新模式、技术推动与需求拉动交互作用综合模式。不管哪种模式都离不开市场导向，企业最直接的客观环境是市场，企业进行产品创新就必须在市场的引导下，与科研机构进行紧密合作，充分发挥产学研的各自优势，建立产品创新的合作平台，构建“市场—产品—技术”的合作模式来提高产品创新开发能力。

11.2.2 产品创新与经济增长质量的逻辑关系分析

一个经济的实际经济增长方式取决于企业的行为，经济增长是由企业实现的。一方面，企业可以通过各种不同的创新途径实现可持续发展的长远目标，例如技术创新、目标创新、市场创新、组织创新、制度创新等，而技术创新又包含产品创新、工艺创新等。产品是企业的象征，企业就是通过生产和提供产品来求得社会承认，证明其存在的价值，也是通过销售产品补偿生产消耗，取得盈余，实现自身乃至整个社会的经济增长。另一方面，产品创新源于市场对企业的产品技术需求，也就是技术创新活动以市场需求为出发点，企业创造出适销产品，使市场需求得以满足。企业通过创造全新产品、创造新的产品平台、创造派生产品或对原有产品进行改造实施产品创新，在市场上形成一种新型的产品来满足消费需求，从而促进新的市场形成和新的经济增长点的形成。

假说一：产品创新通过影响企业行为来提高经济增长质量

产品创新程度是企业成功的关键，它不仅是企业绩效的直接决定因素，而且还是众多其他因素与企业绩效的中介变量，对企业发展有极为重要的战略意义。具体体现在：①产品创新是企业获得竞争优势的主要因素。产品是企业生产经营活动的核心，产品创新是实现企业目标的重要途径。企业进行产品创新实质上就是要开发竞优产品，其目的就在于获取竞争优势，实现企业目标。②产品创新是企业提高技术水平的客观要求，产品是需求和技术结合的产物，产品创新过程实质上是一个采用技术满足需求的创新过程，它必然会导致产品、设备、工艺、生产、管理等一系列的变革，促进企业技术水平的提升。③产品创新是企业提高经济效益的重要途径，经济效益是衡量企业一切活动的标准，能否提高经济效益是评价产品创新是否成功的依据。产品的成功不仅仅体现为销售额和利润量的增长，更体现为品牌效益和企业形象的提升。产品创新可增强企业凝聚力、激发创新精神，产品创新凝聚着企业员工的智慧和创新精神，从战略规划、机会识别到创意的产生、概念开发，再到实体开发和最终的商业化，整个创新过程是一个团结协作、开拓创新的过程，也是一个培养协作精神、创新精神的过程；产品创新是企业实现持续发展的动力源泉，“优胜劣汰，适者生存”是市场竞争的法则。而市场竞争集中地体现为企业产品间的竞争，在一个变化的市场环境之中，企业只有自觉地调整产品结构，不断地推出适应市场和技术要求的新产品，才能在激烈的竞争中取胜，才能推动企业的持续发展，从而推动整个社会经济的发展和经济增长质量的提高。

假说二：产品创新通过形成新的市场和新的增长点来提高经济增长质量

产品、技术及需求的寿命周期说明，产品作为需求和技术结合的产物，必将因需求的变化和技术的发展而被淘汰。企业要想获得长远的发展，就必须时刻关注市场需求及技术的发展变化，制定正确的产品战略，不断地推出新产品，以争得市场。顾客对某种产品的需求可称为一个需求点，顾客的需求点分布构成顾客的需求结构，顾客的需求结构总和即为市场需求结构。随着科学技术的发展和生产的进步，人类的眼界越来越开，激发出更多的欲望，引发出更多的需求点。另外，维持生存的基本生活得到保证后，人们对自己的需要体察得更为细致，要求更加精细地生活，由于个体差异性的存在，产生了各种新的需求点。因此，需求的多样化和个性化是人类进步和发展的必然结果。[①] Greenwood 等（2004）在一个三部门模型中讨论了消费者对新产品的需求，认为由于经济增长和收入的增加，消费者因偏爱多样化产品而增加对新产品的需求，进而使得新产品部门保持了一个较高的内生增长率，并导致了缺乏产品创新的农业部门的萎缩。Zweimuller 和 Brunner（2005）通过理论和实证研究发现，当高质量新产品卖给高收入者而次低质量产品卖给低收入者时，更加平等的收入分配有助于产品的创新激励和质量升级，并使经济更快增长。随着经济的发展和新产品的问世，社会供给结构会发生变动，而需求结构将不再与之适应，就需要及时调整经济结构，使生产资料在各个部门行业之间重新分配，提高

① 曾硝，邓家褆. 产品创新的意义、机制及战略［J］. 航空制造技术，2004（2）.

资源利用效率，形成新的产业和产业结构，从而对经济增长质量产生重要影响。因此，提高经济质量要以产业结构调整为核心，用新技术改造和提升传统产品，加大研发投入和自主创新力度，加快培育战略性新兴产业和产品。

11.2.3 以产品创新驱动中国经济增长质量提高的必要性

我国的产品创新是伴随着改革开放以来经济体制的转轨和改革发生的，改革解除了对很大一部分企业生产领域的管制，企业可以根据市场需求生产和销售产品。同时，随着经济增长和收入的增加，人们对于高质量产品、新产品的需求也在不断提高，因此，改革开放使得我国市场供给和需求得到双重释放。① 然而随着全球一体化，企业面临的市场环境发生了巨大的变化：产品竞争日益激烈、消费者需求呈现出多样化的趋势；技术进步促使产品生命周期逐渐缩短，产品创新时间也随之缩短。从企业面临的宏观经济环境看，2010 年以来，我国劳动力成本、原材料价格不断上升，能源供应、土地厂房等生产资料价格优势在逐渐消散，人民币升值，节能环保的压力也将长期存在，因此中国企业发展的内外部环境非常严峻，可能进入本世纪以来“最困难”时期。面对日益恶劣和动荡的经营环境，我国企业的生命周期明显缩短，调查结果表明，中国企业的平均寿命仅为4.2 年，民营企业为2.9 年，每年新生企业为15 万家，倒闭企业达10 万家，中关村6000 家企业存活 8 年以上的仅占3%。

目前，我国经济增长正面临着由短期增长向长期恢复的转变，同时也面临生产过剩、竞争过度、粗放增长等一系列亟待解决的问题。② 这就要求我国加大科技创新投入，积极实行自主创新来促进产业结构的调整、经济增长方式的转变，实现内生性增长和经济增长质量的提高。对于企业来说，产品创新不应再局限于产品在某项技术经济参数的质和量的方面取得提高与突破，而更应该强调创新思维贯穿新产品的构思、设计、试制及营销的全过程。开发新产品或实施产品创新最主要的在于开发出有巨大潜力

---

① 吴贵生，杨艳，朱恒源．中国产品创新管理研究：现状、差距与展望［J］．研究与发展管理，2006（12）．

② 张超．增长恢复中的过剩化解、内生动力激活及对策选择［J］．上海经济研究，2010（8）．

和市场的原创性新产品，并进一步把新产品的市场潜力转化为市场价值、企业利润和产业规模。目前中国发展的新能源、新材料、新医药、生物育种、信息产业、海洋工程和电动汽车等新兴产业，都是遵循了由产品到产业这一发展逻辑。因此，促进新兴产业发展的政策重点仍然是产品创新，以此来满足企业生存和发展的内在要求、满足市场和竞争的客观需求，以及技术进步的必然选择。

11.3 产品创新驱动中国经济增长质量提高的路径选择

11.3.1 制定切实可行的产品创新战略是提高经济增长质量的重要保证

产品创新是企业发展的动力，而成功的产品创新必须以正确的产品创新战略为指导。产品创新战略是对产品创新的整体规划，主要解决企业外部环境、内部资源与新产品的匹配问题。产品创新战略经过对市场和技术的评估，制定有关新产品活动总体范围和目标的规划，以及为实现这些目标制定政策措施，是企业战略的重要组成部分，是实现企业战略的重要保证。制定产品创新战略作用包括：①导向作用。企业在任何时候面临的机遇都不是唯一的。产品创新战略明确了有关新产品的活动的范围、目标和方向，有效抵制了产品创新过程中各种市场机会的诱惑，使企业能够集中资源，发挥优势，开发出前景看好的产品。同时，在产品创新的各个阶段，如概念形成、概念评价、市场营销等，产品创新战略均发挥着极为重要的指导作用。②协同作用。产品创新活动涉及营销、研发、工程、生产、财务等多个部门，某种程度上，新产品是企业组织整体活动的结果，产品创新战略的协同作用消除了组织内部方向与目标的冲突，使组织中的各个组成部分协同一致，共同致力于开发新产品。③激励作用。产品创新是一项极富挑战性的整体组织活动，产品创新战略从整体上为新产品开发确定了方向，设定了目标，而由其生成的子目标则会成为团队和个人的工作目标，从而极大地激发了企业的创新精神和团队精神。

11.3.2 加快模仿创新进程的产品升级，实现自主创新，是提高经济增长质量的中心战略

自主创新与模仿创新之间并没有不可逾越的界线。自主创新并非从零起步，模仿创新也并非没有自己的专门努力和由此而产生的独到之处。自主创新与模仿创新本质上都是一种创新模式，这是它们的相同之处。两者的关键不同在于，模仿创新在多数情况下是在率先创新者具有知识产权的科技成果基础上的“模仿”，是在别人工作基础上的进一步努力，也被称为二次创新。“模仿创新”与单纯“仿制”的根本区别在于后者不含有自己的创新成分，而模仿创新具有自己的独创成分，推动了技术进步①。单纯模仿以及模仿创新战略是指搜寻并研究外国或外资竞争对手或非竞争对手能够获得良好市场绩效的产品与技术，模仿和跟进跨国公司的现成产品和技术，这种做法在大多数中国制造业公司普遍存在，如我国通信厂商中90%就是模仿或模仿创新型企业。许多本土企业通过反向工程对跨国公司的先进产品进行模仿，并基于此改进实现产品升级。对于企业的发展而言，模仿不是取得良好绩效的捷径（Winter，1984）。模仿、跟随企业的最终目的是追赶、超越领先的跨国企业。企业要想由跟随者变为领先者，技术发展就要由纯粹模仿、模仿创新向自主创新转变，而产品发展要实现从跟进和模仿向创新和改进相结合转变。但现阶段我国企业引进、消化吸收国外先进产品所含技术，进行模仿创新，再到自主创新的产品升级过程显然过于漫长，如何加快模仿创新到自主创新的进程十分重要。

11.3.3 以顾客为中心，加强政策保护和激励，是提高经济增长质量实施路径的最终落脚点

产品创新会衍生出众多产品、新市场和财富，激发消费者的新欲望和购买潜力。产品创新实际上是开拓新的消费空间，培育新的消费群体，从而实现消费拉动经济的增长模式。根据马斯洛的需求层次理论，消费者的心理需求有极大的潜力和空间，产品创新需要从顾客价值创造的角度出发，根据消费者的需求层次和价值认同差异度，有针对性地推出丰富多彩

---

① 毛蕴诗，汪建成．基于产品升级的自主创新路径研究［J］．管理世界，2006（5）．

的新产品，不仅满足消费者的现有需求，同时通过新产品激发消费者的潜在需求，创造巨大的社会财富。因此，政策激励需要实现从“投资激励”向“创新激励”的转变，全面提高企业创新动力。企业的产品创新离不开国家创新体系的支持。国外在产品创新方面有很多的优惠政策，如瑞典从宏观角度出发改善经济运行环境，建立健全风险投资市场，通过政策调节发展高技术产业。日本政府在资金运作、技术和经营诀窍、地方产业创新配套设施建设和人才等方面给予支持。目前，我国还需要利用法律手段为企业产品创新提供一个宽松的环境；政府应利用经济手段为企业的产品创新给予必要的支持，如健全金融体制、加强科研机构和企业的紧密结合、完善人才流动体制等。

11.4 结论及政策建议

通过分析产品创新的机制和实现产品创新的路径，我们可以清晰地认识到，我国经济正处于转型关键时期，面临着生产成本上升、消费需求不足、产品缺乏创新性等诸多问题。基于当前我国产品创新所面临的主要问题，本章认为，强化企业产品创新能力和相关技术进步，是推动产品创新的重要战略着眼点和政策着力点，政府应当通过科技政策和科技投入有效推进企业产品创新，服务于产品创新的技术进步和设备升级，从根本上推动企业产品创新进一步发展，同时也将产品创新与市场需求相结合，实现良性互动。本章的政策建议主要集中在以下几个方面：

11.4.1 明确产品创新的发展方向

不论是从外部环境还是从内部因素来看，现阶段产品创新要更加注重对高新科技的吸收和运用，在创新过程中融入新产品开发的平台与资源，并对其进行高度整合。未来的产品创新与开发应更加强调创新产品的可持续性。可持续性产品创新有利于企业和社会的可持续发展。可持续产品不仅意味着企业对社会、环境履行了生态责任，而且具有可持续发展观念的企业，由于其竞争力的组合中注入了新的因素而产生新的竞争优势，可以获得更丰厚的利润回报，许多世界一流的企业已用实际行动证明了采用这种新的产品创新战略是一种新的趋势。

11.4.2 改进产品创新的模式

传统的产品创新模式与市场需求的结合产生了一系列问题。改进产品的创新模式试图解决传统模式无法解决的问题，新模式应当具备这样的结构：以知识为核心，以技术和科技手段为支撑，以市场为导向，以需求为中心，整个过程需要更加先进和人性化的管理思想，从而提升整个产品创新过程的灵活性和弹性，达到能迅速针对易变、个性化的市场需求环境做出相应调整的目的。在诸多新产品失败的案例中，因市场因素造成的失败超过半数以上。对市场的细致分析与准确判断是新产品成功的前提，其作用在于识别风险与机会，为产品创新指明方向。

同时，产品创新还要加快模仿创新进程中的产品升级，向自主创新的模式转型。本土企业模仿的最终目的是实现对优秀企业、垄断企业的追赶甚至超越。这一目的本身就要求企业的技术发展由纯粹的模仿创新向自主创新模式转变，构建有核心价值体系的产品。大量事实证明，单纯模仿创新模式下开发出的产品由于缺少自主知识产权，在国内市场和国际市场都不具备核心竞争力，只能陷入“低端锁定”之中，不论是对于企业的发展还是整个产品市场而言，模仿模式都不是长久之计。但现阶段，我国企业引进、消化吸收国外先进产品所含技术，进行模仿创新，再到自主创新的产品升级过程显然过于漫长，加快模仿创新到自主创新的过程十分重要，不论是前期的模仿创新还是与大企业合作，都可以通过学习对方的管理经验和先进技术，提高自身的学习能力和管理能力，实现“干中学”的积累，从错误中学习，培育自主创新能力，使企业的核心竞争力不断提升，从而为向自主创新模式转型积累经验。

11.4.3 提升产品创新的内涵性

新阶段的产品创新，更多应该从内生要素着手。研究开发阶段是产品创新的重要环节，加大 R&D 投入力度是成功开发新产品的基本保证。自主创新的新型模式在这个过程中还应当注意降低开发风险，避免产品研究开发项目安排不当而导致的财务风险。

同时，要及时获取专利信息。在产品创新的调研阶段，企业可以进行专利检索，不仅能够提高产品创新的起点，而且能够节约项目经费和缩短产品开发周期。企业要充分利用专利，加强对本企业知识产权的保护，注重专利创新，及时申请专利权，掌握自主知识产权。加强对引进技术的改进，合理地利用外部研发资源，将引进国外先进技术与自主创新结合起来，积蓄企业创新学习的势能，并在一定条件下以多种形式释放出来，形成有自主知识产权的创新产品。

另一方面，建立有效的产品开发机制，重视企业人力资源投资，提高企业员工的整体素质。科技人才是企业产品创新的灵魂，企业应从战略高度认识到人才的重要性，建立有效的创新激励机制，形成吸引人才、重视人才、重用人才的氛围。采取各种可行的措施来调动企业科技人员的积极性和创造性，如增加科技人才分享创新成果的份额、用创新成果折价入股、提供高额报酬等。在中小企业中逐步建立和完善现代企业制度，形成科学的法人治理结构。继续深化投资体制改革，促进中小企业成为真正的产品创新主体，落实企业产品创新的投资自主权，推行由法人主体承担投资风险责任的风险约束机制。通过市场法则的作用和投资体制的改革，在中小企业中建立起有效的产品创新运行机制。

此外，企业应积极与高等院校、科研院所开展多层次、多形式的合作交流活动，促进企业以产品创新领先优势取得市场竞争优势。

12 市场创新与中国经济增长质量

中国已成为全球第二大经济体，然而曾经推动中国经济快速发展的人口红利、外贸红利、制度红利和资源红利正逐渐趋于弱化，甚至成为经济增长的拖累。大量研究显示，过度依赖投资的增长模式是造成红利消退的主要症结。投资驱动的增长模式导致投资效率下滑、产业升级乏力、资源消耗激增，以及环境污染、通货膨胀、产出波动和结构性失业的加剧，最终中国以牺牲经济增长质量为代价实现了数量上的经济增长。破解中国经济困境的关键在于宏观经济政策应由需求管理为主向供给管理与需求管理并重转变，依靠创新驱动改善中国的总供给，创造出新的增长红利。然而创新驱动的产生与发展绝非一蹴而就，需要由新知识和新理念激发技术和工艺的创新，进而创造新产品、培育新市场、开发新产业，最终使得创新的红利扩散和惠及国民经济各部门与各行业，推动中国经济实现数量和质量的双重提升。在创新驱动的链条上，市场创新占据着重要地位，市场创新不仅使知识创新、技术创新和产品创新与最终消费相衔接，并且通过高额的市场回报率创造出可观的生产者剩余激励持续的创新行为。当下中国宏观经济政策以需求管理为主，依靠刺激投资和进出口需求推动的经济增长不仅存在边际递减效应，而且易于消耗现有的增长红利，而创新驱动却能够创造新的增长红利，并形成增长与红利的良性互动机制。

12.1 市场创新的内涵

市场创新的基础在于完善的市场经济体制，借助市场机制配置资源，实现资源配置和利用的帕累托最优。市场经济和市场机制的核心是价格形成机制，一般意义上，市场价格尤其是均衡价格是由供给和需求共同作用形成，即由市场交易双方所决定。更为重要的是，无论知识创新、技术创新抑或是产品创新，都需要通过交易来评价和实现创新的价值，同时，交易也为提升新兴产业的规模化发展和延伸创新扩散空间奠定了基础。福利经济学第二定理认为“自由选择”的交易是实现帕累托最优的必要条件，市场经济也正是凭借交易形成专业化提升了效率。因此，市场经济具体表现为市场交易活动，从组成来看，交易又可分解为交易场所、交易内容和交易规则。本章尝试将市场创新划分为交易场所创新、交易内容创新和交易规则创新，通过梳理市场经济演变过程中的典型事实，归纳和解释市场创新的决定因素、表现形式，以及市场创新与提升经济增长质量的关系。

现有关于市场创新的研究相对较少，因此从多层次视角对市场创新的内涵与外延加以解释和分析就显得尤为必要。对市场创新的界定应以对“创新”、“市场”和“市场经济”内涵的分析为基础，进而围绕市场创新与其他形式创新的关系、市场创新主体以及市场创新的目的，分析市场创新的内涵与表现形式。

首先，市场创新的核心在于创新。在熊彼特的世界中，创新应包含产品创新、技术创新、市场创新、资源配置创新和组织创新。创新以“企业家”为主体，是一种革命性的变化，它不仅内生于生产过程，而且是经济发展的本质规定。创新虽然意味着毁灭，但必须能够创造新的价值。“企业家”作为创新的主体对于“企业家精神”和新价值（创新创造的超额垄断利润）的追逐激发了创新。此外，按照熊彼特“创造性毁灭”的观点，经济发展就是不断创新的结果。换言之，技术创新使前一个创新变得过时，新进入厂商的威胁使得原有厂商不能坐享其成，竞争的压力迫使他们必须不断进行研究开发，创新企业因而有了连续创新的动力，市场就有了连续的暂时性垄断的创新。然而，由于现实中创新的非连续性和非均衡性特征，不同的创新对经济发展产生差异化的影响，形成了长短各异的经济周期，即引发了产出波动。因此，熊彼特的创新理论表明，非线性的创新虽然会导致经济系统的不稳定，然而五个层面的创新却是经济长期增长的关键因素。尤其值得注意的是，创新的主体是“企业家”，而“企业家”对创新的追逐则需要在市场经济体制下才能发挥应有的效果。

弗里曼在熊彼特创新理论的基础上，把创新的内涵概括为将新发明、新产品、新工艺、新方法或新制度第一次运用到经济中去的尝试；进一步，将创新概念包括发明、创新和创新的扩散。其中，发明是为新的或改进的产品、工艺或制度而建立的新思想、图纸或模型，通常表达一种前所未有的构思。创新是指新发明第一次引入到商业中的全过程。创新的扩散是指创新的成果经过全体潜在采纳者之手扩散来提高全社会生产率。

其次，对市场的剖析是研究市场创新的基础。市场是商品经济和社会分工的产物，在狭义上是买卖双方交易商品的场所，从广义来看市场应是买卖双方交易内容、交易场所和交易规则的组合。市场存在多层次的内容和多样化的划分标准，因此准确把握市场内涵就具有一定难度。但是各类市场的功能却是一致的，对市场功能和作用的分析有助于探讨市场创新。按照斯密的观点，由交易双方力量对比形成的价格机制来配置资源是最优效率的，市场交易促进了分工，进而提高了专业化水平、改进了效率。因此市场的最主要功能在于通过促进分工提高效率，并且随着市场发达程度的提高，市场还能够促进权能的分离（权利分工）（刘伟，1991），进一步释放效率改进的空间。经济学理论也证明了只要交易主体（消费者和生产者）具有凸性的偏好①，通过自由选择即市场交易就能够实现帕累托最优。

再次，市场经济是市场、市场关系、市场体系、市场机制和市场调节等范畴的总和（洪银兴，1995），市场又是市场经济的载体。市场经济的创新在于不断扩大市场的范围，从狭义来看是拓展市场的空间范围，但从广义来看则是延伸交易的范围，从而尽可能地扩大分工、提升专业化水平。市场经济强调依靠价格机制引导产品和要素的流动，无须政府的干预

① 即消费者的边际效用递减规律和生产者的边际报酬递减规律存在。

就能实现帕累托最优，因此在一定意义上市场经济也被认为是自由市场经济。从斯密、萨伊到马歇尔、哈耶克，都强调市场机制是自我均衡机制的完善体系，市场机制在本质上是没有缺陷的，市场本身的均衡调整机制足以保证经济长期均衡运行，并可以实现资源的最佳配置。周期性危机并非必然，是可以避免的。然而马克思和凯恩斯都认为市场机制是不完善的。马克思认为，近现代资本主义是由小市场不断向全球性大市场转变，是由民族市场走向世界市场经济的进程，即“经济全球化”。马克思认为这个进程是不可阻挡的，在世界市场经济已统治全世界的时候，周期性的全球经济危机最终会破坏世界市场经济，从而摧毁这一体制。凯恩斯则认为造成“大萧条”的主要原因是有效需求不足，通过政府干预尤其是存在流动性陷阱时财政政策的干预，就能够帮助宏观经济走出泥潭。因此，市场经济研究实质上是对资源配置方式的对比分析，即对市场经济的研究往往集中于资源配置究竟是由价格机制还是由政府的计划调节所决定，在何种经济条件下哪种资源配置方式最有效率。

最后，探讨市场创新的内涵。熊彼特的创新理论认为市场创新就是开拓一个新的市场，比如一个传统的国内企业成功打开了国外市场。这一界定往往使市场创新被认为是市场营销创新。在市场经济发展的初级阶段，市场营销创新与市场创新重叠的部分相对比较多，然而随着市场经济的不断完善，学者们认识到市场营销创新与市场创新之间存在着本质的区别。市场营销在一般意义上是指在适当的时间、适当的地点，以适当的价格、适当的信息沟通和促销手段，向适当的消费者提供市场的产品和服务。市场营销理论诞生于 19 世纪末，在初创阶段，市场营销注重的是推销和广告，这一阶段的市场营销充分强调了商品销售功能，将企业生产的产品推向消费领域（不断开拓新的消费市场），并从消费者那里获得回报。美国市场营销协会先后于 1985 年和 2004 年对市场营销下过定义。1985 年的定义为：市场营销是计划和执行关于产品、服务和创意的观念、定价、促销和分销的过程，目的是完成交换并实现个人及组织的目标。2004 年的定义是：市场营销是一种组织功能，也是为了组织自身及利益相关者的利益而创造、传播、传递客户机制，管理客户关系的一系列过程。根据美国市场营销协会的定义，我们不难发现现代市场营销更加注重职能观、客户价值观和客户关系管理观。但根据对早期市场营销理论和现代市场营销理论的分析可知，市场营销的主体是企业，营销创新是以服务企业自身目标而展开的。营销创新主要反映企业为了追求利润最大化或者市场占有率而实行的短期竞争策略（曹亚威、吴先金，2007）。此外，叶思荣（1997）也认为市场创新与市场营销的主要区别在于市场创新不以巩固市场份额、提高市场占有率为目标，而着眼于开拓新领域。市场营销以产品为基础，以总成本为实力，以市场分享为目标，着重广告、推销和价格等手段，因而资金最为充裕的企业取胜的可能性更大。而市场创新以产品和服务的差别性为基础，致力于市场创造，提出新的产品概念，建立新的市场标准和秩序，最具创新精神的企业家取胜的概率更大。

叶思荣（1997）提出市场创新是指企业从微观的角度促进市场构成的变动和市场机制的创造，以及伴随新产品的开发对新市场的开拓、占领，从而满足新需求的行为。市场创新包括开拓新市场和市场“新体系”的创新两方面。此外，学者们认为市场创新对于差异化的产业具有不同的意义。例如，洪银兴（2010）就传统产业的市场创新认为，不能以为创新只是技术创新，在传统产业市场上商业模式创新可能更为重要。传统产业市场是竞争白热化的市场，成功的企业一般是进行商业模式创新的企业。适应买方市场的市场创新方式大致有：第一，与上下游企业形成产业链合作；第二，特别重视品牌创造和企业声誉的提升；第三，重视服务对扩大市场和提升产品价值的作用。基于以上分析，本章对市场创新的内涵作如下界定：

第一，市场创新与其他创新的关系。市场创新是以知识、技术和产品创新为基础，新知识、新技术和新产品的诞生能够促进新市场的形成。而市场机制通过竞争压力加快知识、技术和产品创新的产生和扩散速度。更为重要的是，知识、技术和产品创新都是高风险投入，而市场创新（市场机制创新）能够保证创新的收益，有助于激励持续的创新投入；提升经济增长的稳定性。此外，市场创新高度透明，能够为不同产业提供可资借鉴和模仿的新商业模式，为产业创新降低学习成本、提升产业竞争性和活力，最终撬动产业创新。

第二，市场创新的主体。熊彼特认为创新的主体是“企业家”，市场创新的主体也应当是“企业家”或者是具备企业家精神的团队。“企业家”为了追求创新利润和自我实现的“企业家精神”推动了市场创新，并通过市场创新实现知识、技术和产品创新的价值。

第三，市场创新的目的。与市场营销创新追求企业自身短期目标不同的是，市场创新锁定的是长期目标，并且在长期也并不为某个特定企业所服务。市场创新有两个目的，一是扩大市场交易的范围，二是降低市场交易成本。斯密认为分工促进了专业化、提升了效率，然而分工受制于市场范围，因此市场创新的第一个目标在于扩大市场交易范围，而交易范围的扩大不仅仅在于地理意义上的市场，更在于通过市场交易场所的形式创新、交易内容创新和交易规则创新扩展市场交易的范围。此外，科斯认为由于市场交易存在交易成本，企业为了降低交易成本而出现，替代了市场，即以企业契约替代市场契约。因而，我们认为市场创新的第二个目标是降低交易成本，增加市场交易的频率和规模。

接下来，本章将分别从交易场所创新、交易内容创新和交易规则创新三个层面对市场创新加以论述，并剖析市场创新对于扩大交易范围和降低交易成本的作用。

12.2 市场创新分析

12.2.1 交易场所创新

交易场所是市场交易的基础，在一定意义上只有具备了交易平台才有可能进行市场交易。交易场所创新不仅意味着拓展了新市场，更能够降低交易成本。商品经济发展的早期阶段，交易平台并不固定，交易可能随时随地发生，换言之，交易的频率较低并且具有较大的随机性和不确定性。伴随人类社会性的增强，经济的集聚程度不断提升，尤其是城市的出现使得交易往往集中于固定的场所。《易经·系词下》有“日中为市，致天下之民，聚天下之货，交易而退，各取其所”的表述，说明当时已有了固定的交易场所和交易时间。姚家华（1989）分析指出，在奴隶社会的西周时期，固定的市均设于王城之内或分封诸侯的国都内，并且形成了包含交易地点、交易时间、市场秩序、度量衡、交易契约和交易税等一整套的市场制度设计。正式交易平台的形成，使得交易范围得到大幅度的提升，交易规模增加，更加透明的交易信息和规范的交易制度能够有效降低交易成本。随着市场经济发达程度的提升，交易平台的创新可能体现在以下三个方面：

第一，从固定的场内交易到灵活的场外交易。绝大多数交易尤其是商品交易总是在固定的交易场所进行，然而当市场交易的内容不再局限于商品时，就产生了场外交易。场内交易和场外交易均是针对证券交易而言，区别在于是否在固定的交易所内交易；此外，场内市场有标准的合约并被监管，场外交易仅是交易双方私下的协定。场内交易又称为交易所交易，是供求双方在证券交易所内集中进行竞价交易的交易方式。场外交易是在正式的交易机构之外的交易，因此又被称为柜台交易，场外交易能够为交易者差异化的需求设计出不同内容的产品。

场内交易最大的优势在于交易者在一个集中的场地内交易，增加了交易密度，从而有助于形成流动性较高的市场。场外交易的证券主要包括不符合证券交易所上市要求的股票、符合证券交易所上市要求但不愿在证券交易所上市的股票、债券以及存托凭证等。场外交易的主要优势体现在：①由于没有集中的交易场所，场外交易可以成功地绕开经纪人，交易双方不必向经纪人支付佣金。现代的场外交易多借助现代的通信技术和网络，因此在一定程度上起到节约交易成本的作用。②场内交易的证券必须符合严格上市交易的条件，因此证券数量较少。而场外交易无须符合集中市场管理者制定的严格条件，场外交易的证券种类更加丰富，在客观上就刺激了交易频率，增大了交易量。③场内交易必须按照时间优先和价格优先的集中竞价规则进行交易。而场外交易则以更为灵活的“一对一”方式协商定价成交，交易规则更为简单。此外，场内交易数量必须以“手”（100股）为单位，而场外交易的数量则更为灵活。从上述分析可以发现，场外交易能够起到扩大交易范围、降低交易成本的目的。

第二，由多样化交易场所发展到专业化交易场所。在商品经济发展的早期阶段，市场均为多样化的交易场所。商品经济发展的初级阶段，商品交易的规模和种类相对较小，多样化的市场能够增加经济集聚程度，吸引更多的买卖双方进驻。早期多样化交易场所更易具备规模效应，也能够有效缓解买卖双方的信息不对称，共享基础设施，因此有助于降低交易成本。专业市场是从商品批发市场或商品交易市场演变而来，传统意义上的专业化市场多指以现货批发为主，集中交易某一种类或若干类有较强互补性或替代性商品的场所，是大规模集中交易的坐商式制度安排。罗卫东

(1996）对专业化市场进行了学术界定：专业化市场是由多个以批发为主经营单一种类商品的主体（摊位、店铺）聚集在一个相对固定的场地内而形成的大型市场。郑勇军（1998）提出专业化市场应具有两个特征：①以现货交易为主，远期合同交易为辅；②每日交易或者每周交易日明显长于歇业日。前者使专业市场明显区别于各种商品期货交易所，后者使其区别于农村周期性集市。洪银兴（1995）认为专业化市场是商家的聚集、市场功能的聚集。在专业化市场中集中发布的价格信息、供求信息更具权威性，交易成本得以降低。依据发达国家的经验，机电产品等生产资料更适合进入专业化市场。

专业化市场相较于多样化市场的优势体现在：①同类商品的买卖双方集中在固定的交易场所，信息流动性增强，买卖双方以搜寻成本为代表的交易成本降低。②专业化市场以批发为主，兼顾零售，因而交易规模和交易频率远大于多样化市场。③集中交易，有较大规模的买家和卖家，市场信息流动性强，产品的差异性较小，较为接近完全竞争市场。依据福利经济学第一定理，完全竞争市场结构中的均衡符合帕累托最优，即最优效率。④专业化市场以现货交易为主，远期合同交易为辅，集聚的供求双方可以共享大规模交易平台和销售网络。在交易方式专业化和交易网络设施共享的基础上，能够形成交易领域的信息规模经济，专业市场能够建立低交易费用的优势。⑤专业市场往往也意味着同一领域企业布局在地理上的集中，即产业集聚（金祥荣、朱希伟，2002）。产业集聚能够发挥外部经济和规模经济的优势。

第三，从有形的实体交易场所衍生出无形的虚拟交易平台。传统意义上的交易平台是有形的实体交易场所，交易双方在此实现了物流和信息流的集聚。随着通信技术发展和互联网普及，交易双方不再依赖于实体交易场所，基于虚拟交易平台的电子商务正逐渐改变传统商业模式。按照狭义的定义，电子商务是依赖数据的处理和传输，通过互联网进行的商业交易，包括企业与企业（B2B）、企业与消费者（B2C）之间的交易活动。从广义来讲，电子商务利用互联网将消费者、生产者、供货商以及雇员联系在一起，并将有价值的信息迅速传递给有需要的主体（涂勤，1999）。值得注意的是，电子商务符合洪银兴（1995）提出的现代市场的重要特征：信息流集中，物流分散。

电子商务是基于互联网的虚拟平台交易，其优势体现在：①众多交易主体在统一的虚拟平台交易，不仅降低了信息的搜寻成本，同时也缓和了信息不对称；②基于虚拟平台的交易能够降低企业（供给方）的店铺租金和仓储成本，一方面降低了厂商的进入门槛，另一方面降低了交易价格，能够刺激交易规模扩张。

12.2.2 交易内容创新

早期商品经济的主要交易内容是物物交易，但物物交易的成本较高，也限制了交易规模，货币作为一般等价物的产生更有利于节约交易成本和刺激交易。新知识、新技术和新产品需要通过市场交易才能对其创新价值进行准确的评价，换言之，只有当新知识、新技术和新产品能够进入市场进行交易，即成为市场交易的内容之一，其市场价值才能实现。但新知识、新技术和新产品能够进入市场交易，并不意味着市场交易内容的创新。我们尝试通过梳理交易内容的演变，探讨市场交易创新对于降低交易成本、刺激交易规模的作用。本章归纳的交易内容创新体现在以下方面：

第一，信用形式交易的出现。传统的市场经济中，买卖双方以货币为中介展开交易，从而能够实现交易在时间和空间上的分离，然而仍受限于交易方在交易时所拥有的货币量。如果单纯地为刺激交易而增发货币，又会导致通货膨胀，信用交易形式的存在弥补了这些不足。在信用交易中，参与交易的一方不再支付货币或者商品，取而代之的是自身的信用，即承诺在未来向对方支付相应的货币或商品①。信用交易最早出现在证券交易中，交易方只要向证券公司提供一定的保证金或证券，由证券公司提供融资或者融券进行交易。随着金融体系和制度的完善，在消费领域也出现了信用交换，即信用消费，消费者凭借个人信用向银行或其他金融机构借款，用于购买商品或服务。

信用交易的实质是在恰当的制度安排下，交易者能够在当期交易和未来交易之间选择。以信用消费为例，交易者考虑到当期和未来实际利率的变动而作出选择，交易能够使得消费者在跨期预算约束条件下实现效用最大化。消费者如果预期未来收入上升，在实际利率下降的情况下，决策主

① 期货交易与之也较为相似。

体将会通过信用消费增加现期消费，从而扩大交易规模。然而值得注意的是，信用交易虽然能够增加交易规模，但是银行以及中介结构需要对交易主体的信用加以甄别和评价，因此在其他情况不变时信用交易会增加交易成本。此外，信用交易内含着金融创新，也不可避免金融风险，即交易者存在违约风险。

第二，服务交易的形成。商品是传统交易的核心，即交易双方是对商品价格的竞争。随着商品经济完善和分工范围的扩大，服务也成为了交易内容之一，比如管理咨询服务、法律服务以及信息服务等。关于以服务为主要内容的交易，在理论上更多的定义是服务贸易。Bhagwatti（1984）将服务贸易分为4类：①消费者和生产者都不移动的服务贸易；②消费者移动到生产者所在国进行的服务贸易；③生产者移动到消费者所在国进行的服务贸易；④生产者和消费者移动到第三国进行的服务贸易。杨圣明和刘力（1999）提出服务贸易的特点有：①服务贸易是劳动和货币的交换；②服务的生产和消费同时发生不能储存。

相关研究也发现，服务贸易的优势体现在：①投入多种熟练劳动，能够提高该贸易部门的最终产出；②引入服务贸易可以导致最大程度的专业化和帕累托最优。值得注意的是，互联网普及和通信技术的发展使得服务贸易通过外包产生的影响更加显著。例如，美国和印度存在较大的时差，美国公司在夜间可以通过互联网将计算机程序编写和财务分析等服务外包给印度公司，从而有效克服了时空限制，扩大了交易的范围。

第三，权利成为交易内容。随着分工不断深化，不仅商品和服务能够交易，权利同样也可以进行交易。在商品经济发展的初级阶段，附着在商品上的所有权、经营权、处置权和收益分配权等各项权利是统一的，换言之，一次商品交易意味着包含在商品内的所有权利必须统一交割。在市场经济逐渐高级化的历程中，包含在同一个商品中的不同权利能够相分离，实现了依附于商品的某项权利的交易，即所有权的权能分离（刘伟，1991）。按照马克思的观点，所有权的权能包括所有、占有、支配和使用，而所有权、支配权和管理权的三权分离构成了实质上的权能分离。商品生产社会化程度越高，三权分离的价值形式越广泛。所有权的权能分离是一种社会制度分工，使部分社会成员成为专门的所有者或企业的职业经理人。这种分工与生产的社会化、专业化、商品化进程相适应，进一步扩大了市场交易的规模。值得注意的是，除了所有权的权能可以分离并交易，在现实经济中，期权以及排污权交易也在产生重要影响。

所有权、支配权和管理权分离进而进入交易领域，社会分工领域不断扩大，衍生出职业经理人市场。具有管理才能的个体虽然不是企业的所有者，但是能够通过权能分离的社会分工形式固定从事企业的管理工作，这种社会分工形式的出现不仅能够扩大市场交易的规模，更有利于微观企业的发展。然而，企业所有权的权能分离使得所有者不得不面对信息不对称导致的道德风险问题。由于职业经理人和企业所有者目标存在差异，并且职业经理人相较于所有者具有企业运行的信息优势，可能导致职业经理人投入不足，最终使得所有者的利益受损。期权交易的出现（即职业经理人向企业提供管理服务，而企业承诺职业经理人具有在未来以某一特定价格买进公司股票的权利）在激励职业经理人的同时，成功使得所有者和职业经理人的目标被捆绑在一起，充分保障了所有者的权益。所有权的权能分离以及期权交易在一定程度上都是以特定的商品或实体为基础，而某些权利的交易并不以实体为载体。环境作为公共产品不具有私人产品的竞争性和排他性，因此也不存在产权，这也易于导致“共地悲剧”，实际的环境污染会高于社会最优的环境污染度。解决环境污染“共地悲剧”最有效的手段就是，政府给予企业一定排污许可权，同时构建排污许可权交易平台，使得企业能够自由交易排污许可权。排污许可权的出现一方面扩大了市场交易范围，具有较强节能潜力的企业或地方可以专门从事节能投入，节能潜力差的企业可以专门从事非节能投入并从高节能潜力的企业购买排污许可权，从而产生了专业化分工；另一方面，创新的排污许可权交易市场能够有效减少环境污染，提升经济增长质量。

12.2.3 交易规则创新

传统交易规则的重点在于交易价格是由交易双方的力量对比所决定，并且商品交易供需双方的角色相对固定。然而随着信息时代的到来，尤其是第三次工业革命的发展，传统的交易规则正在改变。一方面，某些领域的价格机制可能不再是竞争性的；另一方面，消费者和生产者的身份在某些情况下难以清晰界定。笔者认为，交易规则创新包含价格机制的创新和交易者身份的创新。

第一，价格机制创新。在信息时代，信息产品的供给方不再向消费者收取任何费用，改变了传统的赢利模式，价格不再由供求双方的竞争所决定。互联网的内容供应商向消费者免费提供信息资源，即时通信软件商也向消费者提供免费的软件使用权。在互联网免费的初级阶段，经济学理论称之为网络外部性，信息和互联网软件生产者以免费或者极低的价格提供产品，目的在于培育一个原本不存在的市场。网络外部性能够成立的前提是，消费者对产品的需求取决于其他同类消费者的数量，换言之，消费者从某个产品中得到的效用与消费者的总数量有关，因此网络外部性又被称为需求方规模经济。为了追求消费者（用户）规模的扩张，生产者（供应方）会向消费者免费提供信息、产品或者服务，而生产者可以在自己平台向消费者提供广告，从而获取广告收入。此外，随着互联网和信息技术的发展，生产者通过提供免费产品能够获得庞大的消费者数据，进而向相关行业的生产者提供数据分析和咨询服务，最终弥补了免费产品的成本。

第二，交易者身份创新。在传统的市场经济中，就同一交易而言，消费者和生产者的身份界定是严格清晰的，换言之，生产者仅提供商品和服务，而消费者支付费用换取商品或服务。然而在新经济中，界定消费者和生产者的身份变得困难，同一交易中的一方不仅是生产者还可能是消费者。在网络经济时代，分布式的生产模式和扁平化的商业模式对现实经济影响更加深刻（里夫金，2012）。一方面，生产不再是地理上的集中，商品或服务的生产更加分散，减少了企业的组织成本；另一方面，交易的中间环节减少，商业模式紧紧连接生产者和消费者，交易费用得以节约。第三次工业革命中，信息和新能源的生产符合分布式生产和扁平化商业模式的特征。就信息而言，消费者获取信息的传统渠道是报纸、电视或者门户网站，在这种信息生产模式中，信息是由生产者集中制造和生产。经济体为了生产消费者需求的信息，必须为信息的收集和加工支付相应的成本。随着互联网交互能力的增强，信息不再由生产者集中生产，而是由无数的信息消费者以较低成本或无成本地收集，进而借助微博、微信等互联网渠道进行分享，节约了搜集成本，实现了信息的分布式生产。在这种模式中，信息的生产者也是信息的消费者。

此外，新能源生产同样具备分布式的特征。以太阳能为例，为了服务消费者，减少能源传输过程中的不必要损失，需要接近市场。并且太阳能不可能如同煤炭、火电一样集中生产，需要进行分布式生产。城市是经济集聚的一种重要形态，太阳能生产就需要分布在城市搜集太阳能最便利的地方——每一个建筑上。太阳能的生产者就是建筑物的所有者，同时建筑物的所有者也消费着自身所生产的新能源，并将额外的新能源卖给其他消费者。

在分布式的生产模式中，消费者和生产者的身份识别较为困难，参与交易的一方兼具生产和消费的特征。值得注意的是，在生产者和消费者身份统一的分布式生产模式中，交易者身份创新的重点在于，交易者不再是单纯的竞争关系，更重要的在于分享。

12.3 市场创新与经济增长质量

通过将市场创新分解为交易场所、交易内容和交易规则的创新，本章认为市场创新的目的在于扩大市场交易规模和降低交易费用，然而市场创新更为关键的作用是能够有效提升经济增长质量。根据钞小静和任保平（2011）的界定，我们分别从经济增长的结构、经济增长的稳定性、福利变化与成果分配，以及生态利用和环境代价四个维度阐述市场创新与经济增长质量的关系。

12.3.1 市场创新与经济增长结构

经济增长结构从经济增长的过程反映经济增长质量。经济增长结构均衡，经济增长的效率提高，国民经济的中间消耗降低，持续增长就有较大的潜力和可能性，从而对经济增长作出正的贡献（钞小静、任保平，2011）。在交易内容创新中，我们不难发现早期市场交易是以农产品为主，逐渐加入了手工业制品，而随着市场经济水平不断提升，服务也创造性地进入到市场交易。值得注意的是，只有当服务能够交易，服务业才能成为独立的产业促进国民经济发展。服务业或者第三产业又可以分为以餐饮为代表消费者服务业和以管理咨询、金融服务等为代表的生产者服务业，相较于生产者服务业而言，消费者服务业形成规模的时间更早，然而生产者服务业的产业关联度远超过消费者服务业。近年来，欧美传统工业强国正在经历产业结构转型，在产业分工上，发达国家以工业设计和管理咨询为主的生产者服务业快速发展，而其传统的制造业正逐渐向发展中国家转移。例如曾经主导计算机制造的跨国公司 IBM 就将计算机制造部门和品牌卖给中国联想，而专注为企业提供数据管理咨询服务，实现了由制造型厂商向服务型厂商的成功转型。苹果公司也仅仅从事手机和电脑的工业设计与操作系统设计，而将制造工作外包给亚洲的企业，但苹果公司的利润要远远高于为其代工的企业。只有当服务能够进行交易，高度外包的商业模式（产业间贸易）才能形成，表现在产业链条中，生产者服务业将占据更高的附加值和利润，产业竞争力更加持续强劲，这对于优化、升级一国产业结构具有深远的战略意义。

交易场所创新中，专业化市场的出现也能够有效促进产业结构的均衡化发展。专业化市场的形成往往意味着生产的专业化，即实现了以产业集聚为代表的经济集聚，换言之，产业集聚水平越高，越易于产生专业化市场。经济集聚通过规模报酬递增（Dixit & Stiglitz，1977；Krugman，1991；Fujita et al.，1999）、技术外溢（Fujita，1989）和不完全竞争（Dixit & Stiglitz，1977；Fujita et al.，1999）引导要素和经济活动在空间集中，已成为现代经济增长的特征性事实。理论上，经济集聚对经济增长会产生三个层面的积极效应：首先，经济集聚规模效应有助于降低企业平均成本；其次，新经济地理学的相关研究（Krugman，1991；Fujita，1999）认为，技术的外部性与企业间技术溢出是经济活动集聚的主要驱动力；最后，不完全竞争通过诱发厂商的价格和质量竞争降低成本，在微观上实现了经济效益的提升。区域内某一产业集聚水平越高，越容易在该区域内形成该产业的专业化市场，比如浙江的众多小商品市场。区域内专业化市场的形成，有助于该区域集中优势资源发展特色优势产业，促进高效率的经济增长。

此外，虚拟交易平台的形成意味着信息流的集中和物流的分散。淘宝网一方面刺激了网络购物消费，另一方面也带动了物流产业的快速发展。2012 年淘宝网的交易额就突破 1 万亿元，2012 年“双十一”实现了 191 亿元的单日销售额。以淘宝为代表的电子商务的急速成长也促进了物流业的繁荣。现代物流业的发展也能够显著促进经济增长，其作用大致可以体现在：首先，现代物流业能够推动社会分工的进一步深化；其次，新兴古典经济学的超边际理论认为，物流联盟的出现通过降低交易成本而促进经济增长；最后，物流业能够促进区域经济增长中的极化和扩散效应，通过增长极的梯度推进区域经济增长（刘南、李燕，2007）。

12.3.2 市场创新与经济增长的稳定性

作为经济增长质量的一个重要维度，经济增长的稳定性体现为经济运行不会出现剧烈波动，经济风险能够得到有效控制。从理论来看，经济增长的稳定性可以用实际产出对潜在产出的偏离程度来衡量。潜在产出取决于资源状况和技术效率，是相对稳定的。实际产出对潜在产出的偏离也可以称为经济失衡，在现实中均衡出现的时间短、概率低，失衡却是经济的常态，换言之，经济的波动是正常现象。在宏观经济领域，实际产出对潜在产出的偏离往往是由需求因素所致，即不恰当的需求管理政策引发总需求上升或下降均会加剧经济的波动。例如，政府预期宏观经济出现下行，出于刺激经济的目的实施积极财政政策推动经济增长。如果政府刺激经济的措施过于激烈，实际产出会在短期内超过潜在产出，表现为经济过热。政府如果忽视了结构调整，则会导致经济陷入衰退，失业增加，实际产出低于潜在产出。政府非适度干预的内在原因则是预期失误。无论在理论上还是在现实中，建立理性预期都是一个棘手问题，缓解经济波动的可行途径则是减少不必要的政府干预。

虽然经济的不稳定性难以彻底根除，并且也无法找到帮助政府建立完全正确预期的方法，然而在某些领域的市场创新有助于稳定经济。著名的蛛网理论告诉我们，一定条件下，期货交易能够降低农产品价格波动幅度。

12.3.3 市场创新与经济增长的成果分配

经济增长不仅是国内生产总值的不断攀升，更应表现为居民收入和福利水平的持续改善，使经济增长的成果惠及所有居民。一般意义上，分析经济增长的成果分配更多强调的是收入分配的公平性。然而收入分配公平性大多与制度设计相关，与市场创新的关系并不紧密，值得注意的是，市场创新往往能够使得居民的福利水平整体上升。市场创新对于提升居民福利水平，间接改善经济增长成果分配的效应表现在：①在交易场所创新中，专业化交易场所的出现使得购买专业化产品的消费者的搜寻成本大大降低；②在交易内容创新中，信用交易使得消费者的超前消费成为可能，通过合理规划现期和未来的收支，居民的选择范围扩大、福利水平随之提升；③交易内容创新中，资产权能分离后，证券交易使得拥有资产较少和收入水平不高的居民也能够投资企业，分享企业利润和经济增长的红利，居民在消费和投资之间的选择余地扩大，可能获得的总效用增加，福利水平提高；④在交易价格机制创新中，随着移动互联网的普及，网络外部性日益受到厂商的重视，为了扩大市场份额，厂商在竞争中向消费者提供低价甚至是免费的优质产品和服务，消费者剩余因此增加，总体福利水平也会随之上升。

12.3.4 市场创新与资源利用和生态环境代价

改革开放以来，中国的快速经济增长一方面使得居民收入和福利水平稳步提升，另一方面也使得基础设施条件大幅改善。中国改革开放前二十年的高速经济增长源于中国的人口红利、制度红利和外贸红利等的支撑，然而伴随一系列有利条件的释放殆尽，2000 年后，由于产业结构转型乏力，中国经济增长更大程度上依赖由政府主导的投资推动。尤其是 2008 年国际金融危机爆发后，为了保证稳定的经济增长速度，中央政府推出 4 万亿元的刺激经济计划，其中绝大部分投向铁路、公路和基础设施建设领域。以投资拉动数量型经济增长，不可避免地带来了资源的大量消耗和环境的严重破坏。中国目前已成为仅次于美国的全球第二大能源消费国，2012 年一次能源消费总量 36.2 亿吨。大量的能源消耗也使得中国环境质量堪忧，中国气象局发布的 2012 年《中国气候公报》显示，2012 年中国平均雾霾天气为 16 天，比平均值多 7.2 天。资源和环境的消耗可以理解为增长的代价，经济学理论也认为人类社会对生态环境的消耗是经济生产的副产品（或者坏产品），并且西方国家也都经历了库兹涅茨所描述的先污染后治理的 U 型发展历程，对于中国而言，快速的经济增长和庞大的经济体量意味着完全解决经济对生态环境的破坏具有较大难度。问题的关键在于，如何借鉴西方国家的经验，在较短时间内渡过倒 U 型曲线的转折点。

作为经济增长副产品的生态环境破坏，无论对于国民健康水平还是国家形象而言都具有极大的破坏性，是中国经济面临的最严峻的挑战。市场创新能够有效降低能源消耗和环境污染。首先，在交易场所创新中，虚拟交易平台的产生简化了交易，减少了买卖双方的交易成本，其中最为主要的是交易双方无须支付前往实体交易场所的交通费用，借助能源消耗较低的互联网就可完成交易，节约了内嵌于交通支出中的能源消耗。其次，在交易内容创新中，碳排放权和排污许可权交易的出现一方面弥补了政府治理环境污染会造成高额交易成本的不足，另一方面能够有效保证全社会污染排放量位于最优水平。最后，在交易规则创新中，生产者和消费者的身份统一也能有效促进节能减排。减少环境污染最为本质的方法是用清洁可再生能源替代传统不可再生的化石能源，然而风能、太阳能等清洁可再生能源属于分布式能源，其生产和利用受制规模效应；随着信息化和智能电网的普及，太阳能可以实现集中生产并充分接近市场，通过“屋顶革命”在城市屋顶建立太阳能发电设施，“屋顶”的所有者既是太阳能发电的生产者也是消费者，这一全新的商业模式实现了太阳能利用的市场化，使得依靠太阳能替代煤炭和石油成为可能。

13 产业创新与中国经济增长质量

提高人类的社会福利水平即经济增长质量，是经济学研究的一个主要目标。然而，着眼于经济高速增长的发展机制却往往忽略了经济增长质量的提高。发展经济学习惯强调经济结构变化和产业多样化对长期经济发展的作用，对于增长质量的改善则缺少必要的关注。演化经济学虽然对创新引起的创造性破坏和经济系统组成的改变给予了极大关注，却很少对增长质量的动态变化做出合适的评价。所有这些理论都隐含着一个既定前提假设，即创新本身是积极的。

产业创新无疑是技术进步和经济增长的一个主要推动力，但它对于经济增长质量的影响并不确定。如创造性毁灭引起的收入分配效应可能在短期内引发更大的不平等问题，要素替代性技术创新可能造成部分群体的大量失业和资源消费结构的变化，多样化创新也会加剧整体资源的稀缺程度，而专业化引起的经济风险在社会层面和个体层面同样令人担忧。考虑到这些问题，对于产业创新的评价就变得有些复杂了。社会需要什么样的产业创新、产业创新背后的激励机制是什么、如何引导创新行为向着政策制定者确定的方向发展，要回答这些问题，首先必须回答我们需要什么样的增长这个问题。本章从经济增长质量的角度对产业创新与增长的关系进行探讨。

13.1 产业创新与经济增长质量的界定

产业创新和经济增长质量的概念都包含了丰富的信息和内容。从理论分析和政策研究的角度看，一般性的概念界定无助于研究工作的开展。对于产业创新，虽然没有一致认可的界定和分类方法，但是通过文献梳理能够找到容易被人们接受的观点。学术界对于经济增长质量研究的时间并不是很长，积累的文献也非常有限。值得庆幸的是，对于增长质量的研究已经取得了一些重要成果，其中包括一些经验研究和政策研究。这些研究提供的可操作的分类方法，能帮助我们对经济增长质量进行界定，并将之与产业创新对应起来，以便于从中发现二者的联系和反馈机制。

13.1.1 产业创新的内涵

实际上，经济增长的过程就是一个产业创新的过程。十八世纪的纺织业和采矿业、十九世纪的石油和化学工业、二十世纪的交通运输和信息产业，都是一个时代经历了巨大增长的标志。然而，令人疑惑的是，长久以来创新以及产业创新与经济增长的关系在经济研究中却没有受到应有的重视。相对于创新引起的增长效应分析，经济理论更关心资源配置带来的效率改善。期间，虽然有奈特、熊彼特这样的大师对创新倾注了巨大的热情，但是直到罗默开启了内生增长理论研究的先河之后，创新才成为经济学家研究的“宠儿”。

亚当·斯密在《国富论》中指出，国家财富的增加在于分工，而分工之所以有助于经济增长，一个重要的原因是它有助于某些机械的发明，这可以被称为对“创新”的初始定义。1912 年，熊彼特第一次正式提出“创新”的概念，并指出“创新就是建立一种新的生产函数，把一种从来没有过的生产要素和生产条件的‘新组合’投入到生产体系中”。这一理论对后来众多领域技术创新研究都产生了重要而深远的影响。

熊彼特认为，经济发展就是一个结构性转型的过程，创新导致新行业的出现和老行业的淘汰，他称之为“创造性破坏”。Saviotti 认为新产品、新活动和新要素是技术变化的结果，导致了经济成分的变化和创新的出现，并且认为产业创新是一个经济实现长期持续增长的必要条件。

Jacobs（1969）最早提出了创新通过产业间的动态外部性带动经济增长的作用，之后的部分研究利用不同国家的数据样本证实了产业创新的经济增长效应（Glaeser et al.，1992；Van Oort，2004；任晶、杨青山，2008；Berliant & Fujita，2011）。随着理论研究的不断深入，学者们开始重新审视产业创新的内涵。

英国经济学家弗里曼是第一位系统提出产业创新理论的学者，他认为产业创新包括技术和技能创新、产品创新、流程创新、管理创新（含组织创新）和市场创新。波特认为，从本质上看，产业创新就是当资本（人力和物力）相对于劳动力和其他资源禀赋更加充裕时，国家在资本和技术密集型产业中发展比较优势。Poon（2004）认为，产业创新就是制造商成功地从生产劳动密集型低价值产品向生产更高价值的资本或技术密集型产品转移的过程。

虽然研究者对于创新的定义各有侧重，但是概括起来，产业创新包括三个方面的创新，即产业技术创新、产业结构创新和产业多样化创新。我们将这三个方面的创新与中国的实际结合起来，分别研究它们与经济增长质量的关系。

13.1.2 经济增长质量的内涵

经济增长质量不仅关系到财富的生产，也关系到财富的分配；不仅关系到经济增长对当代人福利的影响，也关系到后代人的可持续发展；不仅关系到物质财富的生产，也关系到经济增长对社会秩序和生态环境的影响；不仅关系到对财富生产效益的经济评价，也关系到对增长过程中出现的社会问题、生态问题和环境问题的综合考量。因此，经济增长质量不是单纯的经济增长，而是一个提高人类福利水平的过程，主要涉及经济增长的福利变化与成果分配，以及资源利用和生态环境代价。上世纪 70 年代以来，发展实践者们已经感知到投入工业化和经济增长的努力并没有导致发展中国家的贫困和不平等现象显著减少。他们未能让贫困地区人口的基本要求得到保障，比如水、电力、医疗和基础教育。在一些地区，社会指标恶化，而整体国内生产总值却显示出相当可观的增长率。因此，人的基本需求已成为利益的焦点。发展的目的被看作减少大规模剥夺和给予所有人完整生活的机会。满足人民群众基本需求的优先发展政策应该是重视基础教育、营养、卫生和保健，不仅直接有助于减轻贫困和生育力降低，通过有效利用资源也提高了直接和间接的国家生产力和经济增长质量。

Barro（2007）给予增长质量一种很宽泛的概念，他把经济增长质量理解为与经济增长紧密相关的社会、政治及宗教等方面的因素，具体包括受教育水平、预期寿命、健康状况、法律和秩序发展的程度，以及收入公平等。这预示着，人类的经济发展观开始从仅仅注重效率增长向以人为本、分配公平、幸福感、自由和生活质量转移。UNDP（1990）认为扩大人们的选择是提高经济增长质量的一种体现，是提高人的能力以及自由度的过程，从而使人类过上健康长寿的生活，并有获取知识的权利和享有体面的生活。对自由的引申使人类的能力、机会和选择对发展作出积极贡献。

13.1.3 产业创新与经济增长质量之间的关系

图 13－1 描述了产业创新与经济增长质量之间的关系，实际上也是对本章分析框架的一个直观阐释。简单来讲，借助于对产业创新内容和经济增长质量内涵的分类，我们能够较为容易地厘清和表述产业创新与经济增长质量的关系。这些关系主要体现在两个方面，一是产业创新的各个方面对经济增长质量各维度可能产生的影响，二是既定的经济增长质量目标要

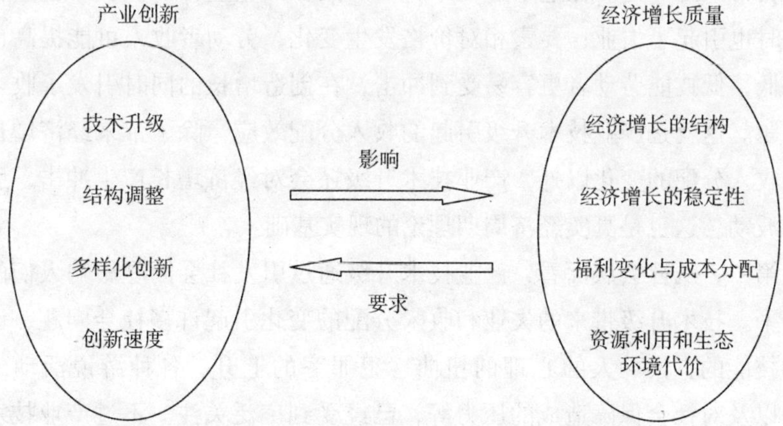

图 13－1 产业创新与经济增长质量的关系

求产业创新给予恰当的反馈。需要指出的是，在创新内容之外，还有一个决定了创新影响大小的极为重要的变量：创新速度。创新的速度过快，创新的负面影响就更为严重。这也是我们必须考虑的一个问题。

13.2 产业创新影响经济增长质量的路径

产业创新是提高经济增长质量的主要力量，因为它是将创新结果知识形态转化为物质形态，从潜在的生产力转化为现实生产力的过程，是产业成长和发展的推动力量。在经济的变化过程中，产业创新通过产业技术升级、产业结构调整和产业多样化三种形式作用于经济增长质量，创新速度也切实影响着经济增长质量的变化。

13.2.1 通过产业技术升级影响经济增长质量

产业技术扩散形成产业内创新，即对原有产品进行技术创新并在整个产业得到普及，产品质量得到改善，生产技术得到提升，最终引起产业技术升级。产业技术升级对经济增长质量的影响体现在三个层面上：

第一，从经济层面看，产业技术升级的影响集中表现为三个效应：增长效应、分配效应和冲击效应。所谓增长效应，是指产业技术升级往往伴随着全要素生产率的提高，以及社会总产出的增加。增长效应提高了人均收入水平，对于社会福利的持续改善具有深远影响，但是并非人人都能分享增长带来的好处。在这个过程中，旧产品和旧企业被淘汰，在创造就业的同时也引起了失业；要素相对价格发生变化，劳动者收入可能提高也可能降低，低技能劳动者更容易受到冲击，在创造增长的同时引发了收入分配问题。这就是产业技术升级引起的收入分配效应。除了带来经济增长和引起收入分配的变化以外，产业技术升级还会对经济增长产生冲击，引起经济波动。这也是真实经济周期理论的现实基础。

第二，从社会层面看，产业技术升级通过引发社会问题影响人们的福利水平。技术升级带来的失业和收入分配的变化引起许多社会问题，诸如劳动技能的丧失、人的心理的扭曲、犯罪率的上升、各种游说活动的增加，以及对社会保障造成的压力等，已经受到广泛关注。不过产业技术升级引起的组织变化对社会的影响并没有得到深入讨论。有些技术升级可能引起产业组织趋于分散化，如网络技术的升级引起产业分工的细化，有些技术升级则可能引起产业组织趋于集中。此外，资本时代的技术升级使整个企业组织和社会组织在资本的支配下运动，而信息时代提供了一个虚拟世界来满足“产业人”对沟通的需要。这些技术升级引起的产业组织形式的变化对社会组织形式和社会伦理道德带来的冲击得到了许多关注，但是将其放置在一个更为长期的产业升级的背景中去看待则是一个新课题。它实际上涉及对产业创新与经济增长质量关系的深入探讨。

第三，从资源和生态环境的层面看，产业技术升级的影响也不确定。技术升级可能依赖于资源的大量投入或新能源的使用，这有可能缓解经济增长对生态环境和资源供给产生的压力，也可能加剧了这一压力，或者引起新的问题。从增长史的角度看，历史上的产业技术升级更多地体现为一类资源对另外一类资源的替代，实际上反映了人对稀缺程度变化的一种反应。短期来看，这种反应总是缓解了资源压力，但是长期来看，无法掩盖人类对资源进行掠夺和对生态环境进行破坏的本质。因为，新的替代的发生总是意味着一类资源的稀缺程度的上升。

13.2.2 通过产业结构调整影响经济增长质量

产业结构包括产业的占比结构、产业的空间结构和产业的组织结构三方面内容。产业结构创新意味着三次产业或者更详细的产业划分在比例上的变化，或者产业空间布局以及产业组织和市场结构发生的变化。产业结构调整对收入在群组之间、地区之间的分布有重要影响。此外，产业空间结构的变化对于人们的日常生活和工作产生重要的冲击，对于公共品的供给和需求、社会组织的运行、家庭伦理关系的维护、传统与变革的平衡都有重要影响。这些影响可能为个人带来了额外的成本，也可能引致许多新的社会成本，削弱产业结构调整所带来的福利增进效应。

各个产业在国民经济中的占比的变化首先决定了各个产业的就业变化，这对许多普通的就业者和具有专用性技能的劳动者都会产生影响。更一般地讲，产业占比结构的变化会引起所有资源和要素就业需求的变化，因而对于资源的使用来讲，可能一些资源的需求量在逐步增加。从资源和生态的角度讲，这意味着产业结构调整加剧了生态压力和资源压力。理想的情况是产业结构调整向着更有利于生态环保的方向发展，但这并不是必然的。毕竟经济主体，无论是政府和企业的行为，都决定于其所受到的约束和激励。产业结构占比的调整可能违背资源禀赋和比较优势原理，造成效率的损失。而与技术进步的方向相一致，并与资源和要素稀缺程度变化相符的结构调整能够提高经济运行的效率。

产业空间结构的调整对于区域经济、社会平衡发展有着极为重要的影响，这一点已经被人们所注意到。比如产业在地区之间的分布差异增加了交通规划和调度的难度，产业在城乡之间的分布差异造成了人力资本、公共产品、信息媒介等在城乡之间的分布差异，强化了城乡之间的二元结构。此外，产业的空间布局影响着人的流动性，而流动性的变化往往对传统造成冲击，包括对家庭作为社会微观组织的基础地位的冲击、对家庭伦理关系的冲击、对社会价值观的冲击，以及对习俗、惯例作为社会调节机制有效性的冲击。这些冲击会产生直接的经济成本，更重要的是引起人们的冲突，包括代际冲突和不同价值观群体之间的冲突。化解这些冲突需要付出成本。

产业创新的第三个方面是产业组织创新，它对经济效率和社会发展的影响也早已为人们所熟知。一般而言，竞争性市场推动的产业组织变革有利于经济效率的改善，但是它的社会效应在很长一段时间内被人们忽视或者轻视了。比如标准化和流水线作业对人的身心健康的影响，以及对人和社会生活方式的机械式重塑，都是被人们逐渐感知到的。社区式的产业组织形式二战后也在许多国家被推行过，尤其是在前社会主义国家，这种产业组织形式对传统信任关系和合作机制的破坏不久前才被人们所深刻认识。更为重要的是，对于这种影响的评价存在很大的难度，也缺乏可操作的方法和程序。因而，产业组织结构对于经济增长质量影响的研究还是一个崭新的课题。

总的来说，有一点必须明确，无论是竞争性市场主导的产业结构调整，还是强势政府主导的产业结构调整，并非都有利于增长质量的改善。因为经济主体，无论是企业还是政府都有自己的目标函数，并受到可获得的知识和信息的约束，没有理由认为它们的行为必定会导致经济增长质量的改善。产业结构调整可能倾向于提高资源消耗性产业的比重，也可能向着资本密集型方向迈进，这都取决于技术进步的方向、要素相对价格的变化、国际市场的长期变化，以及政府的目标。

13.2.3 通过产业多样化创新影响经济增长质量

产业外创新，即格罗斯曼和赫尔普曼（1993）所讲的产品创新，开发出新产品，形成新产业，引起产业多样化。产品创新或者多样化创新扩展了人们的消费集，对于社会福利的提高具有更为根本性的意义。多样化构造了多样化的社会生活，淡化了机器对人类就业统一性的改造色彩，避免了许多社会问题。多样化为增长提供了源源不断的激励，是人类社会不断前进的动力之源。但是，如同技术升级一样，在多样化的好处未能惠及之处，则是新产业淘汰旧产业引起的失业（包括资本的失业）和苦难，传统与新潮的碰撞引起的社会价值观的分裂和痛苦。具体讲有以下几个方面：

（1）产业多样化导致更多的职业和人类的消费选择。更多的选择意味着更多的功能和能力，以及更好地适应个人需要。因此，产业多样化能提高人类福利。产品、服务等多样化使人们能够从不同的观念和生活方式中进行选择，为人类的发展扩展出更大的空间。

（2）产业多样化能够增加社会福利。仅仅通过效率提高取得的经济增长意味着随着时间的推移劳动需求下降，这往往会导致失业。假设收入、社会认可和幸福感与人的职业地位有关，由于需求方面的制约因素和社会经济不公平加剧，缺乏多样化可以引发经济体系崩溃。在这个意义上，不同部门之间更好的平衡使得多样化经济不太容易受到外部的冲击。经济发展本身并不一定会增进一个国家的社会福利，但经济危机确实对福利分配有负反馈。多样化则会降低风险，此外，地区和国家的多样化和灵活性可以防止技术锁定。

（3）产业多样化有利于增强经济的稳定性。相关文献假定，具有更高产业多样性的地区可以获得更稳定的经济增长和更低的失业率，主要原因是经济多样性可以消除该区域生产的产品的需求波动。许多研究支持这个假定，认为提高产业多样性可以降低区域经济的不稳定性。例如，Conroy（1974）、Kort（1981）先后检验了美国各城市产业多样性与经济不稳定之间的关系，结论表明产业多样性提高了经济稳定性。当产业多样化即有大量的产业品种时，每个单一品种对整体生产率的影响会减弱，因此，导致生产率的波动较小，从而增强经济稳定性。产业出现多样化后，当一个产业遭受冲击时，企业可以及时调整产品品种来抵消冲击。且富裕国家的企业更多依赖于涉及更多种投入的技术，因此，相比于贫困国家，富裕国家的经济波动性更小。我们设想每一个品种会被生产率冲击影响，因此，产业种类数量的扩张能够提供多样化好处，从而降低经济的波动水平。

（4）产业多样化趋向于分散一个经济体中的经济、政治和社会权利，权利的分散可以促成更加民主的社会制度。然而，前提假设是人类对社会中知识信息的获取是公平的。

13.2.4 产业结构创新的速度影响经济增长质量

在莫基尔（2010）看来，技术创新即便有一些规律可循，总体来看也是非连续的。技术史上的确存在着所谓的技术革命，这意味着在一段时期内创新的速度会突然加快，而在另外一些时期内创新则是缓慢的。从经济史的角度看，技术革命在带来生产力巨大飞跃的同时，也给人类留下了许多惨痛的回忆。这一点在海尔布罗纳、米尔博格（2012）的著作中有鲜明的体现。

产业创新的速度在一段时间内可能超过了人类社会的应变能力，引起了人类社会面对快速变化时出现的许多不适反应。比如大规模的失业、收入结构的急剧变化、社会组织形式跟不上经济变革的步伐、资源消耗速度的突然变化，以及对生态环境产生的骤然破坏，都让人类社会措手不及。经济危机、社会危机和生态危机都在快速的产业变革中接踵而来，人类在享受物质生活水平纵向提高的同时，也承受了巨大的痛苦。如果技术升级的速度较快，产业创新对社会和生态造成的冲击就更严重，有可能在快速发展的过程中为人类留下不可磨灭的伤痛记忆。这在增长史上已经多次上演。

13.3 经济增长质量目标下产业创新的方向

经济增长质量的内容并非是完全兼容的，由经济增长质量的四个维度出发确定的产业创新的方向也并非是一致的。在不同的发展时期，人们面临不同的生存压力和发展需要，对经济、社会、生态等因素的评价会有很大不同。就中国的实践而言，对增长的需要仍然是迫切的。但是，对于社会稳定性和适应性的要求，以及对良好生态环境的需求也在不断上升，因此在促进经济增长的同时，需要对产业创新的方向进行统筹。

13.3.1 鼓励效率改进型产业创新，提高全要素生产率

全要素生产率的来源包括技术进步、组织创新、专业化、生产创新、人的素质提高等。全要素生产率增长体现的是要素投入对产出增长贡献以外的、不能被要素投入解释的那部分产出的增长，主要来源于创新驱动、科技进步以及专业化等。在我国劳动力、土地等生产要素投入面临瓶颈之时，提升全要素生产率是提高经济发展质量的重要途径。

鼓励效率改进型产业创新，从依靠要素投入转向从制度建设、科技创新和改革中寻找红利，促进产业技术升级，提高资源利用效率，加大对人力资本与技术研发的投入，促进劳动力要素合理流动，提高劳动生产率，才能引致规模收益递增，激活中国经济增长潜力。中国全要素生产率的增幅在过去一段时期一直高于国际标准，主要原因在于大量劳动者从农业部门转向生产率更高的工业部门，但是最近几年出现了下滑趋势。如果能够开展大规模技术改造，增加研发投入，推动新型城镇化，并能降低市场准入门槛，使得民营经济能够进入垄断行业，全要素生产率有望获得提升。

但值得注意的是，产业创新如果是要素投入驱动型，有可能降低全要素生产率，不论是资本型还是劳动型的要素投入，都不会提高全要素生产率。这一点已经被研究中国近三十年增长的大量文献所证实。

13.3.2 鼓励资源节约型产业创新，改善生态环境

我国工业化和城市化的发展所带来的环境问题日益加剧，环境容量越来越有限，整个生态环境十分脆弱。因此，未来经济的发展应该以环境的承载能力为基础，尊重自然规律，以资源节约型产业创新为突破口，发展绿色科技，倡导环境文化和生态文明，努力构建一个经济社会环境相互发展的社会体系。

推动产业技术创新，发展绿色科技，必须在有利于资源再生和循环利用的基础上依靠新的技术进步和技术创新，减少生产过程的环境外部性，提高生态经济效益。企业通过绿色技术创新，开发各种能节约原材料和能源的产品，提高原材料和能源的利用效率，对产品进行回收、再生产和复

用，减少生产过程和产品在使用过程中对环境的污染，降低资源利用的成本，减少环境成本，降低经营成本，能够在市场竞争中取得较强的竞争力。

促进产业技术升级，发展资源节约型技术，改变生产方式，提高资源利用效率，节约资源，减少资源浪费，改善生态环境。

13.3.3 鼓励多样化产业创新，增强经济稳定性和提高发展活力

不同于产业技术升级和产业结构调整，产业多样化对经济增长质量的影响是确定的。前文已经明确指出，产业多样化有利于经济和社会的稳定。此外，从经济增长史的角度看，新产业的出现是经济持续增长的一个主要表现，从这个意义上讲，产业多样化创新是创造新的经济增长点的重要途径。

亚当·斯密确定劳动分工为经济发展的推动力，并认为经济发展的根本原因是劳动分工的发展，它促进了劳动生产率的提高。劳动力在劳动分工中表现为高水平的熟练技巧和判断力。斯密认为分工是社会不平等的根源，劳动是价值的标准与源泉。为了提高工作效率，人类在分工的基础上产生了专业化。一方面，劳动分工形成了复杂的经济结构，提高了生产效率；另一方面，劳动分工又成为把全社会整合起来的力量，限制着个人的利己之心。熊彼特（1912）认为，经济发展就是一个结构性转型的过程，创新导致新行业的出现和老行业的淘汰，这个过程被他称为“创造性破坏”。Saviotti（1996）认为新产品、新活动和新要素是技术变化的结果，导致了经济成分的变化和多样化程度的提高，并且认为多样化程度的提高是一个经济实现长期持续增长的必要条件。杨小凯（1992）从专业化和劳动分工的演进角度研究经济增长，认为专业化水平和商品多样化之间存在正相关关系，在一个欠发达和自给自足的经济系统中，劳动分工和专业化是不充分的，同时商品的多样化也很有限。相比之下，经济发达国家的水平分工和专业化是极高的，同时商品的多样化也很高。这种正相关可能涉及一些重要的机制，是至关重要的贸易和经济增长理论。

13.4 产业创新影响经济增长质量的激励机制

13.4.1 市场激励

企业利润的源泉是创新，企业之间竞争的实质与核心是新技术下产品的竞争，这无疑构成了约束企业人力资本市场的重要方面，其激励约束机理在于，充分竞争的产品可以使优秀的经营者的能力与努力转化为良好的经营业绩，从而提高营业利润。企业基于利润导向和迫于竞争压力进行创新是产业创新最为持久的力量，市场机制在激励企业进行创新以追求利润和应对竞争压力方面是最为有效的。所以，在产业创新的过程中首先要重视发挥市场机制的作用。

(1) 建立良好的竞争秩序。市场经济的竞争秩序是在以市场机制为基本调节方式的经济体系中，市场行为主体在一定的竞争规则和政府政策的约束下，争取有限资源以获得最大利润的行为关系及其整体性表现。市场经济的活力和动力来源于竞争，竞争秩序是市场经济秩序的核心。市场机制的有效与否直接取决于是否存在竞争以及竞争是否有效，而竞争是否有效则直接取决于市场竞争秩序是否有效合理。如果缺乏竞争，或者竞争秩序混乱，市场调节就会失效。所以，平等竞争、文明竞争、有序竞争既是现代市场经济的重要标志，也是市场经济健康发展的重要条件。

(2) 消除市场进入壁垒。如果不存在市场的进入壁垒，没有外力干预的市场竞争机制将导致最优的社会福利结果。一般而言，市场进入壁垒，比如技术壁垒、企业战略性进入阻遏和政府进入管制，都是静态无效率的。但是如果这些壁垒的存在有利于动态效率及社会福利的改善，那么政府对此就无须进行干预；反之，就应消除这些妨碍市场进入和自由竞争的壁垒。有一点必须明确，政府消除壁垒的行为应该具有有效性和公平性。否则，将阻碍实现结构优化效益、规模经济效益、科技进步效益、科学管理效益等方面，对我国经济增长方式的转换起着消极作用。

(3) 完善市场结构。商品经济的发展，迫切需要建立多门类、多层次的市场，把整个经济活动纳入市场的轨道。但是，如果市场结构不健全，市场机制不完善，各类市场不配套，则不能适应商品经济的发展需要。因此，需要发展多元化市场，除了继续扩大消费品市场外，还要大力发展生产资料市场，逐步开辟和完善各种生产要素市场。并且在每类市场的内部，要完善各个相对独立的营销层次，并把各项经济行为有序地衔接起来，充分发挥市场的综合功能，促进商品经济的发展。

13.4.2 政策激励

(1) 补贴政策。在信息对称的情况下，政府研发补贴政策可降低企业研发活动的成本，起到激励企业投资于研发活动的效果。因此，可以通过补贴政策鼓励那些有利于提高经济增长质量的产业，如环保产业、高技术产业等。

(2) 研发政策。我国目前的科技政策偏重于提高地区的科技研发能力，然而在提高地区的科技吸收能力、促进技术的扩散等方面，我国科技政策则存在较大欠缺。未来我国科技政策应在增强区域吸收科技创新的能力以及在扩大技术扩散的范围等方面，在加强产学研合作等方面实施更多的举措。同时，加强研发资源的整合，避免资源的浪费。

(3) 贸易保护政策。根据国家的产业政策，选择能促进经济的长远发展和产业结构的合理化、高级化的产业加以保护。以及对技术水平高，环境污染小的产业加以保护使其在产品质量和价格上具备更多的竞争优势。

(4) 组建产业联盟。产业联盟的成立能够改变企业创新模式，以往的技术创新都是企业各自为战，联盟的成立改变了创新的模式，更多的产学研机构合作、集成各自优势开发新技术，形成新的产学研创新机制。

13.4.3 制度激励

(1) 鼓励创新，完善知识产权法、专利法。即对技术创新成果个人所有权的承认和保护。在市场经济体制下，每个社会成员的技术创新成果，都是一种技术商品。技术创新者所获得的市场激励，无非就是技术创新成果作为商品所实现的自身价值。技术创新成果既然具有商品的属性，就必须承认创新者本人对它的所有权或产权。和其他一般商品的产权制度一样，技术商品的所有权本质上就是一种产权报酬的索取权。

(2) 保护市场竞争，完善反垄断法。中国现行反垄断法是分散在价格法、反不正当竞争法、招投标法以及众多的行政性法规之中，缺乏一部统一和系统的法律规定。在这种情况下，中国目前也缺少一个独立和权威的反垄断执法机关。反垄断法与其他法律制度不同，与反不正当竞争法也不同，因为它的任务不仅是要同大企业集团或者垄断企业限制竞争的行为做斗争，而且还要同政府滥用行政权力限制竞争的行为做斗争，这就要求执法机关具有相当大的独立性和足够大的权威性。而就中国现行反垄断法的执法机关来说，即便是工商行政管理部门，它们也不具有足够大的独立性和权威性。这说明，中国不仅亟待制定一部系统和完善的反垄断法，而且也需要建立一个独立的和高度权威性的反垄断执法机构。

（3）增强体制内激励，加快政府体制改革。主要是完善政府考核和官员晋升机制，逐渐将政府和官员的目标导向与经济增长质量方向一致的轨道上来，激励各级政府和官员在保增长的同时，重视生产方式的转变和产业结构调整。此外，应综合考虑东中西部发展的不平衡性，对各地区政府各项考核权重进行适当调整，并在税收返还等方面给予地区性和行业性的倾斜，鼓励地方政府全面衡量经济增长的数量和质量问题。

（4）维护社会稳定，完善社会救济制度。产业创新可能引起企业破产，这种破产可能是行业性的，也可能是地区性的。社会救济制度必须考虑到这种由于产业创新而引起的各种社会问题，包括养老和再就业两个方面。应该建立经济预测和应对机制，提供再就业培训和劳动力转移制度，以及完善针对特殊人群的社会补贴制度，并加大对产业创新过程中受损群体子女在受教育方面的支持力度，尽可能地避免产业创新造成新的机会不均等的出现。

14 创新扩散机制与中国经济增长质量

技术进步对经济增长的推动作用主要是通过技术创新和扩散对生产率的影响实现的。技术扩散是创新过程的重要组成部分，它不仅是技术和产品创新通过一定的途径在不同地区、行业、企业及企业内部转让、推广和移植的过程，而且在新技术的传播过程中所产生的学习、模仿和反馈效应完善了最初的创新。没有扩散，创新便不可能有经济影响（舒尔茨，1961）。创新扩散通过扩散机制得以实现。不同于创新扩散的影响因素，更不同于创新扩散过程，扩散机制是在创新扩散过程中所涉及的各个主体及其相互作用方式，以及它们所遵循的运行规则。根据对创新扩散内涵的界定，本章试图从创新扩散对中国经济增长质量的驱动机理着手，通过对我国技术创新扩散现状的总体评价，设计并建立一套有利于中国经济增长质量提升的创新扩散机制。

14.1 文献回顾和述评

14.1.1 创新扩散对经济增长的影响

技术创新是推动经济长期持续增长的重要因素。技术进步以何种方式推动经济增长，自新古典经济增长理论出现以来，就一直是国内外经济学家研究的焦点和难点。在索洛模型中，凡是没有被模型中的已有变量解释的经济增长贡献都是由外生的技术进步所引起的。Solow（1957）之后，经济增长的核算方法在诸多经济学家和学者的不懈努力下逐步改进和优化，用更加精确的统计数据使得生产要素得以不断细分和定义（Denison，1932、1966；Maddison，1987、1991；Morrison，1986）。然而早期的研究把技术创新看作“公共产品”，将技术上的差别当作外生的、偶然的或暂时的现象，把技术创新扩散假定为常态，可以从外部“自动”获得。

与新古典主义认为技术知识是公共产品相反，后凯恩斯学派认为技术知识具有专有性，Verdoorn（1949）、Fabricant（1942）和 Kaldor（1970）的研究表明，开发技术知识主要是一个基于获取特定产品或工艺经验的学习过程，由此导致了“马太效应”的正反馈倾向：经济快速增长的国家或地区积累了经验，因而学习的速度也更快，有些国家或地区的经济不断快速增长而其他国家则被甩在后面（Dixon & Thirlwall，1975）。

Romer（1990）、Grossman & Helpman（1991）等新经济理论经济学家将研发和创新的过程引入模型，将技术内生化。新经济增长模型对技术属性的假设是企业间存在研发过程中的技术外溢，否则内生经济增长是不可能的。技术外溢导致总量水平上的收益报酬递增，而研发效率提高的趋势补偿了利润率的下降，使研发在长期经济增长过程中变得可能。

在国际技术势能和经济增长方面，很多研究表明不同国家经济水平的差异主要是由技术进步差异引起的。若考虑欠发达国家与发达国家技术偏好和制度因素等导致的稳态水平差异，在资本报酬递减与技术扩散条件下，欠发达地区经济增长将较快，并最终能够实现世界经济发展趋同

(Nelson, 1966; Barro & Sala I Martin, 1991; Paci & Pigliaru, 1995), Van Elkan (1996) 在开放经济条件下建立了技术转移、模仿和创新的一般均衡模型，发现欠发达国家可以通过技术引进实现技术和经济水平的赶超。

国内经济学家和学者围绕创新扩散对我国经济增长的影响进行了大量有益探索，其研究重点是国际技术创新扩散对中国经济增长的影响。这些研究都持之有据、言之成理，具有非常重要的借鉴意义。国际技术创新扩散的形式为技术引进，表现出明显的“强制性技术变迁”特征（李光泗、沈坤荣，2011）。林毅夫（1999、2001、2006）指出引进技术的成本低于研发成本，欠发达国家遵循比较优势发展时，只要可以从发达国家引进技术并实现比发达国家更快的技术升级，其经济增长速度相对于发达国家就会更快，具有“后发优势”。而杨小凯（2000）则认为落后国家模仿发达国家的技术容易而模仿制度难，落后国家倾向于模仿技术和管理而不模仿发达国家的制度，这会给长期增长留下许多隐患，所以落后国家有“后发劣势”。不过，技术引进向自主研发转变通常是一个比较复杂的组织学习过程，需要经过模仿、创造性模仿、改进型创新以及二次创新等阶段，最终才可能真正实现自主创新（吴晓波，1995）。邹薇和代谦（2003）指出，发展中国家对发达国家先进技术的模仿能力取决于发展中国家的人均人力资本水平，技术引进与人力资本水平的不匹配可能导致发展中国家技术模仿的失败和经济增长绩效的下滑。朱平芳和李磊（2006）研究发现，不同所有制类型企业普遍重技术引进轻消化吸收，加之企业科技活动机制的缺陷，对技术转移效果产生了一定影响。蔡伟毅和陈学识（2010）研究发现，进口渠道的国际知识溢出是东部地区技术水平提升的主要途径，外商直接投资渠道的国际知识溢出对中部地区技术水平的提升作用较明显，而在西部地区，国际知识溢出对技术进步尚未发挥明显作用。王华等（2010）研究国际技术转移对中国企业技术创新的影响发现，国际贸易和国际技术许可对自生能力的培养起到了积极作用，而外商直接投资的贡献则不明显。

14.1.2 国内学者关于创新扩散机制的研究

创新扩散机制是我国经济学理论界提出的一个新概念，学者们对此形成的研究主要分成两个层次：扩散机制的组成、机制的作用机理。研究情况如表 14－1 所示。

表 14－1　　国内学者关于创新扩散机制的研究情况

研究者	研究依据	机制组成	作用机理
朱李鸣（1988）	技术扩散是指国内技术的时空传播和各种技术之间、专门技术与其他技术领域之间发生的渗透、交叉作用的运动。	技术扩散导引机制是由技术扩散动力机制、沟通机制、激励机制组成的目的系统。	动力机制由技术扩散双方的动力、压力要素构成，是坚定技术扩散必要性和可能性的机制；沟通机制是对双方动力起直接沟通作用的"桥梁"；激励机制是对前两者的必要补充，决定着技术扩散的流向、流速。此三者虽处于不同层次，但它们只有协调作用才能使导引机制完备和发挥作用。
傅家骥（1992）	技术创新的扩散是一种特殊商品的流通过程，具有复杂性，但又不同于一般商品的流通过程，创新转让和创新采用需要拉引力和推动力。	技术创新扩散机制由供求机制、计划机制、中介机制、激励机制以及竞争机制所组成。	这五种机制同时发挥作用，它们的合力决定着扩散的模式。比如，计划机制作用较弱，供求机制作用较强，则扩散过程属于非集中型扩散模式。反之，如果扩散过程中计划机制作用占主导地位，则这种扩散过程是集中型扩散模式。
李垣（1994）	技术创新扩散是一个技术创新成果从输出到输入再到输出的过程，技术创新扩散机制包括以下要素：供给主体、需求主体、创新成果特性、扩散媒介、扩散方式及环境要素。	创新扩散机制可分解为利益机制、组织平衡机制和决策机制。	利益机制反映了在扩散创新成果过程中，参与扩散的各行为主体之间的利益联系及约束，这是扩散过程得以进行的根本动力所在；组织平衡机制反映了技术扩散所涉及各行为主体在不同环节上相互依存及相互制约的关系，这是扩散过程持续有效进行的主要保证；决策机制反映各行为主体在扩散过程中利用各种信息选择参与方式和参与程度，并决定采取对策的行为。

续表

研究者	研究依据	机制组成	作用机理
武春友(1997)		技术创新的机制涉及创新扩散的动力、过程、影响因素、模式等。	
赵维双(2005)	技术创新扩散机制是技术创新成果的推广、辐射、集群化、产业化的机理和制度。	基于环境因素的技术创新扩散机制可分为技术创新扩散的数理机制、动力机制和激励机制。	创新扩散的数理机制是扩散模型；动力机制中，内在动力是由企业的赢利本质所决定的，外在动力则包括市场环境动力、政府政策环境动力、中介环境动力、社会支撑环境动力包括；激励机制建立在扩散环境要素与扩散系统要素之间的委托—代理关系基础上，通过环境要素的优化来激发和制约扩散系统要素行为。

通过对已有文献的梳理和回顾不难发现，学者们对于扩散机制的含义尚未形成统一共识，因而由此展开的研究结论和作用机理各有差异。

14.2 以创新扩散提高中国经济增长质量

创新扩散的溢出效应表现为给创新者和采用者带来直接的经济效益，同时也为社会带来间接的经济效应，进而推动产业、地区经济乃至整个国民经济的增长。在微观层面上，它能提高生产要素的边际生产率，推动社会劳动生产率的上升；通过节约要素投入、优化要素组合、采用新资源等技术方法获得成本效应。在宏观层面上，它通过生产要素的替代和重组带动产业结构的优化，从而驱动经济增长质量的提升；新技术的传播过程中所产生的学习、模仿和反馈效应也会使创新得到改善和增强。

14.2.1 创新扩散的溢出效应能够驱动各要素的边际生产率

在扩散过程中，新技术能够促进劳动力质量的提高和资本的深化，从而提高劳动力要素和资本要素的边际生产率。溢出效应促进劳动力质量的提高主要表现在以下三个方面：一是技术存量提升后要求劳动者具备更高的素质，这迫使劳动者接受更多的教育与不断参加技术培训；二是技术的创新往往与分工的深化有关，因此劳动者会在专门化的劳动分工中提高技能；三是技术创新节约了劳动时间，从而为提高劳动者的精神素质和体力创造了条件。

溢出效应也会促进资本的扩大，这里的资本指广义的资本，包括自然资源、机器、设备及厂房。技术创新对资本的扩大体现在以下几个方面：一是扩大资本的内涵，即增加资源的种类。通过技术创新，一些原来不被利用的资源会因技术的提高而为人类所用。二是技术创新会提高资本的品质。三是技术创新可扩大资本的规模。

14.2.2 创新扩散的溢出效应能够实现企业与行业的成本效应

一个行业中，总成本较低的企业可以获得高于行业平均利润的超额利润，同时还可以形成一种壁垒。降低成本的方式很多，可能在企业的各个生产环节实施，但技术创新是一种主要的方式①。企业沿着生产过程创新路径出发，通过节约要素投入、优化要素组合、采用新资源等技术方法能获得成本效应，从而增强企业竞争力。

其一，节约要素投入是指技术创新通过渗透扩散到了生产诸要素中，不仅改善了各要素的存在形态，更能有效提高要素在生产过程中的功能，提高各种要素使用效率和质量，从而在保持产量不变的条件下节约要素投入，降低产品成本。其二，优化要素组合是指溢出效应能够优化生产中的要素组合方式、结合模式，从而产生成本效应。技术创新能够引发生产方式、管理理念与方法的变革，促进企业组织形式、管理模式的变革，从而不断促进组织与管理的科学化、高效化，促进规模报酬递增。其三，技术创新能够通过创造、发现和利用新材料、新能源等方式扩大要素资源的使用范围，避免要素边际收益递减规律的作用。

14.2.3 创新扩散的溢出效应能够带动产业结构的优化

生产部门的资源禀赋、知识存量和技术水平各不相同，因此技术创

① 范柏乃．城市技术创新透视——区域技术创新研究的一个新视角［M］．北京：机械工业出版社，2003：161.

新在生产部门之间不是均匀分布。技术创新首先在特定的产业部门出现，又由于技术创新的方向以及影响创新的资源稀缺度不一样，在市场机制下对各生产要素边际生产率的影响必然是非均衡的，导致生产要素的替代和重组。这种替代和重组又可以分为两种情况，一是生产要素自身技术结构素质变化是由低向高转化；二是要素逐渐从科技含量低、效益较差的部门和产业流向科技含量高、效益好的部门和产业，同时创造了新兴产业；新兴产业再通过自身产业结构的关联效应和辐射效应，产生了新兴产业群。

14.2.4 扩散过程中的创新加强效应引发了新的技术进步

创新扩散过程的重要特点是创新过程和扩散过程的交互作用。罗森博格（1982）和其他一些学者都强调，创新扩散的过程往往伴随着不同环境下针对具体创新应用的学习，而这又会对最初的创新产生反馈并导致改进，引发新的技术进步和扩散，并进一步提升了知识存量。

14.3 中国创新扩散存在的问题

我国正处在计划经济向市场经济转变的历史阶段，企业的生产经营活动仍然受到计划经济的思想、观念、方式、方法等惯性的影响，我国创新活动和创新扩散及其市场环境、制度环境中仍存在很多亟待解决的问题。

14.3.1 技术扩散过程中的主动性扩散不足

技术扩散可分为被动的溢出扩散和主动的析出扩散。当一个城市和地区形成科技、人才和知识的集聚高地时，溢出型的技术扩散是必然发生的。溢出型技术扩散的优点是公平性和有效性，缺点是溢出方向的发散性、溢出受体的无序性和短期逐利性。① 要使得技术扩散对本地区形成直接的经济利益和产业优化，主动的析出型扩散是必需的。主动的析出型扩散的形成，要靠政府的产业规划和政策引导、强有力的中介机构服务、金

① 刘小斌，韩玉启，区域技术创新扩散研究——南京地区的实证分析［J］．南京社会科学，2009（5）．

融和风险资本市场的发展、鼓励人才合理流动的政策等。相比溢出型的技术扩散，我国行业与企业主动析出的技术扩散仍然不足，规划的引导性、政策的有效性、中介组织和金融资本的市场化程度都不能达到主动引导技术扩散方向、主动形成技术扩散链、有效形成整体产业技术支撑，进而做大特色产业集群的目标。

14.3.2 市场竞争机制仍不尽完善，市场秩序尚未真正建立

市场经济是以市场作为配置资源的主要手段，因而只有充分自由的竞争才能保证市场繁荣、经济正常有序地健康发展。但是如果企业可以通过非正常、非竞争手段获利的话，就不会把注意力放在研究、开发和技术创新扩散上，因而会影响技术创新扩散，阻碍经济的发展。我国目前经济中存在最多的还是介于完全垄断和垄断竞争之间的市场结构类型，我国工业行业中的垄断成分主要借助政府力量得以形成。这是因应我国经济转轨时期的特殊背景和要求形成的，然而对于继续推进新型工业化、促进技术创新和扩散却是十分不利的。我国现存的不利于公平竞争的因素主要有：①各类企业仍处于不平等地位，资源配置的市场化基础薄弱，难以合理有效地进行资源配置以及再配置；②地方保护主义蔓延至生产、销售、贸易等各个环节，甚至渗透到行政及司法部门，区域市场分割情况严重，资源和要素无法自由流动；③普遍的低效率和浪费使得大多数企业不敢在竞争中求发展，加之不完善的企业制度促成了企业的短期行为，在这样的激励下，多数企业自愿选择跟随或者模仿，甚至是维持原状，扩散元极度匮乏，导致扩散活动无法正常开展。

14.3.3 产权改革和市场竞争之间存在着巨大反差

我国目前还存在着行政分割下的市场垄断、资源分配中的资源垄断、资金供给中的金融垄断、人才管理上的人才垄断。这些行为使得企业缺乏竞争，难以为企业实施重大技术创新提供激励。特别是与主管部门有着隶属关系的国有企业，凭借政府权力维持自己的市场地位，而政府靠国有企业来实现本地区和本部门的利益。无法割断的利益链条关系不仅造成了市场准入障碍，破坏了公平竞争的环境，而且排斥效率竞争，使企业无法依靠开展技术创新和技术创新扩散、提高经济效益去争取竞争胜利。另一方

面，我国市场普遍存在集中度障碍和规模经济障碍，表现为进入壁垒过低和退出壁垒过高，造成了产能过剩、企业亏损经营等问题。

14.3.4 大多数企业仍以引进和模仿为主，对技术的应用转化能力不足

我国大多数企业长期实行买进战略，即从国外高价买入技术，重视消化吸收，但不太注重在消化吸收基础上的再次创新。据统计①，2000 年我国规模以上工业企业引进国外技术经费支出为 304.9 亿元，购买国内技术经费支出为 34.5 亿元，消化吸收经费支出为 22.8 亿元，技术改造经费支出为 1291.5 亿元。到 2011 年，尽管技术获取和技术改造情况有了很大提升，但国内外技术获取费用、消化吸收费用和技术改造费用之间的比例不甚平衡。引进国外技术经费支出为 449.0 亿元，是 2000 年的 1.5 倍；购买国内技术经费支出费用为 203.4 亿元，是 2000 年的 6.4 倍；消化吸收经费支出为 202.2 亿元，约为 2000 年的 8.9 倍；而技术改造费用为 4293.7 亿元，仅增长了约 3.3 倍。这表明我国大多数工业企业仍以技术的购买和吸收为主，对技术的改造不足。这种态势在一定程度上影响了企业对新技术在吸收基础上的转化能力。尽管技术存量得到了一定的提高，但是长此以往，我国工业企业对技术的依赖程度的不断增加。

表 14-2 近年来我国规模以上工业企业技术获取和技术改造情况 单位：亿元

年份	引进国外技术经费支出	购买国内技术经费支出	引进技术消化吸收经费支出	技术改造经费支出
2000	304.9	34.5	22.8	1291.5
2004	397.4	82.5	61.2	2953.5
2008	466.9	184.2	122.7	4672.7
2009	422.2	203.4	182.0	4344.7
2011	449.0	220.5	202.2	4293.7

注：囿于最新科技数据的相对滞后性，本章选取《中国科技统计年鉴 2012》的相关数据加以分析。从 2011 年起，规模以上工业企业的统计口径发生了变化，因而无法沿用历年《中国科技统计年鉴》的规模以上工业企业的技术获取与改造情况的数据，故使用《中国科技统计年鉴 2012》所列出的 2000 年、2004 年、2008 年、2009 年和 2011 年的相关数据。

① 国家统计局、科学技术部．中国科技统计年鉴 2012［M］．北京：中国统计出版社，2012.

14.4 提升中国经济增长质量的创新扩散机制设计

笔者认为，创新扩散过程中所涉及的各个主体及其相互作用方式，以及它们之间所遵循的运行规则，就是技术创新扩散机制。因此，创新扩散机制是由创新扩散的对接机制、竞争机制、激励机制和约束机制构成的有机整体，在扩散的过程中，这四种机制同时发挥作用，互相协调，共同促使技术创新这种“特殊商品”的顺利流通。对接机制是技术需求方和供给方的衔接过程，影响和支配着整个扩散过程，竞争机制推动了技术创新的采纳意愿，激励机制促使了创新活动的参与动机，而约束机制保障了创新扩散的可持续性。因此，有必要根据我国创新活动和创新扩散现状的诸多问题、困难和障碍，设计并建立一套有利于提升中国经济增长质量的创新扩散机制。

14.4.1 搭建供求平台，实现创新扩散的对接机制

创新扩散过程中的最小需求单位和唯一主体是企业，而供给方包括政府、技术创新的企业、高等院校、科研机构以及发明者。技术创新的扩散可以看成一种特殊商品的流通过程，对接机制在整个扩散过程中占据主导作用。实现创新扩散的对接机制，就是要搭建起企业需求方与政府主管部门、企业、高等院校、科研机构及发明者等供给方的良性互动平台，充分发挥中介服务体系的作用，逐渐形成以企业为主体，企业、高等院校、科研机构、政府主管部门为实现共同的合作目标而参与新型合作方式，从而在最大限度上保证创新需求主体和供给主体的衔接。

基于供求平台的创新扩散对接机制，是高校和科研机构的新技术与企业的生产技术相结合的技术新组合，是高校和科研机构的科技人才与企业的生产、管理、营销人才相结合的人力资源新组合，是政府的相关政策法规、高校和科研机构的科技动态，以及企业所掌握的市场信息汇总的信息新组合。对接机制的建立，打破了技术供给主体和技术需求主体之间的信息壁垒，满足需求方提升技术能级的迫切要求，并加快科技成果向现实生产力转化。

第一，在对接机制中，企业处于主体或核心地位。企业为了满足市场

需求、提升自己的市场竞争力而与高校和科研机构进行合作，以委托开发、合作开发、共同建立研究机构等形式，寻求高校与科研机构的技术支持、技术服务、技术咨询等，改造传统的产品结构、提高产品质量、降低成本且追求利润最大化。第二，高校和科研机构通过提供人才、科研力量、技术成果等方式，积极参与企业的研究开发，并遵循社会分工原则，建立合理的退出机制，把成果后期投入、市场化运作和市场营运工作交给社会中介机构和企业，通过公司制、股份制等形式完成对成果的开发和转化。第三，政府主要提供政策支持，负责知识产权保护方面的政策和法律环境建设，同时引导相关企业与高校和科研机构组成产学研合作联盟，在前瞻性技术及共性技术领域进行布局。第四，建立完善中介服务体系，围绕技术扩散提供成果转化、科技评估、创新资源配置、创新决策和管理咨询等专业化服务。

14.4.2 优化市场结构，培育创新扩散的竞争机制

具有高集中度的新技术供应商通常有更高的价格，并会放慢采用创新成果的速度。① 在集中度过低和产品同质性过强的市场环境中，企业不具备差异化其产品的激励，同时当规模太小时，企业不具备研发所需的资源优势和创新能力。因此，垄断竞争的市场结构和公正公平的产业环境最有利于技术创新扩散。在适度垄断因素和竞争因素共存的市场环境中，不断提升技术水平是企业维持已有市场份额，并且取得超额利润和竞争优势的重要手段。提升技术水平不仅要求企业注重技术创新，更要求企业重视采用技术创新成果。因此，竞争机制促使企业不断探索和吸纳新技术。

竞争机制的培育应该包括以下内容：首先，应该努力创造公平竞争的市场环境，在不断深化改革的过程中破除地方保护主义，打破市场分割，减少不必要的行政干预和垄断，加快建立统一、开放的市场体系。由企业根据市场竞争情况和自身的实力与发展需求来选择市场机会，决定是否进入或退出某类产品的生产，并由市场来决定其成效。其次，维护适宜的市场集中度，减少甚至消除过度竞争，形成企业参与市场竞争、有效激励技

---

① ［挪］詹·法格博格，［美］戴维·莫利，［美］理查德·纳尔逊，主编. 牛津创新手册［M］. 北京：知识产权出版社，2009：467.

术创新所需要的市场结构。最后，努力推动商品和要素市场的深化发展，充分发挥市场机制在资源配置中的基础性作用，使要素能顺利向优势企业集中；同时应该大力扶持技术、人才和信息市场的发展，促进科技成果向现实生产力的转化。

14.4.3 调整财税政策，完善创新扩散的激励机制

对于技术需求方，技术创新和采用创新成果需要企业投入大量的研发资金和人力资源，但创新收益却充满不确定性，基于这种情况，企业会慎重做出追随和采纳技术创新的决策。当企业形成创新收益大于采纳成本的预期时，才会参与技术创新和创新扩散活动。激励机制可以极大地提升企业参与创新活动的意愿。对于技术供给方，由于市场竞争的非完全性，技术创新的转让意愿不足。仅仅依靠行政命令是远远不够的，单纯的强制扩散指令反而会损害扩散的质量，挫伤转让企业的积极性。只有利用补偿性激励措施，将正的外部性内部化，才能实现资源优化配置，促使技术供给方的创新转让决策。

完善创新扩散的激励机制，有必要相应地调整现有财政政策。①加大改革力度，压缩行政经费和政策性补贴，加大对科技的财政支持力度。首先，随着市场经济的不断深化，政府对于竞争领域的国有企业的亏损性补贴应逐渐取消，并且不断缩小对特殊行业亏损的补贴范围，将财政重心逐渐转移到行业、企业的科技活动上来。同时，应该精简相关行政机构，有效控制行政人员和财政支出的不合理扩张，有效控制行政经费的不断膨胀。其次，世界经济发展的历史表明，较强的研发能力产生竞争力，技术进步是国民经济就持续稳定增长的基本条件。只有缩小与发达国家在知识创新和技术创新方面的差距，解决知识和科技对我国经济发展的制约，才能够缩小与发达国家在经济发展与工业化方面的差距。因此，政府财政应承担一定科技活动支出的责任，地方政府应承担一定基础研究支出的责任。②加快财政体制转型。充分发挥市场机制的作用，尽量避免政府对市场的不适当的干预，大力压缩财政的公共经济管理职能，实现财政体制的公共财政化，提高财政部门的效率。应依法硬化预算软约束，市场经济是典型的法治经济，没有法制的约束，难以避免财政支出的随意性。加强财政支出管理必须坚持和确保依法理财，这也是关系到能否建立新型公共财

政运行机制的重大问题。只有这样，才有可能使财政更好地服务于各项科学技术活动的开展。

14.4.4 保护知识产权，形成创新扩散的约束机制

改革开放以来，我国颁布了《商标法》、《专利法》、《技术奖励法》、《技术合同法》、《科技成果转让法》等一系列法律规范，并加入了世界知识产权组织及《保护工业产权的巴黎公约》等国际知识产权公约，对我国技术创新和扩散活动起到了较好的促进和保护作用。但是，和发达国家相比，我国技术创新法制环境还存在很多缺陷，主要表现在立法仍显不足，一些领域，如高技术研究及高技术产业发展，还无法可依，规范的技术扩散还没有专项法律支持，全社会对知识产权的保护仍然较为薄弱，主要表现为侵权行为屡屡发生、假冒伪劣产品充斥市场。法制环境仍尚不完善，尤其是知识产权保护力度不够，极大地抑制了技术供给方进行自主创新的意愿，不利于创新扩散活动的开展。

构建创新扩散的约束机制应从保护知识产权着手，从以下几个方面予以政策上的支持：①出台各项关于知识产权保护的政策和法律，有效促进和保护我国技术创新和扩散活动；②加大专利意识的宣传，有针对性地提高我国公民、企业的专利意识；③严厉打击假冒伪劣产品，维护企业技术创新积极性；④维护科研人员和发明人的权益，提高他们进行技术创新和成果转化的积极性。

中国经济增长质量发展报告(2014)

ZHONGGUO JINGJI ZENGZHANG ZHILIANG FAZHAN BAOGAO

15 创新协同机制与中国经济增长质量

我国过去30多年间主要依靠物质要素投入来推动经济发展，这种外延式、粗放型、总量扩张的要素驱动发展方式不仅受到国际经济环境变化的挑战，而且面临国内资源和环境不可持续供给的约束。随着经济体制改革的进一步深化，实施创新驱动战略、发展创新型经济成为中国经济转型发展的关键内容。党的十八大报告明确提出，当代中国要以加快转变经济发展方式为主线，把推动发展的立足点转到提高质量和效益上来，并着力增强创新驱动发展新动力，要把"实施创新驱动发展战略"放在加快转变经济发展方式部署的突出位置。这意味着，在中国经济发展的新阶段，创新对于提高经济增长质量、加快转变经济发展方式具有重要意义，创新驱动成为当前提高经济增长质量的主要内容。

创新协同主要体现为知识创新、技术创新和制度创新之间的协同，强调以知识创新和技术创新互动结合为基本出发点与主要内容，以科技创新与制度创新相互协作为重要保障。本章将在创新理论与协同理论的基础上，分析知识创新、技术创新与制度创新之间的协调、协作及其形成的互动效应对提高我国经济增长质量的影响。

15.1 协同创新的必要性：由创新分离到创新协同

创新驱动是指充分利用知识、技术、企业组织制度和商业模式等创新要素对现有的资本、劳动力、物质资源等有形要素进行重新组合，以创新的知识和技术改造物质资本、提高劳动者素质和科学管理。各种物质要素经过新知识和新发明的介入和组合提高了创新能力，在减少物质资源投入的基础上实现经济发展。① 由此可见，创新驱动的发展方式不仅解决效率问题，而且更加强调充分利用知识资本、人力资本和激励创新制度等无形要素来实现要素的新组合。在这一要素重新组合的过程中，创新驱动尤其需要注重协同创新。所谓协同，是指协调两个或者两个以上的不同个体协同一致地完成某一目标的过程或能力。根据这一定义，所有有助于协调创新的机制都可以被称作创新协同机制，它不仅包括高校、科研院所、企业、政府、非政府组织等主体之间的合作，而且包括知识创新、技术创新、产品创新、市场创新、产业创新等系统之间的协作。然而，从当前理论研究和实践角度来看，缺乏对创新主体、创新系统之间协同机制与提高经济增长质量关系的研究，无法为当前创新驱动发展战略的实施和经济增长质量的提升提供必要的理论指导和借鉴。

在要素驱动战略背景下，受边际收益递减规律和资源环境的影响，经济发展具有不可持续性，而且随着中国要素禀赋的变化，要素驱动战略所引起的能源浪费、环境污染、经济结构失衡等问题日益突出。要适应国际经济环境的新变化、克服国内资源环境的强约束，必须加快形成新的经济发展动力，使经济增长由依靠要素推动转向创新驱动。如果各创新主体、创新系统之间能够顺利实现有效协同，则会进一步对经济增长质量的提高产生促进作用。经济增长理论表明，科技创新主要通过改变生产函数或扩展生产可能性边界来促进经济增长，制度创新主要通过保障创新向整个经

① 洪银兴. 关于创新驱动和创新型经济的几个重要概念［J］. 群众，2011（8）.

济社会扩散来推动经济增长，其传导机制一般可划分为三个阶段：第一阶段为知识创新阶段，主要实现新产品创造与新工艺发明；第二阶段为技术创新阶段，即将知识创新成果顺利转化为商业应用；第三阶段为制度创新阶段，即将科技创新成果成功扩散到整个经济社会。如果各创新主体、创新系统之间无法实现有效协同，则传导机制就不能顺利步入下一阶段，从而对经济增长质量的提高产生制约与阻碍作用。

15.1.1 知识创新与技术创新非协调发展导致的后果

知识创新是以大学为主体所获得的科学新发现，面向的是前沿科学问题，技术创新则是以企业为主体所实现的产品品种增加与质量升级，面向的是市场需求，两者之间的相互协作形成有效的科技创新。Hermann H.(1978）开创的协同学科认为“混沌中自有其规律”，各个体、各要素之间的协同作用能够更好地实现科技创新的系统运行。

从创新主体协同视角来看，创新需要不同参与者之间相互交流、相互反馈。知识创新与技术创新的互动结合离不开科学家与企业家的有效协同。科学家与企业家能够在科学研究、产品开发、市场销售方面进行有效的协作，不仅能够抢占科技发展制高点，同时还可以使研发的新技术具有商业化和产业化价值。相反，如果科学家与企业家之间没有充分的交流与反馈，那么将导致如下后果：①知识创新的成果无法顺利向整个经济社会扩散，前沿科学技术的流动将缺乏重要的推动力。由于知识创新面向的是前沿科学问题，如果科学家的研究没有与市场需求有机结合，那么企业对大学提供的知识创新成果的需求就不会非常强烈，科学技术的流动与扩散就会受到阻碍。所以，成功的知识创新一方面需要解决处于国际前沿的科学问题，另一方面也必须考虑国民经济发展的现实需要。②技术创新缺乏必要的科学基础，企业的自主创新很难顺利实现。科学新发现是技术创新的源泉，原创性技术一般均来自知识创新成果，良好的协同关系有利于技术创新水平的提高。如果科学家与企业家之间没有充分的交流，科学家的研究将会仅仅停留在知识创新阶段，企业的技术创新只能依靠企业内的自我研发。由此可见，以科学家为主体的知识创新需要与以企业家为主体的技术创新之间互动合作，前者在创造知识的同时，应当注重科学研究成果的应用，后者在自我研发的同时，应当关注科学新发现所提供的新的技术获取途径。

需要明确的是，知识创新与技术创新的协同不只是科学家与企业家之间的相互协作，还应包括科学家之间、企业之间的相互协同问题。从知识创新主体协同视角来看，知识创新是一个动态过程，是一个通过知识扩散、碰撞、整合产生新思维、新方法的过程，高校、科研机构之间的交流、反馈将有效加快知识创新的进程。企业之间的交流、反馈能够更好地推动技术创新的过程。随着技术的不断进步，企业的组织程度不断提高，所面临的外部环境也在不断发生变化，单一主体或单一要素的技术创新已很难满足企业对于技术创新的需要。多个体、多要素的技术创新协同可以通过知识溢出、知识转移、技术扩散等机制有效提高技术创新的能力。

15.1.2 科技创新与制度创新非协调发展导致的后果

随着对创新认识的不断深入，规范经济主体行为的广义制度概念也被纳入创新的研究范畴，从而形成了科技创新与制度创新的系统协同理论。由此，创新驱动强调以科技创新与制度创新作为经济运行、发展的导向和着力点，其中科技创新是创新驱动的主要内容，而制度创新是创新驱动的重要保障。知识创新、技术创新的成果如果不经历扩散就不能在更大范围产生经济效益和社会效益。科技创新要求发展现代先进制造业，发展能够支撑未来经济增长的高端产业。现有产业的深化与新兴产业的发展都是用科技创新的成果来改造旧产业或催生新产业，而科技创新又需要新的制度创新激励。科技创新是未来经济增长和竞争力提升的基础，而制度创新则是其顺利实现的重要保障，贯穿经济增长质量提高整个过程的关键问题就是科技创新与制度创新的持续互动。

如果科技创新与制度创新之间没有实现有效协同，将导致如下后果：①技术创新受到制约。大量理论与实证研究表明，面对复杂的市场竞争环境，企业需要通过不断推进技术创新来获得更大的发展。但是，企业技术创新的过程需要有大量资源，制度创新就是通过对生产资源进行重新整合来提高资源的利用效率，通过重新确定新的制度体系来营造相对稳定且良好的制度环境，保障技术创新的顺利运转。与技术创新相适应的制度创新能够极大地提高技术创新效率，可以为技术创新营造良好的外部环境。②科技创新与制度创新协同的动态演化无法实现。协同学理论认为系统内部属于相同或不同种类的多个子系统的联合作用将促使不同要素结合在一起自行演化发展，并在宏观尺度上不断发展更为有序的结构和整体功能。[①]创新协同的过程也可以被看作通过知识创新、技术创新与制度创新子系统相互作用形成的有序结构发展过程，如果科技创新与制度创新之间不能形成协同，那么这一自行演化发展的动态过程就无法顺利进行。

15.2 创新协同与中国经济增长质量

创新驱动是知识创新、技术创新、制度创新三大系统之间相互协同所形成的自行动态演化过程，它是经济增长质量提高的重要推动力。本节将分析科技创新与制度创新在整体经济发展运行过程中的作用与表现，并在此基础上研究两者之间互相增强的协同性对经济增长质量的影响。

15.2.1 经济增长质量的理论内涵

经济增长数量是从整体数量的变化上来描述经济增长的，而经济增长质量则是从经济增长内在的性质与规律上去刻画经济增长的。经济增长既包括经济在数量方面的扩张，又包括经济在质量方面的提高，是数量和质量的统一。

从与经济增长数量相对应的视角，笔者认为，对经济增长内在性质的判断既要从其动态过程中来考察，也涉及经济增长的条件与结果，归纳起来，经济增长质量的理论内涵应该包括：①经济结构的调整。经济结构是指经济系统内各要素之间的联结关系及要素数量之间的比例关系，合理的经济结构是经济高质量增长的前提，经济结构的转化可以有效改变经济增长的动力机制。②资源利用效率的提高。要素使用的效率是指各种投入转化为产出有效性的高低，单位投入获得的产出越多，要素生产效率越高，经济增长质量越高，高生产率是高质量增长的根本保证，更高的生产率会使一个经济体具有更有利的竞争优势和更低的发展成本，经济增长质量的提高就是要由要素推动转向创新驱动。③生态环境的改善。生态环境代价是从成本视角考察经济增长是否以可持续的方式来使用资源，生态环境改

① H. 哈肯. 协同学［M］徐锡申，等，译. 北京：原子能出版社，1984.

善会影响长期经济发展成本的高低。生态环境破坏是经济增长的成本与代价，良好的经济增长质量是指经济的数量增长应以可持续的方式使用资源，而不以牺牲环境为代价，经济增长质量的提高就是要由生态环境污染转向生态环境优化。④成果分享的实现。社会总福利的大小不仅取决于总量层面的国民收入水平高低，同时还依赖于经济增长成果在要素与社会成员之间的分配状况。只有当经济增长的成果能够被绝大多数人所分享时，它才能够成为一种长期持续的发展过程，经济增长质量的提高就是要由“少数人”先富转向共同富裕。

基于如上分析，笔者认为经济增长质量的提高是经济增长数量扩张到一定阶段的背景下，当经济增长系统的基础条件优良、各构成要素相互耦合、各利益主体之间、利益主体与自然生态系统之间的关系协调均衡时，整体的经济增长系统会呈现出有序的高质量增长。

15.2.2 科技创新与中国经济增长质量

科技创新是指创造和应用新知识和新技术、新工艺，采用新的生产方式和经营管理模式，开发新产品，提高产品质量，提供新服务的过程。科技创新不仅来源于生产中经验的积累、技术的改进、企业内的新技术研究，更重要的是来自于科学发现与技术发明在生产上的应用。科技创新的过程包括科学发现和知识创新、创新知识孵化以及新技术采用三个阶段，在科技创新体系中不同阶段包括不同的创新主体，科技创新的成功实现离不开各主体的合作与互动。

科技创新对经济增长质量的影响体现在：①科技创新有利于经济结构优化。经济系统内各要素之间的联结关系不仅表现为社会关系，而且还表现为技术联系。在一定的历史时期内，各部门所应用的技术体系是一定的，它们之间是相互制约和相互促进的关系。技术关联的改变将决定着部门关联的变动，合理的技术结构可以在生产要素不发生流动的情况下带来经济结构的优化，而且可以促进生产要素在不同部门之间的流动，实现生产要素的新组合。②科技创新有利于提高资源利用效率。经济增长主要来源于规模报酬不变基础上的规模扩张路径和规模报酬递增基础上的效率提升路径。在发展中国家经济增长的最初阶段或者起步阶段，资源约束相对比较弱，在生产可能性边界内，以数量快速提高为目标，通过规模扩张路径来实现增长。但是当经济增长到一定阶段，随着资源环境约束的不断强化，经济增长接近或者达到生产可能性边界时，就需要实现经济增长路径的转化，科技创新渗透到各种生产要素中发生作用，通过改变生产要素的组合来提高资源利用的效率、优化要素配置方式，从而促进发展方式从规模扩张向效率提升的转变。③科技创新有利于改善生态环境。经济增长的成本不仅包括经济成本，而且还涵盖环境成本和社会成本。经济增长成本的高低从根本上取决于经济增长的方式，即生产要素的组合和使用方式。传统粗放型增长依靠的是生产要素数量的扩张，这会在一定程度上造成对资源的过度开采和使用，并以环境污染与破坏为代价。以创新驱动为核心，通过转变经济发展的方式，把提高自主创新能力和节约资源、保护环境作为重要内容，可以降低投入与消耗、减少排放，从而推动传统资源浪费、环境破坏的经济发展方式向低污染、低排放的经济发展方式转变。

依据创新的来源，笔者认为科技创新可以划分为内生科技创新与外生科技创新两种类型。其中，内生科技创新是将科学新发现所产生的原创性创新成果、自主创新成果及时在全社会推广和扩散。外生科技创新是在消化吸收国外引进的先进技术的基础上进行再创新，形成拥有自主知识产权的核心技术和关键技术。在经济发展的初级阶段，可以依靠外生的科技创新来形成经济发展的基础，但是随着经济发展进入中高级阶段，内生科技创新将成为决定一国竞争力的关键因素。改革开放30多年来，我国经济一直保持着较快的发展，但是中国经济的自主创新能力还比较弱，研发投入严重不足，大批国民经济所需重大装备和高技术制造业所需装备仍然需要依靠从发达国家进口。目前我国技术进步的主要来源仍然是对国外技术的引进和吸收。2010年，中国购买国内技术费用为221.4亿元，较上年增长26.7%，购买国内技术与引进国外技术经费支出比为0.57，引进技术消化吸收与引进国外技术经费支出比为0.43。为了提高国际竞争力，中国需要依据经济发展新阶段的基本要求，由外生的科技创新向内生的科技创新转化，不断提高自主科技创新能力。

15.2.3 制度创新与中国经济增长质量

制度创新是指在人们现有的生产和生活环境条件下，通过创设新的、能有效激励人们行为的制度、规范体系来实现社会的持续发展和变革的创新，其核心内容是支配人们行为和相互关系的激励与约束规则发生了变化，是组织与其外部环境的相互关系发生了变化。正式与非正式制度的革新以及制度环境的变化都会带来制度创新。为了保证经济发展方式转变的有效实现与经济增长质量的稳步提高，必须对创新给予积极的制度支持。

诺斯认为一个有效率的经济组织是西方世界兴起的原因，有效率的经济组织是经济增长的关键。科技创新也需要以相应的制度安排与政策支持为基础，制度的设计是否合理、相关政策的实施是否有效，都直接制约了发展方式转变的最终效果。“使制度正确”就是要节约交易成本，在经济增长中创造秩序和降低交易的不确定性，在制度建设的基础上设计社会制度结构中的关键变量——社会激励结构，形成有利于经济增长质量提升的激励和治理机制，进行制度创新。

制度创新不仅有利于激发经济主体的创造性与积极性，而且有利于新知识的不断创新、社会资源的合理配置，并最终推动经济长期持续健康发展与经济增长质量的提高。党的十八大明确指出，经济体制改革的核心问题是处理好政府和市场的关系。如何在尊重市场规律的条件下充分发挥政府的作用，为科技创新提供必要的制度创新保障，是当前我国所面临的重要问题。

15.2.4 科技创新、制度创新的协同性与中国经济增长质量

创新总是先由新知识的创新开始，经由技术创新，产品创新，直至实现产业创新。科技创新的终端是产业创新，以科技创新为先导的产业转型升级意味着更新的科技成果、更高的技术含量与更高的附加值。所有创新活动都有赖于制度创新的积淀和持续激励，通过制度创新得以固化，并以制度化的方式持续发挥着自己的作用。如果科技创新与技术创新结合不够，就会导致经济增长质量提高受阻。

科技创新、制度创新的协同性对经济增长质量的影响体现在：①科技创新的成果如果不扩散和传播，就不能产生更大范围的经济效益和社会效益，无法推进整个产业的技术进步和经济结构优化。此外，科技创新的成果扩散还会带来资源利用效率的大幅提升，而这一扩散过程离不开制度创新的支持。科技创新与制度创新的有效协同不仅有利于两者各自对经济增长质量促进作用的发挥，而且还可以通过交互作用进一步强化对经济增长

质量的影响。②不同的创新主体目标导向不同，科学家追求学术价值，企业家追求商业价值与市场前景，科技创新与制度创新的有效协同将形成互利共赢的创新收益分配体制，从而有利于创新主体间形成利益共同体，推动经济增长质量的提高。③科技创新本身对制度创新具有直接的推动作用，制度创新本身体现的也是效率的提高，科技创新与制度创新的协同有利于交易效率的提高与交易成本的降低，从而为经济增长质量的提高提供正的“激励”。④如果科技创新与制度创新不能有效协同，新技术的流动就会遇到知识产权的障碍，甚至遇到政府的保护壁垒，科技创新受到制约。所以，科技创新必须要有相应制度创新的保障，对知识产权的保护将有利于科技创新成果的广泛采用，从而通过提高资源利用效率、优化产业结构来促进经济增长质量的改善。

15.3　构建创新协同机制，提高中国经济增长质量

形成知识创新、技术创新与制度创新有效协同机制的目标是提高经济增长的质量，在此前提下，本节讨论中国创新协同机制构建问题。

15.3.1　打破产业结构低端锁定，形成科技创新与制度创新的协同演进

创新总是先由新知识的创新开始，经由技术创新、产品创新，直至实现产业创新，科技创新的终端是产业创新，以科技创新为先导的产业转型升级意味着更新的科技成果、更高的技术含量与更高的附加值。科技创新的顺利实现离不开制度创新提供的支持与保障。波特认为竞争力是以产业作为度量单位的，产业创新与升级的能力决定了一个国家或地区的竞争优势。当前，我国产业结构处于低端锁定状态，要使中国经济在全球工业生产分工格局中实现由“追随者”到“领跑者”的转变，必须依靠知识创新、技术创新的有效协同与科技创新、制度创新的相互协作。

（1）发展制造业的知识创新与技术创新协同机制构建。随着信息技术在生产中日益广泛地应用，生产已经成为一个广义的增值过程，其内容涵盖了产品设计、原料采购、物流、订单处理、加工制造、批发经营和终端零售等环节。在制造业价值链曲线上，制造加工环节始终是处于低端，而产品研发、售后服务等处于价值链曲线的高端。当前我国传统制造业并没

有攀升到全球价值链高端环节，在国际产业分工格局中，以从事委托加工（OEM）活动为主，这些国际代工活动是制造业中消耗熟练劳动力、土地、能源、原材料等资源最密集的部分，也是对生态环境影响最大的环节，传统制造业在其实现快速增长的同时也在不断累积危及自身发展的因素。发达国家处于产业链条的顶端，制造高技术含量、高附加值的产品，而发展中国家则处于产业链条的中下端，制造技术含量、附加值较低的产品。因此，中国需要通过知识创新与技术创新的有效协同来改造制造业，由此实现传统产业分工向产业链全球布局转变，从传统、常规技术向广泛使用以数控、低耗和洁净生产为重点的先进制造技术转变，并进一步拉伸和延长先进制造业产业链条来提高制造业的技术含量与附加值，实现由价值链中低端向高端的提升。

（2）发展现代服务业的科技创新与制度创新协同机制构建。制造业与服务业是唇齿相依的关系，制造业是国家经济发展的基础，对带动服务业增长具有重要作用；服务业也为制造业的发展提供相应保障，打破我国产业结构低端锁定的现状需要发展与制造业相耦合的现代服务业。生产性服务业，尤其是与知识生产、传播和使用密切相关的金融保险、信息通信、研发设计、创意咨询、工程技术和知识产权服务等，都包含着制造业升级所需的知识和技能，即专业化的“高级要素”。发展现代服务业需要依靠高端研发设计能力的提升、国际品牌和营销渠道的融合，这意味着必须通过科技创新与制度创新的有效协同来鼓励和引导各类投资主体进入生产性服务业、新兴服务业、科技服务业等重点领域，通过加强商业模式创新和技术集成创新，突破共性关键技术，形成系统解决方案，建立完善现代服务业创新支撑体系。

15.3.2 处理好政府与市场的关系，形成科技创新与制度创新的协同演进

科技创新离不开制度创新，科技创新的主体为企业与大学，而制度创新的主体为政府。政府实施的制度创新需要约束不利于创新的因素，激励创新。在制度创新过程中，需要加大政府对企业自主创新的引导和支持力度，充分调动企业自主创新、转变发展方式的积极性，并进一步完善政府自主创新的综合服务体系，改善政务环境。

（1）激励企业实现自主科技创新。政府需要强化企业在科技创新中的

主体地位，支持企业加强创新平台建设，推动有条件的企业建立研发平台，形成以研究为基础的现代制造体系。这一方面要求政府通过研发税收优惠来加速企业创新，另一方面还需要制定有效的知识产权制度来促进创新投资，并进一步推动建立创新、开放的市场来保证产业创新的顺利实现。在制度创新过程中，需要重点关注新能源领域和先进高端技术的创新，同时需要把增强创新能力与完善现代产业体系结合起来，增强科技面向经济主战场、服务发展方式转变的支撑能力。

(2) 以产业结构优化、资源环境改善为重要目标。现代经济发展方式本质上是以产业结构变动为核心的经济增长。在经济发展方式转变的新阶段，政府实施的制度安排应当以提高资源配置效率、促进产业升级为重点，这不仅需要继续发展劳动密集型产业，加强能源、原材料等产业的基础性作用，而且需要将发展机械装备制造业、投资类电子产品制造业、精细化学工业、信息技术产业等技术密集型产业放在战略性地位，以此来推进国民经济各个部门物质技术基础的现代化，提高短缺性资源的利用效率。此外，为了实现经济发展方式的转变，还需要对资源环境政策进行调整，在制度的制定与执行中严格限制能源消耗高、资源浪费大、污染严重的产业，积极扶持质量效益型、科技先导型、资源节约型的产业；应当重视技术进步与技术改造在产业升级、治理污染中的作用，大力发展环保产业；需要将可持续发展纳入产业政策的考虑范围，促进资源的合理配置和产业布局的协调发展；需要积极发展低碳经济，采取以低能耗、低污染、低排放为基础的经济模式来降低生态环境代价，实现经济持续增长；需要减少结构性污染的环境经济政策，建立向低碳经济投资激励与约束的政策。

(3) 提供促进创新的基本要素。科技创新的有效实现必须以教育、科研、基础设施等基本要素作为基础。为了保证中国自主科技创新步入国际领先地位，政府必须进一步加强提供促进创新的基本要素：其一，需要建立具有国际竞争能力和创新型的教育体系来培育高素质的劳动力，从而使中国的劳动者适应知识密集型经济的要求；其二，需要加强在基础研究领域的投资，科技创新源自新知识的创造，只有增加基础研究领域的研究经费，才能推动人的思想发展，通过知识创新的顺利转化保证技术创新、产品创新、产业创新的有效实现；其三，建立先进的基础设施，为基础研究、应用研究、科技创新提供重要保障。

中国经济增长质量发展报告(2014)

ZHONGGUO JINGJI ZENGZHANG ZHILIANG FAZHAN BAOGAO

第四篇

创新驱动的环境

16 战略创新与中国经济增长质量

随着中国廉价的劳动力、土地、资源等传统要素红利的消退，中国经济迎来了转型的关键时期。过去的“红利时代”以及“低价工业化模式”导致了中国高投入、高耗能、高污染的增长方式弊端重重，转变经济增长方式，是中国谋求长期可持续发展的主动变革之道。随着各种红利式微和阶段拐点的到来，传统增长模式难以为继，形成经济增长方式转变的“倒逼”机制。中国经济增长方式已经从过去的“主动转变”转向“不得不转”的境地，所以未来中国发展的主题即为谋求经济增长的质量。对于经济增长质量的追求需有一个合适的发展战略，传统的发展战略在增长质量阶段弊端凸显，所以如何创新发展战略成为当下亟待考虑的问题。

16.1 中国发展战略的历史演进：基于文献综述的思考

16.1.1 新中国建立之初：重工业优先发展战略

上世纪50年代，新中国建立之初，百废待兴，百年的屈辱近代史给中国人留下“落后就要挨打”的深刻教训，新生政权面临的最重要任务是如何让国家迅速发展且强大起来。二战以后发展中国家普遍把拥有独立、完整和强大的重工业部门视为强国的标志（林毅夫、蔡昉、李周，1994），所以发展重工业部门成了经济发展的一条“捷径”。除此之外，当时紧张的国际形势使得战争的阴霾还没散去，中国迫切需要提高国防和军事实力，而这都是以重工业为基础的。同时由于当时的“冷战”思维，意识形态的差异，面对西方的封锁和制裁，苏联成为中国最大的强援，自然而然地成为中国学习的榜样，加之苏联模式在世界经济大萧条中的强劲表现，中国接受了苏林的社会主义工业化道路理论并受到苏联成功的巨大鼓舞，重工业优先发展战略成为不二选择（于光远，1996）。但计划经济时期的重工业优先发展战略在改革开放之初几乎被彻底否定，因为实行重工业优先发展战略，中国不得不形成扭曲产品和要素价格的宏观政策环境，同时需要建立高度集中的资源计划配置制度和毫无自主权的微观经济机制。这种“三位一体”的经济体制付出的代价是沉重的，一是形成了扭曲的产业结构，二是造就了低下的微观效率，所以这种违背要素禀赋结构的发展战略绩效并不好（林毅夫、蔡昉、李周，1994）。林毅夫及其合作者对这种重工业优先发展的“赶超战略”造成的不利影响进行了系统的研究（徐朝阳、林毅夫，2010；陈斌开、林毅夫，2010）。

但姚洋、郑东雅（2008）认为，由于投入要素的迂回生产提高轻工业的效率，重工业的发展具有正的外部性，因此必要的补贴有利于整个经济的发展。重工业优先发展战略是一把“双刃剑”，特别是当重工业的技术外部性较强时，重工业优先发展战略对经济的促进作用比较大；反之，随着这种外部性下降，重工业优先发展战略不利于福利的提高。中国计划经济时代实施重工业优先发展战略是合理的，且对重工业的补贴并不比最优补贴率高多少，只是补贴的时间持续太长。除此之外，由于轻、重工业投资的外部性不同，私人对重工业投资不足，适度优先发展重工业可以促进经济增长，主要逻辑在于重工业投资引起中间品种类增加，一方面通过技术外部性提高轻工业部门的生产效率，另一方面又通过金融外部性降低中间品进入门槛。所以可以说，计划经济时代重工业优先发展战略是有合理性的，为中国迅速建立起了工业体系，为改革开放的经济腾飞奠定了基础。循着以上思路，有研究认为“三位一体”的制度安排极大地弥补了重工业和基础设施等部门的外部性从而成为一种有效率的制度安排。在新中国成立30年中，在“一穷二白”的基础上建立了门类齐全、独立的工业体系，同时，重工业及国有企业的外部性引起了总体经济的“增长溢出”，使得改革开放之前经济表现良好，为以后30年的腾飞奠定了基础（李勇、王满仓，2013）。

16.1.2 改革开放后：比较优势战略

改革开放以来，中国高达8%的年均经济增长率造就的发展奇迹令人欣喜。对此的解释之一是中国实行了符合自身要素禀赋结构的比较优势战略。对一个经济体来说，产业和技术结构是由其要素禀赋结构所内生决定的。若发展中国家所采取的发展战略违背其要素禀赋结构，扭曲的宏观经济环境和缺乏自生能力的企业将相伴而生，收敛是不会发生的。只有以比较优势为基本准则来才能实现要素禀赋结构的升级并实现收敛（林毅夫，2002）。改革开放后，政府首先放开了产品市场价格，一定程度上扭转了以压低要素价格为主要特征的宏观政策环境。其次，政府还引入“双轨制”，成功实现了从计划经济向市场经济的转轨，市场交易的基本规则得以确立，确保了企业在公平竞争的市场经济中环境中获得“自生能力”，并成为实现改革开放30年来快速经济增长奇迹的重要力量（林毅夫等，1994）。可以说，宏观经济政策的矫正、资源的市场配置制度的建立和有效民营企业的兴起这种“三位一体”的发展战略成为了中国经济腾飞的关键所在。

比较优势战略构建了“要素禀赋—自生能力—技术、结构升级—经济增长（收敛）”的分析范式，即经济增长取决于技术和经济结构的升级，经济结构内生于要素禀赋结构。只有遵循要素结构的比较优势，企业才能形成自生能力，经济才能有好的绩效。中国近几十年的发展可以说是对这一理论的具体实践。但对这一理论在中国适宜性的质疑一直都没停止过。一是比较优势理论能否转化为竞争优势。参与国际分工和竞争要依靠竞争优势，而比较优势理论不必然导致竞争优势（洪银兴，1997），尽管一国有资源禀赋结构的比较优势，但企业缺乏竞争优势一样不具备自生能力；若存在交易效率的比较优势，即使没有资源禀赋的比较优势，企业也具有自生能力（廖国民、王永钦，2003）。二是劳动密集型产业无法带动产业结构的升级。把劳动密集型产业作为主导产业无法获得较高的经济绩效，也就没更多的剩余来实现要素禀赋结构的升级（王允贵，2002）。郭熙保、胡汉昌（2002）也认为具有比较优势的劳动密集型产业不能自动、自发地向资本密集型、技术密集型产业转换。三是大国的适宜性问题。欧阳峣、易先忠、生延超（2012）认为在数量型到质量型增长的不同阶段，如果大国以总体要素禀赋的比较优势介入国际分工，在数量型阶段比较优势战略表现出有限适宜性，而到质量型阶段则表现为欠适宜性。

16.2 中国传统发展战略的“双刃剑”效应

16.2.1 中国传统发展战略的“优”：“中国奇迹”及增长数量的优异表现

Acemoglu（2007）将一国增长的本质原因分为四类：运气、地理条件、文化和制度，并进一步与其合作者认为制度才是决定一个国家长期经济增长并解释国际收入差距的最根本的原因。所以考察一国的经济发展绩效，关键在于研究发展中国家选择什么发展战略（徐朝阳、林毅夫，2010）。

改革开放以后，中国经济才实现了真正意义上的持续、高速的经济增长，从此才开始了中华民族的伟大复兴，这一时期（1978—2006 年）的年均 GDP 增速达到 9.7%（见图 16－1），且经济增长速度逐渐递增，被誉为“中国奇迹”（林毅夫等，1994）。诺贝尔经济学奖获得者斯蒂格利茨认为，“世界上还未出现过如此大规模而又持久的经济增长”。

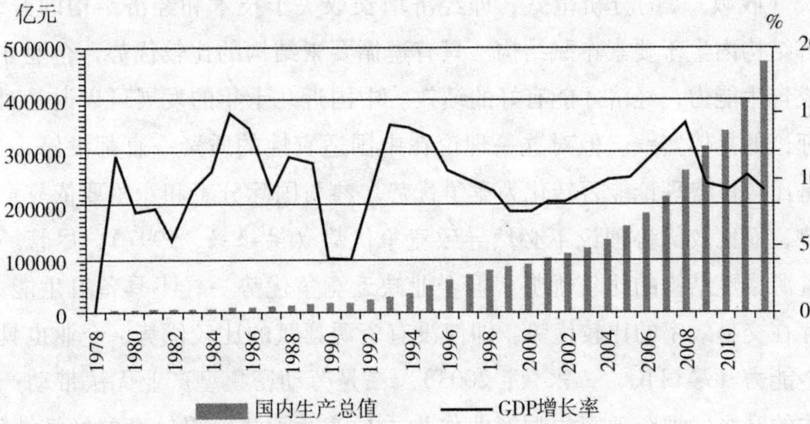

图 16－1 改革开放后的中国经济增长

资料来源：国家统计局. 中国统计年鉴2012［M］. 北京：中国统计出版社，2012.

除了经济总量，人均收入增加也创造了奇迹，比较不同国家人均收入翻一番所需要的时间，英国在 1780—1838 年花了 58 年时间，美国在 1839—1886 年花了 47 年，日本在 1885—1919 年花了 34 年，韩国在 1966—1977 年花了 11 年，中国则在 1978—1987 年只用了 9 年时间，随后又在 1987—1995 年和 1995—2004 年期间分别用了 8 年和 9 年时间两度翻番，并于 2011 年再翻一番，而这次只用了 7 年时间。可以说中国用了 30 年时间，完成了其他国家近百年的发展。美国经济学家萨默斯认为，如果 300 年后的人们书写我们今天的历史，最主要的事件可能是中国因其高速经济增长，在人类历史上第一次做到，在一个人的生命周期内生活水平可以提高 100 倍以上，及其对世界上其他人和全球经济带来的重要影响。①，随着经济快速增长，中国在全球经济中的重要性不断上升（见图 6－2）。

① 默斯. 日本失落的十年值得中国反思［N］. 21 世纪经济报道，2007－1－23.

表 16-1 中国 GDP 和人均 GDP 的长期变化

年	GDP		人均 GDP	
	1990 年国际元（单位：十亿）	占世界份额	1990 年国际元	对世界平均（%）
1	27	25.4	460	96.4
1000	27	22.7	466	102.8
1500	62	24.9	600	105.9
1700	83	22.3	600	97.6
1820	229	32.9	600	90.0
1900	218	11.1	545	43.2
1950	245	4.6	448	21.2
1978	935	4.9	978	22.1
2006	7928	16.8	6048	83.8
2010	—	—	8032	102.8

资料来源：Angus Maddison. Statistics on World Population，GDP and Per Capita GDP、1-2006AD（March 2009）.

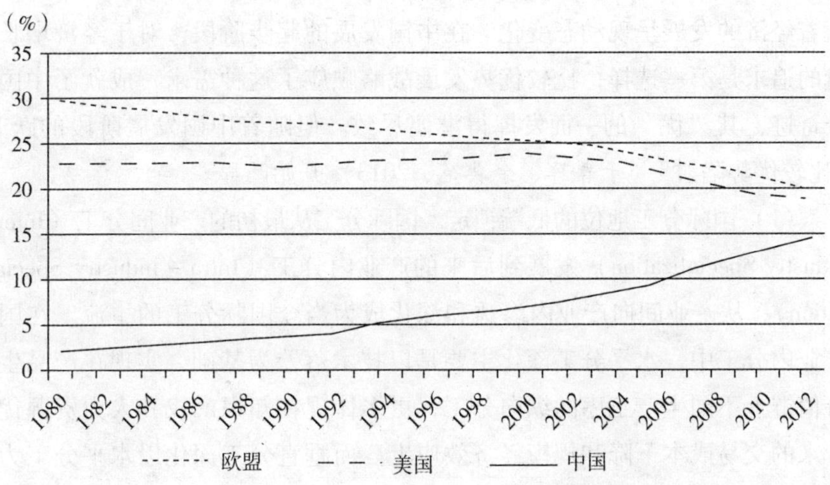

图 16-2 中国在全球经济体系中的地位

资料来源：世界银行 WDI 数据库。（按购买力平价（PPP）计算的国内生产总值（GNI）占世界的比重）

总结中国过去三十年发展成绩，最为关键的因素在于正确的发展战略。改革开放后中国面对劳动力资源相对丰裕这一事实，重新评估原有发展战略，以重工业优先发展为核心的赶超战略发生了重大的转变，取而代之的是比较优势战略。中国基于要素禀赋结构，改革过去超前发展资本密集型产业的各种扭曲政策，进行以市场化改革，明确产业发展要与要素禀赋结构相匹配这个准则，认识到中国发展初级阶段劳动力资源相对丰富这一基本事实，大力促进劳动密集型产业的发展，促进经济剩余的增加。同时，中国利用这一比较优势参与国际分工，鼓励劳动密集型出口产业的发展，从而形成出口导向型的战略，承接了国际产业转移和技术扩散，最终造就了中国“世界工厂”的地位。这一发展战略在促进中国经济高速增长方面发挥了巨大作用，中国过去三十年在增长数量方面的成绩，得益于传统发展战略的实施。

16.2.2 中国传统发展战略的“劣”：“低端锁定”导致经济增长质量不高

对于比较优势战略的质疑是，它在数量型经济增长阶段表现出有限适宜性，而在质量型发展阶段表现出欠适宜性（欧阳峣、易先忠、生延超，2012），即比较优势发展战略呈现出阶段的适宜性问题，其“优”和“劣”随着经济的发展呈现动态变化。在中国发展的起步阶段，对于经济增长数量的追求是第一选择，比较优势发展战略顺应了这种需求，成就了中国增长奇迹，其“优”的一面发挥得淋漓尽致。但随着中国发展阶段的跃升，“比较优势陷阱”（干春晖、余典范，2013）开始凸显。

（1）国际分工地位的低端锁定。国际分工从最初的产业间分工（Inter－industry Specialization）发展到后来的产业内分工（Intra－industry Specialization），从产业间向产业内渗透和深化成为当今国际分工的主流。在国际产业内分工中，水平分工深化主要是以技术落差为基础，实现在产品生产价值链上不同生产工序的纵向分工，更多体现在知识产权和人力资源优势带来的交易成本下降和规模经济效应上。而垂直分工深化以水平分工为基础，在产品生产价值链环节，主要依赖土地、资源、劳动力等要素成本低而形成的比较优势。目前发达国家之间以水平分工为主，发达国家与发展中国家以垂直分工为主（张建平、关秀丽等，2009；陈亮，2011）。

改革开放以来，中国依靠廉价劳动力、土地等要素比较优势支持经济发展，而这种发展战略也正是中国在国际产业分工处于低端的首因。一是发达国家为了稳定国际分工体系的格局，保持自己的利益不受损失，会想法设法垄断技术密集型工序和产业，这样发达国家向中国等发展中国家的雁式转移就很少涉及技术密集型产业，而是想方设法将中国固定在劳动密集型产业的工序上，遏制中国分工地位的提升。1995 年以来，中国三项加工贸易占总出口额比重保持在 50% 左右，从这一事实可以看出，我国长期被锁定在制造业的低端环节。二是长期出口劳动密集型产品会产生路径依赖。比较优势战略主导的劳动密集型产业的迅速发展是中国过去辉煌的主要支撑，到目前新阶段虽然式微，但政府基于就业、税收、资金投入、经济增长等考虑也难以放弃劳动密集型工序产业来支持转型升级。

唐海燕、张会清（2009）通过对贸易数据的深入分析，从全球价值链视角研究发现中国在国际分工体系中的专业化层次较低，主要扮演“加工车间”的角色，尽管高技术产业和产品发展迅猛，但竞争力集中在低附加值的劳动密集型生产阶段，目前处于新国际分工体系中的中低端位置。出口贸易的增长造成了金属、矿产品以及其他原材料的巨额需求，中国未加工的铝的消耗量在 2004—2006 年间占全世界消耗量的 22.9%，精炼铜达到21%。中国贸易增长存在“大国效应”导致的福利损失（欧阳峣、易先忠、生延超，2012），而这恰恰就是比较优势战略有限适宜性造成的。

表 16－2　　1995—2011 年中国加工贸易出口情况

年份	出口总额（万美元）	来料加工装配贸易出口额（万美元）	进料加工出口额（万美元）	出料加工贸易出口额（万美元）	三项加工贸易出口占总出口额的比重
1995	14883500	2066996.2	5304874.2	1068.3	49.54%
1996	15117394.8	2424612.2	6009640.4	2097.5	55.81%
1997	18284057.9	2946017.7	7020308.9	777.3	54.51%
1998	18374649.4	3073738.6	7362427.2	1534.7	56.80%
1999	19519224.8	3579767.1	7514698.9	1193.2	56.84%
2000	24923966.5	4112107.6	9652535.2	1833.1	55.23%
2001	26666111.2	4223741	10528923.6	2351.2	55.33%
2002	32564206.7	4746313.6	13251050.8	2164	55.27%
2003	43847255.6	5423321.4	18761416.5	1999.7	55.16%
2004	59364717.4	6861058.7	25964343.5	2677.7	55.30%
2005	76232675.9	8398852.6	33269729.2	2669	54.66%
2006	96932478.8	9448780	41606903.5	2394.7	52.67%

续表

年份	出口总额（万美元）	来料加工装配贸易出口额（万美元）	进料加工出口额（万美元）	出料加工贸易出口额（万美元）	三项加工贸易出口占总出口额的比重
2007	121815548	11573560.9	50179804.6	4381.4	50.70%
2008	142886919	11038144.1	56492247.7	11894.9	47.27%
2009	120194755	9339547.3	49366383.7	4598.1	48.85%
2010	157844663	11234443	62819426.5	18511.9	46.93%
2011	189928113	10762674.6	72795574.8	19766.7	44.01%

资料来源：同花顺数据库。

（2）技术供给和产业发展严重失衡。中国经济增长与宏观稳定课题组(2006）认为中国高速增长离不开“干中学”这一技术进步机制。但随着学习能力的衰减，国内技术进步减速并最终停止。将这一逻辑机制进一步扩展和细化，在经济发展的初级阶段，中国主要通过对先进国家技术的学习和模仿来实现技术进步，这对在低水平阶段的发展战略主导下的产业发展和技术改善都是适宜的。随着中国发展阶段的跃迁，这种“模仿型”技术进步就非最优，技术供给方式应该出现跃迁，从过去的“模仿创新”升级到“自主创新”。但从现实状况来看，中国山寨文化和低端模仿横行，高端技术也不乏简单改造。将中国的制造业和高新技术产业的R&D强度与其他国家进行比较，可以看出中国高新技术附加值份额不高。出现这一现象，同样与发展战略相关，长期处于与发达国家垂直分工体系低端的中国，劳动密集型工序仅能保留微薄的利润空间，使得企业难以形成研发动力。由于国外低端技术易得和简单模仿的微利性，中国企业会把有限资源投向规模扩张，而不关注技术创新，这造成中国制造能力强大，领先世界，但缺乏核心技术，最终成为“生产能力的巨人”和“技术能力的矮人”（朱岩梅，2008）。

表16-3　部分国家制造业和高新技术产业R&D强度　单位：%

	中国	美国	日本	德国	法国	英国	意大利	韩国
	2009	2007	2006	2007	2006	2006	2007	2006
制造业	0.6	3.4	3.7	2.3	2.5	2.4	0.7	1.9
高技术产业	1.5	16.9	10.7	6.9	7.7	11.1	3.8	5.9

资料来源：《中国高新技术产业数据2011》，摘自干春晖、余典范《中国构建动态比较优势的战略研究》一文。

另外，技术供给方式存在的问题，进一步诱发产业升级的刚性。发展劳动密集型企业在初期具有见效快的特征，但长期来看它会成为自主创新在资金积累和能力方面的约束条件。“任何技术进步引发的生产要素密集度转换的诱因，都会被中国大量的廉价劳动力和劳动力要素充沛的事实无情地瓦解……”① 长期发展劳动密集型产业，会忽视技术密集型工序产业的发展，而一旦进入低端锁定状态，实施技术转型升级的风险会导致发展动力不足，阻力巨大（欧阳峣、易先忠、生延超，2012；陈亮，2011；俞炜华、秦海波；2006）。另外企业大量从事加工制造业，会造成企业之间的过度竞争、产业同构、产能过剩等问题的产生，使得产业结构的发展向着失衡的通道越滑越远，一方面产业的合理化受限，另一方面产业的高级化无从谈起。对于产业来说，长期依赖比较优势发展战略会陷入“比较优势陷阱”，增大经济转型的压力。

16.3　提高经济增长质量：以创新发展战略来驱动

16.3.1　新阶段对增长质量的诉求：发展战略创新的必要性

在中国一穷二白的起步阶段，对于经济增长量积累的诉求，使得我们尽可能利用廉价劳动力和资源、土地等要素的优势，追求经济增长数量，在发展的起步阶段，传统发展战略“优”的一面表现得淋漓尽致。但经济增长不光关注生产效率和物质财富的数量增长，还关注经济增长的后果、前景以及给人们带来的真实福利。对于增长数量的长期追求，导致了中国高投入、高消耗、高污染以及技术创新乏力、产业升级刚性等一系列“副产品”的出现。为此应反思传统发展战略的合理性，特别是在追求经济增长质量阶段，传统发展优势战略“劣”的一面开始显现，对长期经济健康以及可持续发展带来新的约束，实施创新发展战略势在必行。

① 崔勇．贸易和发展双刃剑［J］．读书，2005（11）．

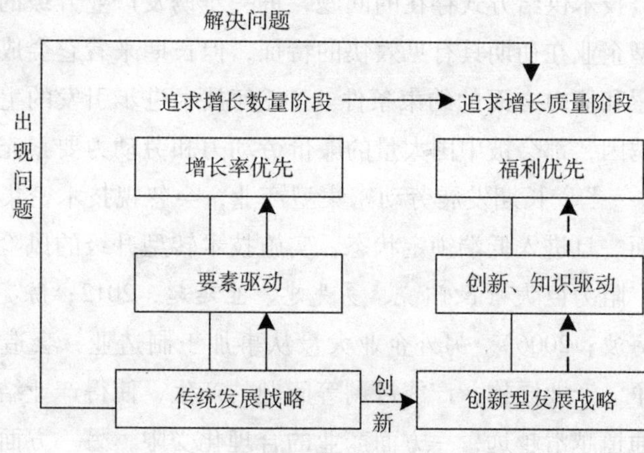

图 16－3　创新发展战略的基本逻辑

16. 3. 2　从传统发展战略到创新型发展战略：三位一体的逻辑

从传统发展战略到创新型发展战略的逻辑框架，主要是如何通过创新构建市场、政府与企业三位一体的良性互动机制。

(1) 市场。张五常和张曙光将中国经济增长的原因归结为由计划向市场经济的转轨，中国长期的经济发展得益于市场经济的建立。但关于中国市场经济“夹生”的讨论不绝于耳。对于市场机制的完善和市场配置效率的讨论，关键在于区分市场缺失和市场失灵两者之间的差异，明确未来市场机制健全以及市场成长的方向。贾丽虹（2003）归纳总结 Arrow（1970）的观点，认为只要市场集是完整的，就不会有外部性。外部性是市场失灵的存在方式，但不是所有市场失灵都可以被描述为外部性。此外，市场缺失的原因很多（非排他性、缺乏交易的条件等），市场失灵也仅仅出现在交易成本十分高昂的场所。消除市场缺失的外部性，只能坚持市场化的改革。市场失灵的外部性属于波动范畴，即围绕着长期趋势上下波动，只能降低不能消除，需要降低交易费用，提高交易效率。一方面要消除人为因素造成的高额交易费用；另一方面要促进市场创新，主要是以创新促进市场成长，推动市场交易方式的革新，提升交易技术，降低信息的不对称性，根本途径在于完善市场机制。

(2) 政府。斯密在《国富论》中就将政府定位为保证市场自由竞争的“守夜人”，仅在治安、国防、教育、公共服务和公共产品供给等方面发挥作用。所以一直以来，古典和新古典的基本信条是政府在政策上应“自由放任”，“无为而治”的政府才是好政府。但是市场机制不完全会导致信息不对称和代理成本较高等问题，所以关于政府如何补充市场，以及政府和市场界限的探讨由来已久。市场是一种价格契约机制，从某种程度上来说，政府、企业以及计划指令经济却是以计划指令管理经济。根据边际原则，当价格契约机制引起的成本与指令契约机制引起的成本相等时，政府与市场的最优边界也就可以确定（李勇等，2011）。

中国的经济发展有浓厚的行政色彩，地方政府由于晋升激励形成了“为增长而竞争”的局面，被解读成中国奇迹的主要逻辑之一（周黎安，2004；张晏等，2005；傅勇等，2007）。中国发展离不开政府合理定位，以及明确政府和市场边界，所以创新型发展战略的要义在于如何创新政府的行为和治理方式，建立起现代市场经济，构建市场与政府相互配合的机制。政府通过引导和促进结构变迁（产业升级和经济多样化）以扶持增长、增加就业和减少贫困。另外，政府干预（提供信息、协调软硬件基础设施的改善，以及补偿外部性）对于帮助经济体从一个发展阶段过渡到另一个发展阶段同样是不可或缺的（林毅夫，2012）。

（3）企业。三位一体的框架中，核心是市场经济中的微观主体——企业。企业遵循比较优势来组织生产活动，企业和整个经济才能最大限度地创造经济剩余（林毅夫、李永军，2003）。但在现代社会，技术进步能够弥补要素禀赋的缺陷，企业的自生能力更多地取决于要素使用效率。创新型发展战略强调企业自生能力，即通过技术和效率来构建和保持企业的自生能力。一方面改善企业技术能力，培养企业的商业能力，构建企业的管理能力，发挥以知识为基础的企业组织能力，从而使企业赢得竞争优势；另一方面改善配置效率，除了关心技术和创新带来的产出最大化，企业更要关心赢利能力、市场份额、竞争有序与否等能够实现成本最小化的因素（蔡昉等，2003）。除此之外，应防止个别企业为争取补贴释放虚假信号，避免“逆向”激励。让政府在技术创新、环境质量等方面发挥作用，帮助企业获得自生能力或是创建核心竞争力。

战略是发展最重要的指导，经济增长离不开正确的发展战略。中国的增长奇迹正是合适发展战略发挥效能的结果，在新的发展阶段，创新发展战略就是进一步可持续发展的关键所在。

17 创新体系与中国经济增长质量

创新体系包括国家创新体系和区域创新体系两部分内容。在现有的研究中，创新体系主要是围绕技术创新建立起来的政策环境支撑系统，包括国家和地区的创新促进政策、教育和人才培养计划、企业创新动力与能力等诸多因素。本章提出的广义视角下创新体系的建设，是以创新驱动为目标，以知识创新与技术创新为核心，综合考虑制度创新、金融创新、文化创新、产业创新等因素，形成完整的创新体系，体系内创新主体协调一致，创新条件自我优化，创新过程持续进行，创新内容不断深化。

17.1 广义视角下国家创新体系的新内涵

国家创新体系的概念自提出以来，经过二十多年的发展演变，已经从最初的技术创新体系发展为集制度创新、环境创新、金融创新等概念于一身的广义国家创新体系。创新体系概念的发展，一方面丰富了它的研究范围和内涵，但另一方面也容易使国家创新体系的建设目标模糊化，让国家创新体系成为一个放之四海而皆准，但缺乏解释力的空泛理论。本章将从国家创新体系的发展过程出发，重新界定它的含义，提出一种广义创新体系概念。

17.1.1 国家创新体系概念的形成与发展

从创新体系概念的形成与发展看，最先出现的是国家创新体系（National Systems of Innovation）的概念，这个概念是1987年美国经济学家理查德·R. 纳尔逊（Richard R. Nelson）和英国经济学家克里斯托弗·弗里曼（Christopher Freeman）首先提出的。他们运用新制度经济学的分析工具研究了美国和日本的技术进步情况和政府支持制度，从社会、经济、文化等多角度来解这种差异。他们把不同国家具有显著差异的技术创新支持系统称为国家创新体系，认为国家创新体系由政策、企业、大学与科研机构、产业结构四个关键要素组成，是一种包含了政府和市场双重影响的社会体系。在国家创新体系中，企业是创新的主体，政府政策是重要影响因素，大学与科研机构是知识与技术的创造者与传播者，而产业结构的不断变化则是对创新结果的直观反映。

国家创新体系概念提出之后，学界对这一概念做了积极回应，使其含义更加清晰。Balzatm（2004）等指出，国家创新体系建立在政府、市场、高校、研究机构互动关系的基础上。这一研究思路与以往重点关注企业产品创新和工艺创新不同，从企业外部找原因，在更大的范围内研究了创新主体和环境之间的关系。

OECD于1997年发表了名为《国家创新体系》的研究报告，报告将“国家创新体系”定义为“共同或单独致力于新技术的开发和扩散的不同机构组成的集合，这些机构之间的相互作用为政府制定及执行影响创新过程的科技政策提供了参考框架”。波特和斯特恩（2002）在国家竞争优势基础上进一步完善了国家创新体系的概念模型，认为公共创新基础设施集群特有的创新环境、基础设施与集群联系质量三个因素决定了一个国家的创新效率；其中，集群特有的创新治理环境包括高质量和专业化的要素投入、企业战略与竞争环境、相关支撑产业的存在等，公共创新基础设施包括原有的技术经验积累、投放于科技的人力和资金、各项公共政策等，基础设施与集群之间的联系质量包括大学体系、大量正式和非正式的组织与网络等。

17.1.2 广义创新体系的构成要素及内涵

有学者对创新体系的内容进行了扩展，提出国家创新体系应包括知识创新、管理创新、市场创新、组织创新等维度，其中技术创新是相关创新的基础和核心，以技术创新为纲，通过它的网络辐射作用，组成一个完整的创新系统（任锦鸾，2002）。赵士英（2002）则持有不同意见，她认为这些扩展因素应该归入创新环境，包括创新支撑系统、教育与培训环境、基础研究与应用研究环境、制度环境、政策环境、市场环境、情报环境与服务环境等，它们虽然不是创新系统的内在要素，但却从外部对创新系统发挥重要作用。

本章提出的广义创新体系在既有理论的基础上，把创新的基础条件、外界环境、核心内容都纳入到创新体系，在内容上包含政策创新、制度创新、知识创新、技术创新、产品创新、产业创新、市场创新、观念创新和组织能力创新等诸多方面，形成层次清晰的创新体系。对原有创新体系概念进行扩展，是因为虽然创新驱动战略的实施重点在知识创新和技术创新，但是知识创新与技术创新既依赖于前期的积累，又受创新条件和创新环境的深刻影响；知识创新和技术创新的效果又反映在产品创新、产业创新和市场创新的效果上。所以，把技术创新的基础条件和环境因素看作投入，知识创新和技术创新就是这个体系的中间产品，中间产品的质量决定了产品创新、产业创新和市场创新的成效。知识创新和技术创新有其不确定性，在创新体系中，需要通过观察产品创新、产业创新与市场创新的效果，来确定技术创新与知识创新成功与否。

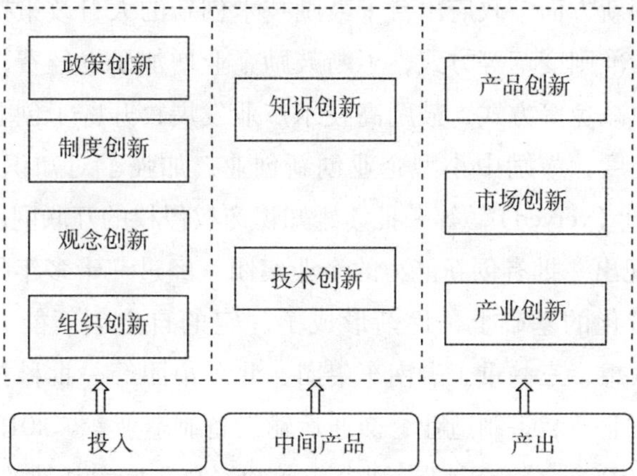

图 17-1 广义创新体系的完整内涵

17.2 中国国家创新体系的现状及存在的问题

由于历史原因和体制特点，我国对国家创新体系的建设非常重视，投入了大量的研发资源，也取得过一大批突破性的创新成果，并由此建立了较为完备的现代工业体系。然而，由于现有体系中政府主导的因素过于强大，客观上挤压了企业的创新空间，削弱了企业在技术创新中的主体地位。此外，现行国家创新体系对政府与企业、企业与高校之间的关系处理不当，造成了创新体系各要素之间的不协调，进而形成了高投入低产出的基本现状。

17.2.1 中国现行国家创新体系的建设情况

(1) 知识创新和技术创新得到国家级项目的支持。截至 2012 年底，我国正在建设的国家创新计划项目包括国家知识创新工程、国家技术创新计划项目、“211”工程、“985”工程、国家工程研究中心、重点企业的技术中心等。这些创新项目的实施对我国的知识创新和技术创新产生了积极影响。高校、科研院所、企业的创新能力不断提高，创新效果较为显著，创新主体之间的合作得到加强。

（2）制度创新和政策创新取得一定成效。在制度创新方面，我国颁布实施了《科技进步法》、《科技成果转化法》、《专利法》等一系列法律法规；在政策创新方面，政府出台了鼓励技术创新的大量政策措施，通过税收优惠、会计准则变革等方式，不断鼓励企业增加研发经费；通过土地政策优惠、税收减免等方式，鼓励高技术产业发展；开辟了创业版市场，引入风险投资制度，鼓励中小型企业创新创业；加强了对知识产权的保护，关闭了“电驴（verycd）”等一批涉嫌知识产权侵权的互联网网站。

（3）涌现出一批有创新能力的企业集团。经过三十多年的发展，我国企业在吸收转化的基础上，逐渐形成了一定的自主创新能力，涌现了华为、中兴、联想、三一重工、南车集团、北车集团等一批科技型企业，涉及电子信息产业、装备制造业、交通运输设备制造业等。2013 年世界知识产权组织（WIPO）公布了以专利合作条约（PCT）为基准的 2012 年度国际专利申请数量排名，中兴通讯（ZTE）连续第二年成为申请数最多的公司，以 3906 件专利高居榜首，日本松下和夏普分别为 2951 件和 2001 件，专利申请数量位列前十名的企业中，日本共有 3 家，中国和德国各有 2 家。

17.2.2 中国现行国家创新体系存在的问题

虽然我国现行国家创新体系在政策创新、制度创新、知识创新、技术创新方面取得了长足的进步，但从广义创新体系的角度看仍存在许多薄弱环节，它们成为制约我国创新体系建设成效的重要因素。

（1）观念创新仍未受重视。由于人们普遍认为观念创新与技术创新和知识创新没有直接观系，因此在现有的研究中，特别是对技术创新的研究中，尚未把观念创新看作创新体系的组成部分。然而，正如科斯（2011）指出中国经济诸多弊端和险象丛生的根源是缺乏思想市场一样，观念创新对技术创新的重要性，也是不言而喻的。黄文锋（2013）对东莞电子信息产业的调查研究发现，政府的资金支持、人才政策支持对于企业创新意愿的影响并不显著，企业最关心的是知识产权政策的实施情况。然而在知识产权保护方面，从民众到管理部门的观念都未能转变，造成了全社会普遍同情侵权的现象，民众谴责痛恨偷盗行为，但却热衷于“山寨”和“盗版”。因此，国家创新体系的建设必须推动国民观念的转变。

（2）自主创新能力依旧不足。与发达国家相比，我国自主创新能力还有很大差距。杜传忠（2013）指出了制约我国自主创新能力的诸多因素，包括企业自身、体制机制、社会环境三个方面。具体包括创新意识不足、人才资源缺乏、知识产权保护不力、产权结构与组织机构不合理、风险投资等外部环境不完备、社会服务体系不健全等因素。

（3）市场创新和产业创新能力尤为薄弱。新市场的开辟、新产业的产生，是创新的高级阶段，它依赖于重大创新，而重大创新的产生则是一国创新能力的集中体现。由重大创新引发的市场创新和产业创新才是技术创新引领一国经济发展的最佳路径，每一次重大创新对市场和产业的颠覆，正是对熊彼特“创造性破坏”的完美写照。美国谷歌公司和苹果公司推出的两大智能手机操作系统开辟了全新的智能手机市场，由此形成了以智能手机为核心、以移动网络应用为特点的智能手机产业，在信息传播、娱乐、支付等领域对传统产业造成了极大冲击。而我国很少有类似的技术创新，偶然出现的一些自主创新产品，也由于没有把握好市场创新和产业创新这两个阶段错失了领导行业的良机。1993 年，世界上第一台 VCD 是我国万燕公司发明的，然而在其他企业模仿跟进后，该公司由于技术创新能力不足很快丧失了优势，把掌控市场和产业的机会留给了后来者。

17.3 中国国家创新体系建设的模式选择

从我国创新体系的现状可以发现，我国国家创新体系虽然取得了一定的成绩，但是离目标要求还比较远。解决这一问题，可以从广义国家创新体系的内涵出发，分析创新体系建设模式的多种可选方案，以是否有利于产品创新、产业创新和市场创新为标准，提高知识创新和技术创新的有效性，增强制度创新、文化创新、观念创新、组织创新的针对性。

17.3.1 以追赶战略为基础的两窗口模式

佩雷斯等（1988）提出了后发优势国家的技术追赶理论。他们认为后发展国家在技术创新的追赶上有两个机会窗口。“第一机会窗口”是指当一种产品在发达国家成熟之后，后发展国家利用自己低劳力成本的比较优势，引进成熟技术，为实现经济追赶提供动力。但是第一机会窗口的发展空间是有限的，这样发达国家的技术和制度领先地位不会被动摇，后发国家会遇到技术创新上的瓶颈。此时，已经积累了一定实力的后发展国家就需要把握住“第二机会窗口”，这个窗口是指当新技术—经济范式处于转变时期，虽然大量和主要的新技术最初出现在技术上最先进的国家，但由于技术体系尚处于发展早期阶段，科技知识大都是公共的和可整理的，意会程度较低，市场进入壁垒也较低，如果后发国家此时能够抓住机会，较早进入新的技术系统，并由政府支持开展大量的研究，就可能取得新技术的胜利，实现跨越式发展。两窗口理论可以很好地解释我国的创新体系建设问题，现有创新体系重在引进、消化吸收成熟技术。我国出台的战略性新兴产业发展规划，则是想把握第二机会窗口。

如果按照这种模式发展，我国创新体系建设重点应是大力扶持新兴产业的发展，从国家层面投入资源跟进国际前沿动态，支持新技术研发，资助一批与国际接轨的研究机构和重点实验室。这种模式是想通过直接干预知识创新与技术创新，保护本国新产品创新、市场创新与产业创新，给本国研发的新技术提供较为温和的成长空间。

17.3.2 强化企业创新主体地位的模式

现代工业社会，技术创新的复杂性已经将发明家式的创新主体边缘化。即使研究机构的成绩被归在了项目负责人的身上，但是科研院所与高校中的知识创新者与技术创新者，也同样依赖于整个团队的协作，以及大量的公用实验设备。企业作为技术创新的主体，基本成为各界共识。建立以企业创新为中心的国家创新体系，也是创新模式建设的可选方案之一。在这种思路下，企业居于核心地位，国家鼓励创新的政策要有利于企业的自主创新，科研院所与大学研究为企业研发提供人力、知识、技术的支持。政府在创新体系建设中应处在中立者的地位，通过提供各种有利于企业创新的政策而服务于创新。政府不应当直接参与到创新中，不应当为企业选定战略性新兴产业等发展目录，相反应在企业自主研究取得突破性进展的领域，由政府认定为重点支持产业。

17.3.3 以广义创新体系为核心的协调发展模式

如前所述，广义创新体系是依托于政策创新、制度创新、观念创新和组织创新等因素，通过改变这些因素，间接影响知识创新和技术创新的产出水平，同时这些知识创新和技术创新必须要能转化为产品创新、市场创新和产业创新。广义创新体系包含的因素比较多，难点在于各种因素之间的协调发展。虽然现有研究中也会提到政策创新等因素，并称之为创新环境，但没有注意到这些因素之间可能会发生目标上的冲突。比如政府政策上的创新，从政策角度规定了追赶技术的范畴，这与鼓励企业自主创新，发挥企业能动性的要求有可能会出现冲突。企业自主创新的范围被支持目录限制了，而政策制定者很可能并不了解创新的过程，并且新技术的发展方向最终能产生多大影响，在新技术的初始阶段很难作出精确判断。再者，在组织创新中，国家支持的研究机构和大学的重点实验室越来越多，但是组织创新并未与大学改革的制度创新相协调，致使科研评价体系与企业的技术创新需求出现偏离。

因此，虽然广义创新体系建设中包括的因素没有特别之处，但是它特别强调创新体系中的协调性，避免创新因素之间的内部冲突，减少内耗，提高创新效率。要达到该目标，必须要明确创新体系建设的两个原则，把整个创新体系看作虚拟的投入产出过程。第一原则是作为创新体系建设中的虚拟投入要素，政策创新、制度创新、观念创新、组织创新必须服务于知识创新与技术创新的要求，并且政策、制度、观念、组织创新之间不能产生冲突与内耗。第二原则是作为虚拟的中间产出变量，知识创新与技术创新的成果必须服务于产品创新、市场创新与产业创新，不能以政府的评价代替市场评价。

17.3.4 基于三种模式比较的中国创新体系建设的模式选择

追赶战略为基础的两窗口模式强调政策的作用更多，它要求政府有能力抓住两次追赶机会。我国现阶段较为成功地抓住了第一机会窗口，实现了技术创新的前期积累工作。创新型国家建设、国家创新体系建设是为了抓住第二窗口期提出的战略口号。然而在第二窗口机会，仍然以政府为主导是否可行，政府是否有能力正确判断有潜力的新兴技术领域。由此可见，第一种模式的缺点难以克服，并不是一种理想的国家创新体系建设模式。

强化企业创新主体的模式过分强调企业的核心地位，主张国家政策、科研院所、大学都围绕企业的技术需求开展工作。如果满足了企业的这种要求，便会出现全社会范围内企业创新投入过度的现象，本应由企业支付的创新成本转嫁给了政府，企业创新资源的利用效率会下降，会出现套取国家创新资助和税收优惠的假创新。总之，重视企业在创新中的主体地位并没有原则性错误，但以资源配置扭曲的方式快速造就大量热衷于研发的企业，并不能真正建成国家创新体系，从长期来看，这样造就出的创新体系是没有生命力的，没有实现创新体系的自我优化和升级。

广义创新体系为核心的协调发展模式克服了以上两种模式的缺点，吸收了它们各自的优点。首先，政策创新、制度创新、观念创新和组织创新建设中政府必将发挥重要作用；其次，各种创新的一致性能够保证创新动力的正确传导，避免它们之间的冲突致使企业无所适从；最后，从产品创新、市场创新、产业创新的实际效果上评价企业创新的能力，并以此作为创新体系构建的重要内容。综上所述，广义创新体系是一种可供选择的国家创新体系建设模式，它特别重视体系内部各因素之间的协调，既注重发挥政府的作用，又强调市场的裁判作用。

17.4 中国广义创新体系建设的根本目标：以创新提升增长质量

技术创新是经济增长的源泉，在国家创新体系的提出阶段，它的中心任务是促进知识创新和技术创新，进而提高一国的国民产出和国家竞争力。然而，随着创新体系的不断扩展，金融创新、制度创新、政策创新等内容加入到创新体系的概念范畴，创新体系的目标出现偏离，金融创新强调金融在经济发展中的核心作用，随着大量金融领域创新的出现，它不但没有促进技术创新的发展，反而带来了证券市场泡沫、房地产泡沫等破坏实体经济发展的状况。世界范围内层出不穷的金融危机，已经成为各国首要面对的难题。所以，在广义视角下研究国家创新体系的目标任务，需要重视创新体系建设中可能出现的目标偏离，构建以技术创新、知识创新为核心，政策创新、制度创新、观念创新、组织创新服务于技术创新与知识创新，技术创新与知识创新成果加速转化为产品创新、市场创新和产业创新的广义创新体系建设新模式。并且，对于技术创新和知识创新引发的产品创新、市场创新和产业创新，还必须满足有助于提升经济增长质量这一根本目标。

17.4.1 广义创新体系建设影响经济增长质量的机制分析

国家创新体系建设有多种模式，在选择广义创新体系为核心的协调发展模式的情况下，创新体系将从经济增长的稳定性、经济增长的资源环境代价、经济增长的福利分配三个维度对经济增长质量产生影响。

（1）广义创新体系建设有助于形成后发技术优势，抑制劳动力成本上涨、人民币汇率升值等因素造成的经济增长速度下滑，实现经济增长速度的高速稳定。技术创新分为三个阶段，初级阶段是知识创新和纯技术创新，中级阶段是产品创新和工艺创新，高级阶段是市场创新和产业创新。最先实现市场创新和产业创新的技术领先者，他们往往成为技术标准的制订者和核心专利的拥有者，从而能够获得最高的技术创新收益。2009 年欧盟发生的债务危机，只有德国等少数国家得以幸免，这得益于德国在众多领域具有的创新优势，公共支出的增加可以通过正常的税收化解，德国政府也有较强的偿债能力。而希腊等国家，在产业分工中处于不利地位，采取发行债券的方式弥补福利空洞，必然不是长久之计。“发债兑现高福利”的措施是一种政策创新，但这种创新显然不利于技术与知识创新，更与创新的高级阶段无关。因此，在创新体系建设目标，必须围绕技术创新中、高级能力提升，而不能允许不同利益集团打着创新体系建设的幌子，做有损于经济增长质量的行为。

（2）广义创新体系建设有助于实现资源环境可持续发展，创新污染权交易市场，把经济增长的资源环境代价纳入到企业生产成本中，促使企业创造出更加节能环保的商品。在以往国家创新体系的研究中，重点强调技术创新的重要性，把技术创新与知识创新作为国家创新体系的产出。在原有的创新体系模式下，技术创新以追求技术的领先性，产品功能的创新性为目标。为了快速占领市场先机，对环境影响的评估被忽略，而一旦一种产品实现了市场创新和产业创新，这种新产品就会成为其他行业发展的重要中间产品，取得难以替代的地位。事后即使会对环境造成难以估量的破坏，但在短时间内也无法改变。因此，未来国家创新体系建设的成功与否，不能仅以增长速度为衡量指标，必须考虑创新结果的资源环境代价，顺应世界各国对环保越来越重视的大趋势，重点发展环境友好型的技术创新。

(3) 广义创新体系建设有助于实现人的全面发展，提高国民收入，实现经济发展收益共享，让创新的收益惠及普通消费者，减小国家创新体系建设的各种阻力。在广义创新体系建设的过程中，将涉及制度创新、观念创新、政策创新、组织创新等基础变量，具体内容将包括更加强调知识产权保护、人才培养方式创新、科研评价标准创新、新技术推广政策创新、产学研组织创新、企业实验室建设创新等。通过国家创新体系的建设，逐渐形成重视创新、鼓励创新的社会风气，人们的思想得到解放，在创新的氛围中不断追求工作的极致，充分挖掘国民的创新潜力，实现人的全面发展，让整个社会的激励正确，实现国民从崇尚权力向崇尚创新转变。另外，国家创新体系建设将加速新产品、新市场、新产业的出现，为社会提供更多的就业机会，让更多先进的技术走进普通人的家庭，让创新的成果惠及普通消费者。创新将打破旧有的利益集团，将淘汰止步不前的企业，这都将有利于国民收入的提高，有助于社会公平的实现。

17.4.2 广义创新体系建设的具体建议

(1) 实行严格的知识产权保护政策。风险、利润与不确定性之间的关系是非常明确的。技术创新是高风险，高不确定性的活动，与之相适应的是极高的利润。但是由于我国对知识产权的保护力度不够，创新主体的收益得不到保护，造成各种创新主体的创新动力不足。发达国家的经验表明，好的知识产权保护体系是一切创新活动的基本保障，没有健全的知识产权保护体系，其他各种鼓励创新的政策都会大打折扣。

(2) 创新高校和科研院所的科研评价体系。当前高校和科研院所的科研成果评价体系，重点仍在体系内部进行评价，强调创新的学术意义，而对创新的社会经济价值评价不足。此外，高校的去行政化改革还未启动，科研评价体系重数量轻质量的特征十分明显。在大量高校向科研或教学科研并重转型的过程中，催生了一个学术成果交易黑市，学术不端行为时有发生。高校与科研院所在这种导向下，无法承担起广义创新体系中知识创新与技术创新的重要任务，科研水平提升缓慢。这就需要创新高校和科研院所评价体系，实现科研要求与国际接轨。在应用科学领域形成科研成果转化率为导向的评价体系，而在基础学科领域更加重视成果的质量和国际认可程度。

(3) 鼓励企业建立大型研发中心。在现有创新体系建设中，对产学研强调的较多，认为产学研是解决企业创新能力不足的有效途径。但是在知识产权保护不健全的情况下，任何合作都可能给企业带来收益分割上的风险，甚至于涉及企业核心机密的商业风险。所以企业与高校的合作，主要集中在外包项目和人员培训上，企业的核心技术依然要依靠自己的研发团队来掌控。以往企业在生产区域中设立研发部门从事研发工作。现在世界跨国公司的兴起，出现了大量独立的企业研发中心，微软等大企业在世界设有多个独立研发机构，加深了研发活动的专业化程度，研发中心的大型设备和合作氛围，为研究者提供了最有利的创新环境。

(4) 全力抢占市场创新和产业创新机会。一般的产品创新只能改善创新企业的生存压力，为现有的市场和产业提供了一种差异化的产品。一般创新与重大创新之间不可同日而语。大量的一般创新也抵挡不住一个重大创新的冲击。只有抢占市场创新与产业创新的机会，才是提升经济增长质量，保持国家竞争优势的有效策略。在很多技术领域，美国、日本、德国处于第一梯队，但只有美国创造了新经济的奇迹，这主要得益于美国的市场创新和产业创新能力，在电脑操作系统、通信协议、智能手机系统方面，美国都是新标准竞争的胜利者。

参考文献

一、中文文献

（一）著作

［1］（美）彼得·德鲁克．创新与企业家精神［M］．张炜，译．上海：上海人民出版社，2002.

［2］陈晓田，杨列勋．技术创新十年［M］．北京：科学出版社，1999.

［3］程源，雷家骕，杨湘玉．技术创新：战略与管理［M］．北京：高等教育出版社，2005.

［4］（美）道格拉斯·C. 诺思．制度、制度变迁与经济绩效［M］．杭行，译．上海：格致出版社，上海三联书店，上海人民出版社，2008.

［5］樊纲，王小鲁，等．中国市场化指数［M］．北京：经济科学出版社，2010.

［6］（德）弗里德里希·李斯特．政治经济学的国民体系［M］．陈万煦，译．北京：商务印书馆，1997.

［7］傅家骥．技术创新——中国企业发展之路［M］，北京：企业管理出版社，1992.

［8］傅家骥．技术创新学［M］．北京：清华大学出版社，1998.

［9］（美）海尔布罗纳，（美）米尔博格．经济社会的起源［M］．李陈华，许敏兰，译．上海：上海人民出版社，2012.

［10］洪银兴．创新型经济：经济发展的新阶段［M］．北京：经济科学出版社，2010.

［11］金芳，黄烨菁．创新型国家建设：进程、障碍与出路［M］．上海：上海人民出版社，2007.

［12］经济合作与发展组织（OECD），编．以知识为基础的经济［M］．北京：机械工业出版社，1997.

［13］（苏联）B. D. 卡马耶夫．经济增长的速度和质量［M］．陈华山，左东官，何剑，等，译．武汉：湖北人民出版社，1983.

［14］（英）克里斯托夫·弗里曼．技术政策和经济绩效：日本国家创新系统的经验［M］．张宇轩，译．南京：东南大学出版社，2008.

［15］（美）杰里米·里夫金．第三次工业革命［M］．张体伟，孙豫宁，译．北京：中信出版社，2012.

［16］林毅夫，蔡昉，李周．中国的奇迹：发展战略与经济改革［M］．上海：上海三联出版社，1994.

［17］林毅夫．新结构经济学——反思经济发展与政策的理论框架［M］．北京：北京大学出版社，2012.

［18］刘海英．投入产出效率、结构因素与中国经济增长质量［M］．北京：经济科学出版社，2011.

［19］（美）迈克尔·波特．国家竞争优势［M］．李明轩，邱如美，译．北京：华夏出版社，2002.

［20］（美）乔尔·莫基尔．富裕的杠杆：技术革新与经济进步［M］．陈小白，译．北京：华夏出版社，2010.

［21］彭德芬．经济增长质量研究［M］．武汉：华中师范大学出版社，2002.

［22］任保平，钞小静，魏婕，等．中国经济增长质量报告（2012）——中国经济增长质量指数及省区排名［M］．北京：中国经济出版社，2012.

［23］任保平．以质量看待增长：对新中国经济增长质量的评价与反思［M］．北京：中国经济出版社，2010.

［24］任保平．中国经济增长质量报告（2011）——中国经济增长包容性［M］．北京：中国经济出版社，2011.

［25］（荷兰）塞特斯·杜玛，（荷兰）海因·斯赖德．组织经济学——经济分析方法在组织管理上的应用（第三版）［M］．原磊，王磊，译．北京：华夏出版社，2006.

［26］盛洪．现代制度经济学（第二版·上卷）［M］．北京：中国发

展出版社，2009.

［27］王伟光. 创新与中国社会发展［M］. 北京：中共中央党校出版社，2003.

［28］王允贵. WTO与中国贸易发展战略［M］. 北京：经济管理出版社，2002.

［29］武春友. 技术扩散论［M］. 北京：化学工业出版社，1997.

［30］（英）亚当·斯密. 国富论［M］. 郭大力，王亚南，译. 南京：译林出版社，2011.

［31］于光远. 中国理论经济学史［M］. 郑州：河南人民出版社，1996.

［32］（奥地利）约瑟夫·熊彼特. 经济发展理论［M］. 何畏，易家详，等，译. 北京：商务印书馆，1990.

［33］（美）约瑟夫·阿洛伊斯·熊彼特. 经济发展理论：对利润、资本、信贷、利息和经济周期的探究［M］. 叶华，译. 北京：中国社会科学出版社，2009.

［34］（挪）詹·法格博格，（美）戴维·莫利，（美）理查德·纳尔逊，主编. 牛津创新手册［M］. 柳卸林，郑刚，蔺雷，译. 北京：知识产权出版社，2009.

［35］张建平，关秀丽. 国际经济结构变动趋势及对我国的影响研究［M］. 北京：中国计划出版社，2009.

［36］中国科技发展战略研究小组. 中国区域创新能力报告2012［M］. 北京：科学出版社，2013.

［37］钟学义. 增长方式转变与增长质量提高［M］. 北京：经济管理出版社，2001.

［38］哈肯. 协同学［M］. 徐锡申，等，译. 北京：原子能出版社，1984.

（二）论文

［1］曹亚威，吴先金. 技术创新与市场创新的协同模式研究［J］. 企业家天地，2007（9）.

［2］曹勇，秦以旭. 中国区域创新能力差异变动实证分析［J］. 中国人口·资源与环境，2012（3）.

[3] 曾国屏，李正风．国家创新体系：技术创新、知识创新和制度创新的互动［J］．自然辩证法研究，1998（11）．

[4] 钞小静，惠康．中国经济增长质量的测度［J］．数量经济技术经济研究，2009（6）．

[5] 钞小静，任保平．中国的经济转型与经济增长质量：基于TFP贡献的考察［J］．当代经济科学，2008（4）．

[6] 钞小静，任保平．中国经济增长结构与经济增长质量的实证分析［J］．当代经济科学，2011（6）．

[7] 钞小静，任保平．中国经济增长质量的时序变化与地区差异分析［J］．经济研究，2011（4）．

[8] 陈斌开，林毅夫．重工业优先发展战略、城市化与中国城乡收入差距［J］．南开经济研究，2010（1）．

[9] 陈春良，易君健．收入差距与刑事犯罪：基于中国省级面板数据的经验研究［J］．世界经济，2009（1）．

[10] 陈亮．中国跨越“中等收入陷阱”的开放创新——从比较优势向竞争优势转变［J］．马克思主义研究，2011（3）．

[11] 陈向东，王磊．基于专利指标的中国区域创新的俱乐部收敛特征研究［J］．中国软科学，2007（10）．

[12] 池仁勇，虞晓芬，李正卫．我国东西部地区技术创新效率差异及其原因分析［J］．中国软科学，2004（8）．

[13] 杜传忠．现阶段我国自主创新能力提高的制约因素及对策分析［J］．理论学习，2013（5）．

[14] 杜志雄，肖卫东．包容性增长理论的脉络、要义和政策内涵［J］．中国农村经济，2010（11）．

[15] 傅勇，张晏．中国式分权与财政支出结构偏向：为增长而竞争的代价［J］．管理世界，2007（3）．

[16] 干春晖，余典范．中国构建动态比较优势的战略研究［J］．学术月刊，2013（4）．

[17] 郭国峰，温军伟，孙保营．技术创新能力的影响因素分析——基于中部六省面板数据的实证研究［J］．数量经济技术经济研究，2007（9）．

［18］郭庆旺，贾俊雪．中国全要素生产率的估算：1979—2004［J］．经济研究，2005（6）．

［19］郭熙保，胡汉昌．后发优势战略与比较优势战略［J］．江汉论坛，2002（9）．

［20］何其春．税收、收入不平等和内生经济增长［J］．经济研究，2012（2）．

［21］洪银兴．市场经济与市场创新［J］，管理世界，1995（6）．

［22］洪银兴．关于创新驱动和创新型经济的几个概念［J］．群众，2011（8）．

［23］洪银兴．论创新驱动经济发展战略［J］．经济学家，2013（1）．

［24］洪银兴．从比较优势到竞争优势——兼论国际贸易的比较利益理论的缺陷．经济研究，1997（6）．

［25］洪银兴．关于创新驱动和协同创新的若干重要概念［J］．经济理论与经济管理，2013（5）．

［26］侯润秀，官建成．外商直接投资对我国区域创新能力的影响［J］．中国软科学，2006（5）．

［27］胡树林．对技术创新与我国经济增长质量的思考［J］．经济师，2002（4）．

［28］黄伟，张鸿．我国对外贸易的比较优势局限与竞争优势创造［J］．社会科学研究，2004（6）．

［29］黄文锋，张梦轩．政府政策与企业技术创新意愿关系研究［J］．科技与经济，2013（4）．

［30］黄智淋，俞培果．近年技术创新对我国经济增长的影响研究——基于面板数据模型分析［J］．科技管理研究，2007（5）．

［31］贾根良．后发工业化国家制度创新的三种境界——演化经济学假说并与杨小凯教授商榷［J］．南开经济研究，2003（5）．

［32］贾丽虹．外部性发生机制与市场缺失的关系新探［J］．学术研究，2003（4）．

［33］金祥荣，余冬筠．创新效率、产业特征与区域经济增长［J］．浙江大学学报（人文社会科学版），2010（5）．

[34] 金祥荣，朱希伟．专业化产业区的起源与演化［J］．经济研究，2002（8）．

[35] 经济增长前沿课题组．经济增长、结构调整的累积效应与资本形成——当前经济增长态势分析［J］．经济研究，2003（8）．

[36] 雷家骕，施晓江．中国技术创新学术研究18年述评（上）［J］．中国青年科技，2007（9）．

[37] 雷家骕，施晓江．中国技术创新学术研究18年述评（下）［J］．中国青年科技，2007（11）．

[38] 李海峥，梁玲，Barbara Fraumeni，刘志强，王小军．中国人力资本测度与指数构建［J］．经济研究，2010（8）．

[39] 李娟伟，任保平．协调中国环境污染与经济增长冲突的路径研究——基于环境退化成本的分析［J］．中国人口资源与环境，2011（5）．

[40] 李习保．区域创新环境对创新活动效率影响的实证研究［J］．数量经济技术经济研究，2007（8）．

[41] 李习保．中国区域创新能力变迁的实证分析：基于创新系统的观点［J］．管理世界，2007（12）．

[42] 李勇，王满仓．发展战略、产权结构和长期经济增长——对于近代以来长期经济增长轨迹的分析［J］．新政治经济学评论，2013（2）．

[43] 李勇，王满仓．市场成长与经济发展——对于“政府与市场关系”的再界定［J］．东北财经大学学报，2011（5）．

[44] 李岳平．经济增长质量评估体系及实证分析［J］．江苏统计，2001（5）．

[45] 李兆友．国内技术创新主体研究概况［J］．社会科学动态，1997（11）．

[46] 李兆友．技术创新主体研究综述［J］．哲学动态，1997（11）．

[47] 李兆友．论技术创新中主体间的协同［J］．系统辩证学学报，2000（2）．

[48] 连燕华．试论企业是技术创新的主体［J］．科学管理研究，1994（5）．

[49] 廖国民，王永钦．论比较优势与自生能力的关系［J］．经济研

究，2003（9）.

［50］林丽萍．技术创新测度评估的若干问题［J］．软科学，2001（5）.

［51］林良华．论技术创新测度指标设置［J］．浙江师大学报（社会科学版），2001（1）.

［52］林毅夫，李永军．比较优势、竞争优势与发展中国家的经济发展［J］．管理世界，2003（7）.

［53］林毅夫．发展战略、自生能力与经济收敛［J］．经济学（季刊），2002（2）.

［54］林毅夫．李约瑟之谜、韦伯疑问和中国的奇迹——自宋以来的长期经济发展［J］．北京大学学报（哲学社会科学版），2007（7）.

［55］林毅夫．新结构经济学——重构发展经济学的框架［J］．经济学（季刊），2011（1）.

［56］刘本盛．关于“产学研”有机结合的模式研究［J］．管理世界，2000（6）.

［57］刘南，李燕．现代物流与经济增长的关系研究［J］，管理工程学报，2007（1）.

［58］刘树成．论又好又快发展［J］．经济研究，2007（6）.

［59］刘伟，所有权的经济性质、形成及权能结构［J］．经济研究，1991（4）.

［60］刘小斌，韩玉启．区域技术创新扩散研究——南京地区的实证分析［J］．南京社会科学，2009（5）

［61］刘修岩，陆旸．出口贸易对中国区域创新能力影响的实证分析［J］．东南大学学报，2012（5）.

［62］刘志彪．从先发到后发：关于实施创新驱动战略的理论思考［J］．产业经济研究，2011（4）.

［63］柳卸林，胡志坚．中国区域创新能力的分布与成因［J］．科学学研究，2002（10）.

［64］罗卫东．专业市场的前景不容乐观［J］．浙江社会科学，1996（5）.

［65］米建华，谢富纪．创业投资、技术创新与经济增长——基于中国20省市的截面数据实证研究［J］．现代管理科学，2009（6）.

[66] 欧阳峣，易先忠，生延超．从大国经济增长阶段性看比较优势战略的适宜性［J］．经济学家，2012（8）．

[67] 任保平，郭晗．经济发展方式转变的创新驱动机制［J］．学术研究，2013（2）．

[68] 任保平．经济增长质量：理论阐释、基本命题与伦理原则[J]．学术月刊，2012（2）．

[69] 任锦鸾，顾培亮．基于复杂理论的创新系统研究［J］．科学学研究，2002（4）．

[70] 任晶，杨青山．产业多样化与城市增长的理论及实证研究[J]．地理科学，2008（5）．

[71] 任胜钢，彭建华．基于因子分析法对我国区域创新能力的评价及比较［J］．系统工程，2007（2）．

[72] 史世伟．德国国家创新体系与德国制造业的竞争优势［J］．德国研究，2009（1）．

[73] 史修松，赵曙东，吴福象．中国区域创新效率及其空间差异研究［J］．数量经济技术经济研究，2009（3）．

[74] 宋河发，穆荣平，任中保．自主创新及创新自主性测度研究［J］．中国软科学，2006（6）．

[75] 苏梽芳，廖迎，李颖．是什么导致了“污染天堂”：贸易还是FDI？——来自中国省级面板数据的证据［J］．经济评论，2011（3）．

[76] 孙天琦．目前我国产业组织问题研究［J］．当代经济科学，1999（6）．

[77] 孙文建，黄渝祥．技术创新：中国经济新的增长点［J］．科学管理研究．2000（3）．

[78] 唐海燕，张会清．中国在新型国际分工体系中的地位——基于价值链视角的分析［J］．国际贸易问题，2009（2）．

[79] 田国强．经济机制理论：信息效率与激励机制设计［J］．经济学（季刊)，2003（2）．

[80] 涂勤．电子商务：推动世界经济发展的新东［J］．世界经济，1999（2）．

[81] 汪丁丁．近年来经济发展理论的简述与思考［J］．经济研究，

1994（7）.

［82］汪丁丁．制度创新的一般理论［J］．经济研究，1992（5）.

［83］王艾青．技术创新、制度创新与产业创新的关系分析［J］．当代经济研究，2005（8）.

［84］王春法．关于国家创新理论的思考［J］．中国软科学，2003（5）.

［85］王海燕．国家创新体系建设：经验、思考与启示［J］．科学学研究，2010（2）.

［86］王海源，谢洪明，蓝海林．创新主体研究：整合的观点及中国的实践［J］．科学管理研究，2004（6）.

［87］王仁祥，邓平．创新型城市评价指标体系的构建［J］．工业技术经济，2008（1）.

［88］王小鲁，樊纲，刘鹏．中国经济增长方式转换和增长可持续性［J］．经济研究，2009（1）.

［89］魏守华，吴贵生，吕新雷．区域创新能力的影响因素——兼评我国创新能力的地区差距［J］．中国软科学，2010（9）.

［90］夏天．创新驱动经济发展的显著特征及其最新启示［J］．中国软科学，2009（2）.

［91］夏天．创新驱动过程的阶段特征及其对创新型城市建设的启示［J］．科学学与科学技术管理，2010（2）.

［92］项俊波．中国经济结构失衡的测度与分析［J］．管理世界，2008（9）.

［93］徐朝阳，林毅夫．发展战略与经济增长［J］．中国社会科学，2010（3）.

［94］许庆瑞，谢章澍，杨志蓉．企业技术与制度创新协同的动态分析［J］．科研管理，2006（4）.

［95］闫荣国，赵国雄．我国实际人均 GDP 的趋势分析及预测［J］．统计与信息论坛，2003（5）.

［96］严汉平，白永秀．不同视角下制度创新路径的比较——一个关于制度创新路径的文献综述［J］．经济评论，2005（5）.

［97］颜晓峰．组织与创新［J］．国际技术经济研究，2002（3）.

[98] 杨清海．人力资本先行追赶与制度创新——德国和美国的经验及对我国的启示［J］．南开经济研究，2005（2）．

[99] 杨瑞龙．论我国制度变迁方式与制度选择目标的冲突及其协调［J］．经济研究，1994（5）．

[100] 杨圣明，刘力．服务贸易理论的兴起与发展［J］．经济学动态，1999（5）．

[101] 杨涛．我国产业组织合理化的途径——有效竞争［J］．财经科学，2001（5）．

[102] 杨燕，高山行．创新驱动、自主性与创新绩效的关系实证研究［J］．科学学研究，2011（10）．

[103] 杨长友．测评经济增长质量的六大向度［J］．福建论坛（经济社会版），2000（1）．

[104] 姚家华．中国古代市场和物价管理思想［J］．上海经济研究，1985（5）．

[105] 姚洋，郑东雅．外部性与重工业优先发展［J］．南开经济研究，2007（2）．

[106] 姚洋，郑东雅．重工业与经济发展：计划经济时代再考察［J］．经济研究，2008（4）．

[107] 叶思荣．论市场创新及基本模式［J］．现代管理科学，1997（6）．

[108] 俞炜华，秦海波．大国与比较优势战略［J］．预测，2006（5）．

[109] 张钢．从创新主体到创新政策：一个基于全过程的观点［J］．自然辩证法通讯，1995（6）．

[110] 张耿庆．我国技术创新与经济增长的实证研究［J］．经济纵横，2007（4）．

[111] 张军．增长、资本形成与技术选择：解释中国经济增长下降的长期因素［J］．经济学（季刊），2002（2）．

[112] 张来武．科技创新驱动经济发展方式转［J］．中国软科学，2011（12）．

[113] 张凤海，侯铁珊．技术创新理论述评［J］．东北大学学报（社会科学版），2008（3）．

[114] 张磊，王森．西方技术创新理论的产生与发展综述［J］．科技

与经济，2008（2）.

［115］张炜．高校科技创新要主动适应建设创新型国家［J］．中国高教研究，2007（1）.

［116］张晏，龚六堂．分税制改革、财政分权与中国经济增长［J］．经济学（季刊），2005（1）.

［117］张义芳．我国企业成为技术创新的主体了吗［J］．中国科技论坛，2006（4）.

［118］张义梁，张嵎喆．国家自主创新能力评价指标体系研究［J］．经济研究，2006（6）.

［119］张战仁．我国区域创新差异的形成机制研究——基于集聚互动、循环累积与空间关联视角的实证分析［J］．经济地理，2013（4）.

［120］赵士英，刘永振．技术创新系统的哲学分析［J］．系统辩证学学报，2002（2）.

［121］赵维双．基于政府管理的技术创新扩散激励机制研究［J］，经济问题，2005（2）.

［122］赵彦云，刘思明．中国专利对经济增长方式影响的实证研究：1988—2008年［J］．数量经济技术经济研究，2011（4）.

［123］赵中建，王志强．国际社也的创新评价指标研究［J］．科学管理研究，2010（6）.

［124］郑勇军．浙江省专业市场跨世纪发展的前景及其战略重点［J］．宁波经济，1998（5）.

［125］郑玉歆．全要素生产率的在认识——用TFP分析经济增长质量存在的若干局限［J］．数量经济技术经济研究，2007（9）.

［126］中国经济增长与宏观稳定课题组．干中学、低成本竞争和增长路径转变［J］．经济研究，2006（4）.

［127］钟昌标，李富强，王林辉．经济制度和我国经济增长效率的实证研究［J］．数量经济技术经济研究，2006（11）.

［128］周黎安．晋升博弈中政府官员的激励与合作：兼论我国地方保护主义和重复建设问题长期存在的原因［J］．经济研究，2004（6）.

［129］周立，吴玉鸣．中国区域创新能力：因素分析与聚类研究——兼论区域创新能力综合评价的因素分析替代方法［J］．中国软科学，2006（8）.

[130] 周立群，曹利群．农村经济组织形态的演变与创新——山东省莱阳市农业产业化调查报告［J］．经济研究，2001（1）．

[131] 周青，刘志高，朱华友，尹贻梅．创新系统理论演进及其理论体系关系研究［J］．科学学与科学技术管理，2012（2）．

[132] 周小亮．论经济结构调整与制度创新中的对称与互补［J］．经济评论，2001（3）．

[133] 周振华．中国制度创新的改革程序设定［J］．经济研究，1998（12）．

[134] 朱孔来．自主创新能力指标体系及综合评价方法［J］．统计与决策，2007（9）．

[135] 朱李鸣，我国技术扩散导引机制初步考察［J］．科学管理研究，1988（3）．

[136] 朱岩梅．比较优势战略对中国经济发展局限性的研究［J］．中国软科学，2008（8）．

[137] 朱勇，张宗益．技术创新对经济增长影响的地区差异研究［J］．中国软科学，2005（11）．

[138] 庄子银．知识产权、市场结构、模仿和创新［J］．经济研究，2009（11）．

[139] 国务院．国家中长期科学和技术发展规划纲要（2006—2020年）［R］．北京：新华社，2006.

二、外文文献

[1] Acemoglu Daron, Simon Johnson, James Robinson. 2001. The Colonial Origins of Comparative Development: An Empirical Investigation [J]. American Economic Review, Vol. 91.

[2] Acemoglu Daron. 2007. Introduction to Modern Economic Growth [M]. Mimeo, MIT.

[3] Allyn Young. 1928. Increasing Returns and Economic Progress [J]. Economic Journal, Vol. 12.

[4] Arrow. 1970. The Organization of Economic Activity: Issues Pertinent to the Choice of Market versus Non - market Allocation [J]. In R. H. Haveman

and J. Margolis (eds), Public Expenditures and Policy Analysis, Chicago: Markham.

[5] Balzatm. 2004. Recent Trends in the Research on National Innovation Systems [J]. Journal of Evolutionary Economics, Vol. 2.

[6] Berliant M., M. Fujita. 2011. The Dynamics of Knowledge Diversity and Economic Growth [J]. Southern Economic Association, Vol. 77.

[7] Conroy, M. E. 1974. Alternative Strategies for Regional Industrial Diversification [J]. Southern Journal of Regional Science. Vol. 14: 31-46.

[8] Dixit, A. K., Stiglitz. 1977. Monopolistic Competition and Optimum Product Diversity [J]. American Economic Review, Vol. 67: 297-308.

[9] Douglass North. 1990. Institutions, Institutional Change and Economic Performance [M]. Cambridge University Press.

[10] Douglass North. 2005. Understanding the Process of Economic Change [M]. Princeton University Press.

[11] Freeman C. 1987. Technology and Economic Performance: Lessons from Japan [M]. London: Pinter.

[12] Freeman C., Soete L. 1997. The Economics of Industrial Innovation [M]. Cambridge: MIT Press.

[13] Fujita, M.. 1989. Urban Economic Theory [M]. Cambridge University Press, Cambridge, UK.

[14] Fujita, M., Krugman, P., and Venables, A. 1999. The Spatial Economy and International Trade [M]. MIT Press, Cambridge, MA.

[15] G. Giulioni. 2011. The Product Innovation Process and GDP Dynamics [J]. Journal of Evolutionary Economics. Vol. 12: 595-618.

[16] G. M. Grossman, Elhanan Helpman. 1993. Innovation and Growth in the Global Economy [M]. The MIT Press.

[17] Glaeser. E. L. H. D. Kallal, J. A. Scheinkman. 1992. Growth in Cities [J]. Journal of Political Economy. Vol. 100.

[18] Hurwicz Leonid, Stanley Reiter. 2006. Designing Economic Mechanism [M]. Cambridge University Press.

[19] Jinghai Zheng, Arne Bigsten, Angang Hu. 2009. Can China's

Growth be Sustained? A Productivity Perspective [J]. World Development, Vol. 37 (4).

[20] K. Arrow. 1962. Economic Implications of Learning by Doing [J]. Review of Economic Studies, Vol 6.

[21] Kort, J. R. 1981. Regional economic instability and industrial diversification in the United States [J]. Land Economics, Vol. 57 (4).

[22] Krugman, P. 1991. Geography and Trade [M]. MIT Press, Cambridge, MA.

[23] Lucas R E. 1988. On the Mechanics of Economic Development [J]. Journal of Monetary Economics, Vol. 22 (6).

[24] Miklos Koren, Silvana Tenreyro. 2013. Technological Diversification [J]. American Economic Review, Vol. 103 (1).

[25] Poon TSC. 2004. Beyond the Global Production Networks: a Case of Further Upgrading of Taiwan's Information Technology Industry [J]. International Journal of Technology and Globalisation, Vol. 1 (1).

[26] Robert J. Barro. 2002. Quantity and Quality of Economic Growth [R]. Working Papers from Central Bank of Chile.

[27] Robert Solow. 1956. A Contribution to the Theory of Economic Growth [J]. Quarterly Journal of Economics, Vol. 70 (2).

[28] Romer, P. M. 1986. Increasing Returns and Long - Run Growth [J]. Journal of Political Economy, Vol. 94 (10)

[29] Romer, P. M. 1990. Endogenous Technological Change [J]. Journal of Political Economy, Vol. 98 (5).

[30] Saviotti, P. 1996. Technological Evolution, Variety and the Economy [M]. Cheltenham: Edward Elgar.

[31] Steward. F. 1979. Country Experience in Providing for Basic Needs [J]. Finance and Development, Vol. 16 (4).

[32] Van Oort F. G. 2004. Urban Growth and Innovation: Spatially Bounded Externalities in the Netherlands [M], Britain: Athenaeum Ltd.

[33] Xiaokai Yang, Heling Shi. 1992. Specialization and Product Diversity [J]. The American Economic Review, Vol. 82.

后 记

《中国经济增长质量报告》系列研究已经走过了五年的历程，该系列报告是教育部新世纪优秀人才支持计划的后续延伸性成果，也是陕西省重点学科——理论经济学建设项目的成果。经过五年的持续努力，2013 年该报告入选教育部哲学社会科学发展报告支持项目。目前我们的增长质量报告已经出版了 6 本，在学术界产生了比较好的影响。

《以质量看待增长：对新中国经济增长质量的评价与反思》是以经济增长质量基本理论研究为主，并结合新中国 60 年的发展情况来进行分析的。该书以理论分析为主，在借鉴国内外研究的基础上，提出经济增长质量的基本假设及基本命题，建立了经济增长质量分析的思维框架。从经济增长的结构、经济增长的稳定性、福利变化和成果分配、资源环境代价四个角度建立基本框架，并逐一进行理论阐释。该报告出版以后，获得了 2011 年陕西省高校人文社会科学一等奖、第十届陕西省哲学社会科学二等奖、2013 年教育部高校人文社会科学二等奖。

《中国经济增长质量报告 2010》是以改革开放 30 多年为时间范围，对效率提高、结构优化、稳定性提高、福利分配改善、国民经济素质提升、创新能力提高这些直接影响经济增长的关键维度进行分析之后，主要对影响经济增长质量的其他方面，诸如公共服务、经济风险、城乡协调等方面进行研究而形成的。该书出版以后，获得了西安市第七届哲学社会科学优秀成果一等奖。

《中国经济增长质量报告 2011》的主题是中国的包容性增长。在第五届亚太经合组织人力资源开发部长级会议开幕式上，胡锦涛主席致辞强调未来中国的发展重点在于实现包容性增长。党的十七届五中全会又一次强调包容性增长的重要性，并将其写入“十二五”规划。包容性增长从理论逻辑上来讲与经济增长质量是一致的，所以《中国经济增长质量报告

2011——中国经济增长包容性》就围绕着包容性增长来进行研究。报告出版以后，陕西省社科院院长任宗哲教授在《西北大学学报》、南开大学周立群教授在《社会科学研究》发表书评对该书做出了高度评价。

《中国经济增长质量报告2012》的主题是对中国经济增长质量的评价，主要依据在《以质量看待增长：对新中国经济增长质量的评价与反思》中建立的理论框架、分析维度和指标体系，对中国2000—2010年的经济增长质量进行了总体评价，对2010年全国各省的经济增长质量进行了排序和比较，进而分大区对中国东部、中部、西部、东北地区的经济增长质量进行了评价；最后分省区对全国31个省、自治区和直辖市的经济增长质量进行了测度和评价。该报告的主要工作是依据年鉴数据进行大型计算。该报告获得了2013年高校人文社会科学一等奖。我们于2012年9月在西安举行了新书发布会，《中国社会科学报》、《陕西日报》、《西部网》等媒体进行了报道，产生了比较好的反响，特别是《中国社会科学报》做了整版报道。我们在《经济学动态》、《社会科学研究》、《经济纵横》等杂志发表了有关中国省区经济增长质量的评价与排序的文章。陕西省社科院院长任宗哲教授在《中国社会科学报》发表长篇书评对该书予以介绍。

《中国经济增长质量报告2013》的主题是结构失衡背景下的中国经济增长质量。该报告分宏观经济结构失衡、中观经济结构失衡、微观经济结构失衡三篇，共20章，对中国经济结构失衡的不同方面对中国经济增长质量的影响进行了研究。报告出版以后，我们于2013年10月在西安举行了发布会，中国经济网、中国经济学教育科研网、中国政治经济学教育科研网、西部网、《陕西日报》进行了报道；特别是中国经济网陕西频道进行了全面报道，并专题采访了我。

奉献在读者面前的这本《中国经济增长质量发展报告2014——创新驱动背景下的中国经济增长质量》是中国经济增长质量系列报告的第五本，是《以质量看待增长：对新中国经济增长质量的评价与反思》、《中国经济增长质量报告2010》、《中国经济增长质量报告2011——中国经济增长包容性》、《中国经济增长质量报告2012——中国省区经济增长质量指数及省区排名》、《中国经济增长质量报告2013——结构失衡背景下的中国经济增长质量》基础上的新成果。从2014年开始，我们的系列报告得到教育部哲学社会科学发展报告支持项目资助。我的博士后导师、南京大学洪银兴教授最近几年研究创新型经济，发表了一系列的文章，提出了创新型经济的思想体系，受洪老师思想的启发，我把2014年的报告主题确定为创新驱动背景下的中国经济增长质量。本报告首先采用2011年的数据对全国各省、自治区、直辖市的经济增长质量状态进行排序，并与2010年的结果进行了比较。第一篇是创新驱动的机制及其评价，研究了中国经济增长质量的创新驱动机制，并在此基础上对中国经济增长创新驱动及其区域差异进行了评价。第二篇是创新驱动的条件，从创新环境、创新主体培育、观念创新、制度创新、组织能力创新几方面展开分析。第三篇是创新驱动的过程。从知识创新、技术创新、产品创新、市场创新、产业创新、创新扩散机制、创新协同机制等方面研究创新驱动的过程。第四篇是创新驱动的环境，从战略创新、创新体系两个方面研究创新驱动的环境。

本报告是课题组集体完成的，由我选定研究专题，钞小静和魏婕组织大家进行了多次讨论，然后分工合作。参加本报告写作的是我指导的博士后，博士、硕士研究生，已经毕业并在西安工作的博士组成的团队，以及西北大学经济管理学院的年轻教师。我们的团队长期以来坚持每周四晚上的讨论，主题选定之后，经过多次务虚讨论，形成了研究的基本内容，然后分工撰写。各章分工如下：2011年中国各省、自治区、直辖市经济增长质量总体排序由韩璐、陈佳美、王竹君三人完成。第一章：任保平；第二章：宋文月、刘磊；第三章：王薇；第四章：张苗；第五章：韩璐；第六章：郭晗；第七章：李娟伟；第八章：陈佳美；第九章：刘燕妮；第十章：王竹君；第十一章：张弦；第十二章：师博；第十三章：李媛；第十四章：梁炜；第十五章：钞小静；第十六章：魏婕；第十七章：张如意。各章初稿完成之后，魏婕博士进行了统稿，最后由我加工润色。我近年来行政事务繁杂，报告的组织工作以及日常的学生讨论，魏婕博士、李娟伟博士、郭晗博士帮我做了大量的工作，使得本报告能如期完成。

本报告得到了西北大学党委书记乔学光教授，校长方光华教授，副校长李浩教授、高岭教授，社科处刘丰处长，“211办”喻明新处长，教务处处长王正斌教授和社科处李丰庆博士的关心支持。经济管理学院何炼成教授、白永秀教授、惠宁教授、何爱平教授、茹少峰教授、宋宇教授、郭俊华教授、高煜教授、师博副教授、吴振磊副教授、杜勇研究员也给予了我们支持和鼓励，他们在思想和方法方面的一些建议使本报告得以完善。陕西省社科院院长任宗哲教授，陕西省教育厅郭立宏教授，陕西省人民政府研究室的杨三省主任，西安财经学院的胡健教授、李丽辉教授、张爱婷教授，西安交通大学冯涛教授，陕西师范大学郭剑雄教授，《西北大学学报》副主编卫玲编审也给予我们诸多支持和鼓励，在此一并表示感谢。

我的博士后导师洪银兴教授对我近年来从事中国经济增长质量研究给予了肯定，并提出了许多指导性建议，使我坚定了深入研究中国经济增长质量的信心。学术界的一些老师和朋友在不断地支持和鼓励我们，在此也一并表示感谢。

中国经济出版社的霍宏涛先生对本报告进行了细致的编辑，提出了许多有益的建议，使本报告增色不少，在此也表示深深的感谢。

任保平

2013 年 12 月于西北大学新村

索　引

K

L

M

N